PRÁTICAS DE LEITURA E ESCRITA

HISTÓRIA E ATUALIDADE

Anne-Marie Chartier

PRÁTICAS DE LEITURA E ESCRITA

HISTÓRIA E ATUALIDADE

2ª edição

Ceale* Centro de alfabetização, leitura e escrita
FaE / UFMG

autêntica

Copyright © 2007 Anne-Marie Chartier

CONSELHO EDITORIAL DA COLEÇÃO LINGUAGEM E EDUCAÇÃO
Antônio Augusto Gomes Batista (coord.), Ana Maria de Oliveira Galvão, Artur Gomes de Morais, Ceris Salete Ribas da Silva, Jean Hébrard, Luiz Percival Leme Brito, Magda Soares, Márcia Abreu, Vera Masagão Ribeiro

TRADUÇÃO
Ana Maria de Oliveira Galvão, Ceres Leite Prado, Flávia Sarti, Maria Rita Toledo, Ricardo Casco, Ruth Silviano Brandão, Teresa Van Acker

PROJETO GRÁFICO DA CAPA
Julia Elias e Marco Severo

REVISÃO TÉCNICA
Ana Maria de Oliveira Galvão e Ceres Leite Prado

REVISÃO
Cecília Martins

EDITORAÇÃO ELETRÔNICA
Tales Leon de Marco
Conrado Esteves

Revisado conforme o Novo Acordo Ortográfico.

Todos os direitos reservados pela Autêntica Editora. Nenhuma parte desta publicação poderá ser reproduzida, seja por meios mecânicos, eletrônicos, seja via cópia xerográfica, sem a autorização prévia da Editora.

AUTÊNTICA EDITORA LTDA.
Rua Aimorés, 981, 8° andar. Funcionários
30140-071 . Belo Horizonte . MG
Tel: (55 31) 3222 68 19
Televendas: 0800 283 13 22
www.autenticaeditora.com.br

Chartier, Anne-Marie

C486p   Práticas de leitura e escrita - história e atualidade / Anne-Marie Chartier . – 2. ed. — Belo Horizonte: Ceale/Autêntica Editora, 2011 .

248 p. — (Linguagem e Educação)

ISBN 978-85-7526-261-0

1. Educação. 2. Leitura. 3. Escrita. I. Título. II. Série.

CDU 37
028
003

Ficha catalográfica elaborada por Rinaldo de Moura Faria - CRB6-1006

SUMÁRIO

Apresentação
Ana Maria de Oliveira Galvão e Ceres Leite Prado.................... 7

Capítulo 1
Exercícios escritos e cadernos de alunos: reflexões sobre práticas de longa duração
*Tradução: Ana Maria de Oliveira Galvão
e Ceres Leite Prado*.. 21

Capítulo 2
Dos abecedários aos métodos de leitura: gênese do manual moderno antes das leis Ferry (1881)
Tradução: Maria Rita Toledo e Ricardo Casco........................... 67

Capítulo 3
Professores e bibliotecários da época do pós-guerra aos dias de hoje: modelo da transmissão e modelo da mediação
Tradução: Ruth Silviano Brandão.. 121

Capítulo 4
A leitura e sua aquisição: modelos de ensino, modelos de aprendizagem
Tradução: Ruth Silviano Brandão.. 147

Capítulo 5
A ação docente: entre saberes práticos e saberes teóricos
Tradução: Flávia Sarti e Teresa Van Acker 185

Capítulo 6
A escrita das práticas: reticências e resistências dos profissionais
Tradução: Ruth Silviano Brandão 209

APRESENTAÇÃO

Ana Maria de Oliveira Galvão
Ceres Leite Prado

É com prazer que apresentamos ao público brasileiro esta coletânea de artigos de Anne-Marie Chartier. Certamente, muitos leitores e leitoras que lerão este livro já conhecem a obra da autora. Pesquisadora do Service de Histoire de l'Éducation(SHE) do Institut National de Recherche Pédagogique (INRP),[1] em Paris, Anne-Marie também atuou, de 1970 a 2006, como professora formadora de professores do Ensino Fundamental, inicialmente na Escola Normal e depois no Institut Universitaire de Formation de Maîtres[2] de Versailles. A autora tem, nos últimos anos, proferido conferências em vários eventos realizados no Brasil, colaborado com diversos grupos de pesquisa e participado de bancas de doutorado em várias universidades brasileiras. Alguns de seus artigos e livros têm sido, regularmente, publicados no País.[3] Além

---

[1] Serviço de História da Educação do Instituto Nacional de Pesquisa Pedagógica.
[2] Instituto Universitário de Formação de Professores.
[3] Como é o caso dos livros *Discursos sobre a leitura* (1880-1980), em coautoria com Jean Hébrard, publicado pela Editora Ática (São Paulo) em 1995 e *Ler e escrever: entrando no mundo da escrita*, em coautoria também com Jean Hébrard e Christiane Clesse, publicado pela Editora Artes Médicas (Porto Alegre), em 1996, além de capítulos de livros e artigos em periódicos brasileiros (como, por exemplo, a *Revista Brasileira de Educação*, a Revista *Brasileira de História da Educação* e o periódico *História da Educação*).

disso, muitos pesquisadores brasileiros têm sido recebidos por Anne-Marie no INRP para realizar parte de sua formação, por meio do doutorado-sanduíche, ou como pesquisadores visitantes.

Com formação inicial em Filosofia e doutorado em Ciências da Educação, os estudos e pesquisas realizados pela autora investigam, predominantemente, a história da escolarização da leitura e da escrita, os métodos de ensino da leitura na França e na Europa ocidental e, mais amplamente, a história da formação docente e das práticas de ensino. Na nossa percepção, o que torna mais interessante e instigante a obra de Anne-Marie é a dupla preocupação que sempre a acompanha: de um lado, a realização de um trabalho rigoroso de pesquisa, acompanhado de uma teorização sobre as práticas – do passado ou do presente –, e, de outro, a reflexão sensível e a indicação de possíveis alternativas para os problemas enfrentados pelos professores – e pelas crianças – no cotidiano escolar. Os textos aqui reunidos expressam essa dupla preocupação a partir de dois enfoques diferentes: em um primeiro momento, os artigos abordam o tema do ensino da leitura e da escrita a partir da história; em uma segunda parte, reunimos os trabalhos que priorizam reflexões contemporâneas sobre o tema.

No primeiro conjunto de textos, composto por três estudos, a autora nos mostra que diversas questões que hoje discutimos já estavam postas no debate pedagógico, na formulação de políticas públicas e na prática cotidiana escolar há décadas e, em alguns casos, há séculos. Em "Dos abecedários aos métodos de leitura: gênese do manual moderno antes das leis Ferry (1881)",[4] a partir da análise de cerca de 150 métodos de leitura (manuais eram sinônimos de métodos),

---

[4] Publicação original: CHARTIER, Anne-Marie. Des abécédaires aux méthodes de lecture: genèse du manuel moderne avant les lois Ferry. In: MOLLIER, Jean (Coord.). *Histoires de lecture XIXe-XXe siècles*. Bernay: Société d'histoire de la lecture, 2005, p. 78-102.

publicados entre 1830 e 1880, a autora (re)constrói história do ensino da leitura e da escrita[5] e, mais amplamente, dos papéis atribuídos à ação escolar – entre a instrução e a moralidade – na França oitocentista. A história narrada apresenta diversas semelhanças com a história do livro didático no Brasil no período; afinal, a França era um modelo cultural a ser seguido. Tentativas de controle do uso de manuais pelo Estado, premiações para os autores, distribuição de livros para os alunos pobres são traços que encontramos nas duas realidades. Muitos manuais utilizados no nosso país eram, inclusive, versões ou adaptações de manuais franceses. Os catecismos, como o do Abade Fleury e tantos outros, assim como os abecedários (ou cartas de ABC), circularam também em várias províncias brasileiras no século XIX. Nesse texto, Anne-Marie, ao analisar os manuais escolares destinados à entrada no mundo da escrita, nos faz ver que a "guerra dos métodos", para usar a sua expressão, já é bastante antiga, assim como a discussão sobre o fracasso escolar e sobre os significados do ler e do escrever. Faz-nos também perceber a permanência de certos traços que ainda hoje se perpetuam nos livros didáticos. Os manuais, por exemplo, tendiam a misturar inovação e tradição; o livro era considerado mais eficaz não por causa das teorias que regiam implicitamente a sua produção, mas pela eficácia do seu funcionamento (ou não) no cotidiano escolar. Um outro debate recorrente na época se referia à idade em que as crianças deveriam começar a aprender a ler e em quanto tempo isso poderia ocorrer. Um método era julgado tanto mais eficaz quanto fosse a sua capacidade de alfabetizar – crianças e adultos – em um tempo o mais curto possível.

A autora também nos faz compreender, de uma maneira muito instigante, sobretudo no capítulo "Exercícios escritos e cadernos de alunos: reflexões sobre práticas de longa

---

[5] Na França, até meados do século XIX, o ensino da leitura era separado (e anterior) do ensino da escrita.

duração",⁶ a ação da escola na tarefa de criar, nos alunos, uma série de disposições em torno, principalmente, da classificação e organização dos gestos e dos saberes. Mais do que ensinar a ler, escrever e introduzir os alunos nos conteúdos das diversas disciplinas, a escola – por meio de diversos dispositivos, como os cadernos – inscreve os estudantes em determinados modos de se relacionar com o conhecimento e com a cultura escrita. Nas palavras da autora:

> O que os mestres polivalentes das séries iniciais mostram, assim, a seus alunos, de forma prática, é que [...] o beabá da profissão de aluno de escola primária é de classificar, material e intelectualmente, o que se faz. [...] Nessas manipulações cotidianas, os alunos aprendem, pela força do hábito e da rotina, uma classificação implícita dos saberes escolares.

Para compreender essa ação da escola, os cadernos escolares, diante das dificuldades dos pesquisadores em reconstruir o cotidiano escolar de outras épocas, têm sido crescentemente utilizados como fonte (ao mesmo tempo "fascinante e enigmática") nas pesquisas. Anne-Marie discute, então, as três abordagens mais comuns que tomam o caderno como fonte para, por fim, apresentar uma quarta possibilidade: analisá-los do ponto de vista de sua materialidade com o objetivo de compreendê-los como dispositivos – no sentido foucaultiano – da escrita normatizada. Por meio da análise das mudanças das formas, da quantidade dos cadernos, do modo como os alunos dispunham as linhas/palavras/frases na página, da finalidade dos seus usos, a autora nos faz melhor compreender como, em cada época, a norma escolar coloca suas exigências em aspectos diferentes. Revela-nos como os materiais escolares banais, de uso cotidiano, refletem e, ao mesmo tempo, produzem uma determinada cultura escolar. Os pesquisadores vão encontrar, nesse texto,

---

⁶ Publicação original: CHARTIER, Anne-Marie. Exercices écrits et cahiers d'élèves: réflexions sur des pratiques de longue durée. *Le Télémaque*, Description de l'ordinaire des classes, n. 24, nov. 2003, p. 81-110.

reflexões fundamentais para superar a tentação da análise de conteúdo como único instrumento para apreender o significado desses materiais escolares, e analisar o que dizem os seus suportes sobre os sentidos da ação escolar em diferentes épocas. A análise da materialidade, para a autora, não serve apenas para caracterizar a fonte, mas configura o próprio objeto de estudo. Como afirma a autora, no texto citado:

> Tratando-se de cadernos escolares, é possível também deslocar o olhar dos conteúdos escolares manuscritos para o seu suporte, levando em consideração não apenas os conteúdos inscritos, mas também sua materialidade editorial. Os suportes de escrita definem atitudes, tanto na recepção quanto na produção, impõem limites, restringem ou alargam os usos possíveis que, no caso dos escritos escolares, concernem tanto ao trabalho dos alunos quanto ao dos professores.

O trabalho de Anne-Marie soma-se, assim, a um conjunto de pesquisas que vêm sendo realizadas, no Brasil, sobre o tema, mas que ainda encontram dificuldades em operacionalizar os pressupostos, da história cultural, em que se baseiam.

O terceiro capítulo que compõe essa parte "Professores e bibliotecários: da época do pós-guerra aos dias de hoje: modelo da transmissão e modelo da mediação",[7] por sua vez, extrapola a discussão sobre os papéis atribuídos à leitura na e pela escola, contrapondo-a a uma outra concepção de leitura: a dos bibliotecários. A partir de um debate atual, ocorrido na França após o Ministério da Educação estabelecer em 2002 uma lista de livros a serem lidos pelos alunos, a autora recorre à história do século XX para examinar o porquê da existência das distâncias entre as concepções desses dois grupos de profissionais. Anne-Marie mostra, nesse percurso, como os significados do ler e da leitura transformaram-se ao longo

---

[7] Publicação original: CHARTIER, Anne-Marie. Enseignants et bibliothécaires de la libération à l'an 2000. In: FRAISSE, Emmanuel; HOUDART-MÉROT, Violaine (coords.). *Les enseignants et la littérature: la transmission en question*, Actes du Colloque de l´Université de Cergy-Pontoise, Ed. SCEREN, CRDP Créteil, Université de Cergy, 2004, p. 31-56.

das últimas décadas e como alguns debates atravessaram todo o período estudado – leitura livre *versus* leitura controlada; leitura por prazer *versus* leitura para aprender.

Os estudos reunidos na primeira parte mostram, assim, como afirma a própria autora, que a história das políticas educacionais, das ideias pedagógicas e das práticas de sala de aula se desenvolvem em tempos distintos; portanto, não se confundem. Um exemplo que ilustra de maneira significativa essa constatação é o do ditado: apesar de criticado sucessivamente por gerações de especialistas, ele atravessou séculos e permanece, hoje, no cotidiano escolar. De uma maneira instigante, a autora nos indica que práticas que "funcionam bem" em sala de aula, que se apoiam em um "esquema de ação breve, estável e simples", tendem a se perpetuar – confortavelmente – na ação diária de professores e dos alunos. Ainda nesse primeiro conjunto de textos, os leitores certamente também vão encontrar reflexões que nos ajudam a compreender que a análise dos métodos e de sua eficácia só faz sentido quando referida a contextos históricos particulares, a objetivos específicos de aprendizagem, aos papéis atribuídos à escola em cada época. Nessa concepção, não faz sentido, por exemplo, tentar avaliar se um método utilizado há algumas décadas é mais eficaz do que um outro usado contemporaneamente; é inútil perguntar se o nível de aprendizagem dos alunos aumentou ou decaiu, já que mudam, como afirma a autora, "ao mesmo tempo, as finalidades e as formas do exercício, as normas pedagógicas e os critérios de avaliação". Em entrevista concedida em 2006 ao *Jornal Letra A,* do Centro de Alfabetização, Leitura e Escrita (CEALE/FaE/UFMG), assim Anne-Marie se posicionou em relação a essa questão:

> Quando se é historiadora, como eu, tem-se a tentação de ver as coisas numa perspectiva de longa duração, de não falar de um nível de alfabetização em geral, que teria aumentado ou diminuído, porque, a cada período, o que chamamos de "saber ler" muda. Hoje, penso que a maioria dos professores é

incapaz de ler e compreender um texto litúrgico como faziam as crianças do século XVII.[8]

Não há espaço, portanto, para nostalgias. Finalmente, os textos reunidos na primeira parte, embora centrem sua análise no ensino da leitura e da escrita, também nos mostram as transformações pelas quais passou a escola francesa no longo processo que a tornou uma escola laica, em que o *ethos* religioso foi, gradativamente, substituído por virtudes cívicas e uma moralidade patriótica.

O segundo conjunto de textos traz reflexões sobre o ensino e a aprendizagem da leitura e da escrita na atualidade. Em um momento em que, no Brasil e em muitos países do mundo Ocidental, polêmicas são (novamente) travadas em torno dos métodos de alfabetização, em que a questão é colocada em termos de polaridades entre, por exemplo, construtivistas e fônicos (como atestam as publicações recentes sobre o tema no Brasil, inclusive na grande imprensa), Anne-Marie traz reflexões sensatas, baseadas em pesquisas realizadas e em sua vasta experiência como formadora de professores. Não centra sua discussão em qual seria o método mais eficaz, mas em como as(os) professoras(es) agem e podem agir, como a aprendizagem acontece – não em abstrato, no "laboratório", mas nas interações cotidianas da sala de aula – em cada fase do processo de alfabetização e de entrada no mundo da cultura escrita. Não apresenta, portanto, um discurso prescritivo, mas um olhar sensível e aguçado sobre as práticas e, nelas, sobre os professores e sobre as crianças. Faz-nos compreender que a entrada na escrita é um processo longo, penoso e que exige múltiplas habilidades e competências – das crianças e dos professores. Contemporaneamente, esse processo extrapola os processos de decodificação e envolve também a compreensão, a interpretação e o

---

[8] Entrevista ao *Jornal Letra A* (CEALE/FaE/UFMG). Belo Horizonte, v. 2, n. 8, out./nov. 2006, p. 12.

uso de múltiplos textos – o que, no Brasil, tem-se denominado de letramento?

No texto "A leitura e sua aquisição: modelos de ensino, modelos de aprendizagem",[10] a autora busca, a partir do ponto de vista dos professores e das pressões a que são submetidos em sua vida profissional, refletir sobre modelos de ensino e modelos de aprendizagem, particularmente os modelos cognitivistas e construtivistas, que se encontram em concorrência hoje. Mais uma vez, como a própria Anne-Marie afirma, "as questões não serão colocadas de um ponto de vista científico, mas do ponto de vista pedagógico: o do valor de uso das teorias, na prática". Para isso, coloca no centro de sua discussão o papel específico das turmas de alfabetização na atualidade, quando a entrada no mundo da leitura e da escrita é compreendida como um processo longo, que começa na educação infantil e se prolonga até as primeiras séries do ensino fundamental. Nessa discussão, retoma diversas questões com as quais as(os) professoras(es) alfabetizadoras(es) se defrontam cotidianamente: as vantagens e desvantagens do uso do livro didático; a leitura em voz alta e a leitura silenciosa; a leitura como decodificação, como memorização e como interpretação; os conflitos entre uma pedagogia coletiva e uma pedagogia diferenciada. No texto, a autora nos faz compreender, aspecto que retomará, de maneira central, no artigo seguinte, que é extremamente simplista a afirmação de que a coexistência de modalidades de trabalho heterogêneas no dia a dia escolar é signo de incoerência pedagógica. Afinal, os modelos científicos do processo de aprendizagem não podem se transformar, diretamente, em modelos de aprendizagem; como afirma a autora: "O professor não tem de lidar

---

[9] Ver, entre outros, SOARES, Magda. *Letramento: um tema em três gêneros* Belo Horizonte: Autêntica, 1998.

[10] Texto produzido a partir de uma conferência proferida pela autora em seminário realizado na PUC Minas, em setembro de 2005. O leitor perceberá, em muitos trechos desse texto, o seu caráter oral.

com 'sujeitos cognitivos em desenvolvimento', mas com um grupo de crianças, cada uma com sua história singular".

No capítulo "A ação docente: entre saberes práticos e saberes teóricos",[11] Anne-Marie retoma algumas dessas discussões analisando, especificamente, as relações entre teoria e prática na vida profissional dos professores. Para isso, analisa a prática pedagógica, particularmente em relação à escrita, de uma professora do último ano da educação infantil, baseada em dois modelos teóricos. De um lado, o primeiro modelo afirma que a divulgação dos saberes científicos é necessária para que os professores orientem suas práticas pedagógicas. De outro, a autora apresenta o modelo dos "saberes em ação", principalmente o pensamento de Donald Schön; nele, a formação dos professores é compreendida a partir do que "veem fazer" e no que "ouvem dizer" os profissionais – os saberes teóricos não são, assim, pertinentes para o trabalho na sala de aula. Com base no caso de Florence, a professora investigada, Anne-Marie põe em xeque os dois modelos, fazendo-nos compreender, de uma maneira às vezes provocativa, os processos de apropriação dos saberes da pesquisa pelos profissionais da prática. A autora nos mostra que as questões postas pelo debate acadêmico são abordadas, pelos professores, "por meio do filtro das trocas entre colegas, tendo sempre em vista as práticas de sala de aula". Nesse sentido, os livros e as revistas lidos são tratados como "leituras de uso", ou seja, como "caixas de ferramentas para as aulas". O texto nos fornece subsídios, assim, para melhor refletir sobre as distâncias, tantas vezes alertadas em publicações especializadas, entre a pesquisa e a atuação profissional, entre a universidade/a academia e a prática pedagógica. O caso de Florence também nos mostra que a maioria dos professores

---

[11] Publicação original: CHARTIER, Anne-Marie. L'expertise enseignante entre savoirs pratiques et savoirs théoriques. In: *Recherche et formation, Les savoirs de la pratique. Un enjeu pour la recherche et pour la formation* n. 27, déc. 1998, INRP, p. 67-82.

que conseguem ensinar bem as crianças a ler e a escrever utilizam, simultaneamente, diversos procedimentos de ensino e se relacionam, de uma maneira bastante prudente, com as inovações pedagógicas propostas. Como afirma a autora na entrevista já referida:

> Todos os professores que conseguem ensinar bem as crianças a ler são, também, de certa maneira, ecléticos. Nunca têm um só procedimento, mas vários sistemas funcionando em paralelo. Por exemplo: eles podem ter uma metodologia totalmente tradicional para a aquisição do código, mas têm sempre momentos de produção escrita ou de trabalho coletivo. Dispõem de uma série de instrumentos que utilizam de formas diferentes, de acordo com cada grupo de crianças. [...] Os bons professores inovam. Mas, por outro lado, são muito estáveis, não mudam a toda hora. Antes de mudar um procedimento, eles o testam. E não mudam tudo de um dia para o outro, são perseverantes no seu modo de ensinar. [...] Não estão sempre acrescentando como, com frequência, os jovens têm vontade de fazer.[12]

No artigo, Anne-Marie descreve as práticas de Florence, mostrando-nos como essa diversidade de modelos utilizados se conjugavam, "como um sistema dotado de forte coerência pragmática" (embora advindos de teorias diferentes), com o objetivo de ensinar as crianças a ler e a escrever. Cada oficina criada pela professora correspondia, desse modo, a uma dimensão particular da alfabetização. Coerência pragmática não se confunde, assim, com coerência teórica; pesquisa não é sinônimo de ensino.

O último capítulo do livro – "A escrita das práticas: reticências e resistências dos profissionais"[13] – aborda, por fim, as dificuldades que os professores têm em escrever sobre suas

---

[12] Entrevista ao *Jornal Letra A* (CEALE/FaE/UFMG). Belo Horizonte, v. 2, n. 8, out./nov. 2006, p. 12.

[13] Publicação original: Écrire les pratiques professionnelles: réticences et résistances des praticiens. In: BLANCHARD-LAVILLE, Claudine, FABLET, Dominique (Dir.). *Écrire les pratiques professionnelles: dispositifs d'analyse de pratiques et écriture* Paris: L'Harmattan, 2003, p. 17-56.

próprias práticas. A autora discute a questão com base em um estudo de caso: no início dos anos 1990, o reitor da Academia de Versalhes constituiu um "Observatório das práticas de integração" para levantar informações, de natureza qualitativa, sobre a realidade daqueles que trabalhavam em algumas Zonas de Educação Prioritárias (ZEP). Para concretizar esse projeto, os profissionais que atuavam nessas áreas deveriam coletar uma série de dados – por meio de entrevistas – e escrever sobre eles. A análise do caso, realizada pela autora, revela os diversos problemas que envolvem a concretização de políticas desse tipo e elucida as lógicas, nem sempre compreensíveis de imediato pelos pesquisadores, que regem a ação dos professores em relação à pesquisa – da coleta dos dados à escrita dos relatórios. Mais uma vez, Anne-Marie nos mostra, com sensibilidade, os motivos pelos quais tantas vezes há dificuldades de aproximação entre a universidade e a escola.

Esperamos que, com essa breve apresentação dos textos, o leitor brasileiro visualize que, apesar de se referirem, predominantemente, ao caso francês, os artigos aqui reunidos contribuem, de maneira significativa, para o debate que ocorre hoje, no nosso país, sobre os diversos problemas concernentes ao ensino de leitura e da escrita. Evidentemente, os trabalhos que compõem esta coletânea foram produzidos com finalidades, em contextos e para públicos diversos. A tradução dos textos também foi feita por pesquisadores diferentes, muitas vezes realizada para que a autora proferisse, no Brasil, conferências em português. Assim, de um modo geral, Anne-Marie escreveu os artigos pensando, prioritariamente, no público francês – de professores e também de colegas pesquisadores, muitas vezes "ocultos", como interlocutores, nos textos. Por isso, no trabalho de revisão técnica, buscamos padronizar a linguagem,[14] adaptando os exemplos,

---

[14] Agradecemos a Eliane Marta Teixeira Lopes e Juliana Ferreira de Melo pela leitura dos originais.

sempre que possível e necessário, ao caso da língua portuguesa e ao caso do Brasil. Essas adaptações foram, em muitos casos, discutidas com a própria autora, que também participou ativamente do processo de seleção dos textos.

Embora, ao longo dos capítulos, explicitemos essas adaptações, julgamos necessário, para que o leitor possa entender melhor a utilização de alguns termos, apresentar, neste momento, um breve resumo do sistema educativo francês, que é dividido em quatro etapas[15]:

A *école maternelle* – correspondente à nossa Educação Infantil – embora não obrigatória, é frequentada praticamente por todas as crianças de 3 a 6 anos e organiza-se em 3 níveis: *petite, moyenne et grande section* (pequena, média e grande seção). É o *cycle des apprentissages premiers* (ciclo das primeiras aprendizagens).

A *école élémentaire* – correspondente às séries iniciais do ensino fundamental – é dividida em dois ciclos. O *cycle des apprentissages fondamentaux* (ciclo das aprendizagens fundamentais) – ler/escrever/contar – começa na grande seção da Educação Infantil e inclui o *Cours Préparatoire* – CP (turmas de Alfabetização) e o *Cours Élémentaire 1* - CE1, o *cycle des approfondissements* (ciclo dos aprofundamentos) agrupa os três últimos anos: o *Cours Élémentaire 2* – CE2, o *Cours Moyen 1* – CM1 e o *Cours Moyen 2* – CM2.

O *collège* – correspondente às séries finais do ensino fundamental – recebe, sem exame de admissão, todos os alunos que terminam a école élémentaire. É organização em quatro anos: 6e. (sexta série); 5e. (quinta-série); 4e. (quarta-série) e 3e. (terceira série).

O *lycée* – correspondente ao nosso ensino médio – recebe os alunos que terminam o *collège*. Eles podem continuar seus estudos num *lycée d'enseignement général et*

---

[15] Ver www.education.gouv.fr.

technologique (liceu de ensino geral e tecnológico) ou em um *lycée professionel* (liceu profissional).

Os professores franceses se organizam em dois grupos: os *professeurs d'école*, que atuam na *école maternelle* (alunos de 2 a 6 anos) e na *école élémentaire* (6 a 11 anos) e os professores especializados nas disciplinas, que atuam no *collège* (11 a 15 anos) e no *lycée* (15 a 18 anos).

Como já referido, no entanto, optamos por traduzir os termos no equivalente em português. Em lugar, por exemplo, de escrevermos "Curso Preparatório" para *Cours Préparatoire*, traduzimos a expressão diretamente para "turma de alfabetização".[16] Para *école élémentaire*, optamos por utilizar a expressão "primeiras séries do Ensino Fundamental", e assim por diante. Nos exemplos históricos, mantivemos a denominação semelhante à que havia no Brasil na época a que se refere a autora. O *collège* francês, por exemplo, já foi "ginásio" no nosso país.

Uma outra opção que fizemos foi adaptar, em diferentes textos, a tradução da palavra *praticiens* (práticos), utilizada frequentemente pela autora para se referir aos profissionais que atuam na prática, em sala de aula (do Ensino Fundamental e médio) ou em outros setores da escola, em oposição aos pesquisadores, professores universitários, formadores. Traduzimos, de acordo com o contexto, essa palavra como "os que atuam na prática", "profissionais", "professores", "praticantes".

No entanto, o contexto francês apresenta diversas especificidades que não têm equivalência no Brasil. Nesses casos, fizemos o possível para, nas notas, acrescentar informações que pudessem auxiliar o leitor(a) brasileiro(a) a compreender as informações trazidas no texto. A autora se refere, por

---

[16] Poderíamos, aqui, também optar por traduzir o termo para 1º ano do ensino fundamental, denominação oficial no Brasil para as turmas de alfabetização a partir de 2006, com a lei 11.274, que instituiu o ensino fundamental de 9 anos. No entanto, acreditamos que a expressão "turma de alfabetização" mantém, de uma maneira mais forte, a carga simbólica que a autora quer sublinhar para caracterizar a especificidade dessa série escolar.

exemplo, de uma maneira recorrente, às Zonas de Educação Prioritárias (ZEP). Nessas zonas, criadas no início dos anos de 1980, na França, são realizadas ações específicas de combate ao fracasso escolar. No contexto francês, o fracasso escolar está muito relacionado aos filhos dos imigrantes e a grupos étnicos específicos. Esse debate é praticamente inexistente no Brasil.

Acreditamos, assim, que os artigos reunidos neste livro trarão contribuições significativas para os pesquisadores, alunos de mestrado e de doutorado que se dedicam ao ensino da leitura e da escrita (e à sua história); para aqueles que atuam no cotidiano escolar – professoras, professores, coordenadores pedagógicos – e para os que estão em processo de formação inicial – alunos dos cursos de Pedagogia e das demais licenciaturas. Muitos leitores certamente reconhecerão, nos textos aqui reunidos, uma pesquisadora ousada. Afinal, para alguns investigadores da área de História da Educação, em um momento em que o campo busca se aproximar das exigências da pesquisa histórica (sem complementos), falar sobre o presente é quase uma afronta ao rigor do trabalho historiográfico, livre de anacronismos e presentismos. Anne-Marie, no entanto, não se esquiva diante dos (tantos) problemas do presente e não tem receio de tomar posições. Inevitável não se lembrar do mestre Lucien Febvre que, em publicação dos anos 1950, aconselhava os jovens historiadores a virarem resolutamente as "costas ao passado" e mergulharem intensamente na vida.[17] Ou do próprio Marc Bloch,[18] citado pela autora, que discute tão apaixonadamente a relação passado e presente na "operação historiográfica", para recorrer à expressão de mais um mestre com quem Anne-Marie conviveu e de quem seguiu muitos passos: Michel De Certeau[19]

---

[17] *Combates pela história* Lisboa: Presença, 1986.
[18] *Introdução à história* Lisboa: Publicações Europa-América, [s.d.].
[19] *A escrita da história* Rio de Janeiro: Forense-Universitária, 1982.

Capítulo I

EXERCÍCIOS ESCRITOS E CADERNOS DE ALUNOS: REFLEXÕES SOBRE PRÁTICAS DE LONGA DURAÇÃO[1]

É sempre bem mais fácil pensar sobre a escola ideal do que sobre a escola real; mais fácil descrever um programa escolar do que narrar como foi utilizado. Nos escritos dos grandes pedagogos, nos textos fundadores, nas regras e programas de estudos, podemos ler por que e como é preciso instruir e educar os alunos, mas muito pouco podemos saber sobre como as coisas funcionavam no dia a dia. No entanto, existe, também, a "caixa preta" da escola, escrita com base em testemunhos polêmicos de contemporâneos, lembranças dolorosas de antigos alunos, queixas de professores sobre as condições desastrosas da profissão, sobre o absurdo ou a perversão do sistema. Os reformadores de todos os tempos sempre tiraram proveito desses fracassos da instituição, citando-os abundantemente, para legitimar seus projetos renovadores. Entre os textos que descrevem a escola ideal e os registros das suas falhas inadmissíveis, como situar a "escola real"?

Para o período contemporâneo, o trabalho de campo é possível, e é por isso que, em todos os países onde existe pesquisa em Educação, os pesquisadores (sociólogos, antropólogos, especialistas em Educação) invadiram as salas

---

[1] Tradução de Ana Maria de Oliveira Galvão e Ceres Leite Prado.

de aula. Não se pode dizer o mesmo para a escola dos séculos passados. Os dados, pacientemente construídos pelos historiadores, nos permitem conhecer e comparar os diferentes sistemas escolares do ponto de vista administrativo, político, social, mas raramente penetram na vida concreta da sala de aula. Em 2000, um colaborador do cineasta Patrice Lecomte se dirigiu ao Institut National de Recherche Pédagogique (INRP), fazendo uma série de perguntas: como a atriz Juliette Binoche deveria representar o papel de uma mulher letrada que alfabetizava um adulto em meados do século XIX?[2] Foi fácil encontrar um livro da época e colocá-lo em suas mãos, mas quais seriam os gestos a fazer e as frases a dizer que caracterizariam essa relação que poderia ser chamada preceptorado? Como se praticava o método da soletração, ainda utilizado na época, mas tão maciçamente criticado que praticamente só conhecemos dele as descrições estigmatizantes? Trata-se, entretanto, do método que, durante mais de 2.500 anos, permitiu a gerações de alunos aprender a ler o grego, o latim ou as línguas da Europa moderna. A aprendizagem da leitura e do catecismo, que constituía o essencial das pequenas escolas do Antigo Regime,[3] ocorria oralmente, sem deixar marcas. Os manuais destinados aos professores, por outro lado, não nos informam muito sobre o trabalho dos alunos.

Compreende-se então melhor o interesse dos historiadores pelos cadernos salvos da destruição a que normalmente são destinados. Através desses escritos,[4] sejam eles

---

[2] *La veuve de Saint-Pierre* (A viúva de São Pedro), 2000. A história se passa por volta de 1850, em Saint-Pierre e Miquelon. O adulto iletrado é um condenado à morte, e a mulher do governador o ensina a ler, enquanto aguardam a chegada da "Viúva", a guilhotina enviada de Paris.

[3] Período da história da França que vai do fim da Idade Média à Revolução Francesa (séculos XVI-XVIII) (N.T.).

[4] Dois números especiais de *Histoire de l'éducation* nos serviram de guia: *Travaux d'élèves. Pour une histoire des performances scolaires et de leur évaluation*, 1720-1830, maio 1990, número 46 e *Travaux d'élèves. Pour une histoire des performances scolaires et de leur évaluation, XIXe-XXe siècles*, maio 1992, número 54.

provenientes de alunos da escola primária, da secundária ou da universidade, é possível confrontar o ensino desejado com o aprendizado praticado, passar das teorias pedagógicas ou dos textos prescritivos à sua utilização. Os textos escritos pelos alunos (anotações de aulas, lições manuscritas, exercícios escolares, provas) constituem uma fonte descontínua, elíptica, que se torna ainda mais rara quanto mais se afasta no tempo. Essa fonte é, ao mesmo tempo, fascinante e enigmática, difícil de tratar e de interpretar, justamente por sua aparente banalidade.

Os cadernos mais bem conservados são, com frequência, cadernos "de gala", cuidadosamente encadernados (para serem expostos publicamente, por exemplo por ocasião das Exposições Universais) ou cadernos de crianças excepcionais, em razão de seu sucesso precoce e de seu *status* social (filhos de príncipes ou crianças prodígios). Seria imprudente imaginar a escola comum por meio desses cadernos, mesmo que eles nos tragam informações essenciais.

O que os historiadores já conseguiram saber a partir dessas fontes raras? É possível distinguir três abordagens historiográficas. Os escritos escolares foram tratados: 1) como a marca escrita de um ensino magistral, marcado pelas aulas expositivas; 2) como indicadores dos desempenhos escolares; 3) como testemunhos das práticas de aprendizado (vulgata escolar e exercícios usuais). Optamos por apresentar essas diferentes perspectivas não comentando seus princípios e procedimentos, mas descrevendo e analisando, concretamente, para cada uma delas, dois estudos de caso: um relativo ao ensino das elites e outro referente ao ensino popular. Poderemos, assim, perceber os pressupostos e as exigências metodológicas de cada linha de pesquisa. Será, em seguida, mais fácil mostrar como os cadernos de alunos introduzem as gerações mais jovens em uma certa cultura escrita; por exemplo, no uso cotidiano dos cadernos, a escola institui a divisão dos saberes em disciplinas, definidas tanto pelos exercícios quanto pelos conteúdos.

As marcas do ensino magistral

A aula magistral, tal como os alunos a anotaram ou copiaram, nos permite perceber como se efetuava a mediação entre o saber livresco e uma turma de alunos principiantes ou avançados. Dois exemplos nos permitem ilustrar essa afirmação: um relativo ao ensino humanista em um colégio do Renascimento e outro ao ensino da moral numa escola republicana, entre 1880 e 1920.

O ensino humanista e o valor universal dos clássicos latinos

Anthony Grafton, há mais de 20 anos,[5] decifrou com paciência as anotações manuscritas de um estudante que frequentava o curso do humanista e professor de Gramática Latina em Paris, Claude Mignault. Essas notas não estão reunidas em um caderno, mas foram diretamente feitas sobre o texto impresso, em latim ou em grego, do autor em estudo. Em 1550, edições artesanais aliviavam os estudantes das cópias intermináveis e, segundo Grafton, representavam o papel das fotocópias de hoje. O estudante escrevia resumidamente, entre as linhas, nas margens e nas páginas intercaladas. Nessa paráfrase em latim do texto latino, Grafton encontrou procedimentos didáticos herdados da universidade medieval, como, por exemplo, apresentar o que faz a unidade do texto, explicitar seu tema, seu gênero e as circunstâncias de sua escrita. O mestre levava em conta o nível de estudos de seus alunos, fornecendo um número maior ou menor de explicações gramaticais e de tradução literal de acordo com as turmas, ajudando sempre mais seus alunos no grego do que no latim.

Grafton também encontrou os livros que Claude Mignault tinha consultado, sem entretanto citá-los. O pesquisador se

---

[5] GRAFTON, Anthony. Teacher, text and pupil in the Renaissance classroom: a case from a Parisian College. *History of Universities, 1, Universities and colleges*, 1981, Avebury Publishing Company.

encantou sobretudo com a margem de liberdade inovadora desse professor de vanguarda, que analisava os autores graças à lógica de Ramus (Pierre de la Ramée[6]). Essa lógica podia reduzir todos os textos a seu esquema de argumentação; era, diz Grafton, a "Nova Crítica" da época. Claude Mignault mostrava o valor argumentativo dos textos literários antigos e, ao mesmo tempo, seu valor moral atemporal. O que o aluno deveria reter das lições do mestre era que existia uma só lógica, a serviço de uma só moral humanista, ao mesmo tempo cristã e antiga. Virgílio e Horácio são autores pagãos, pré-cristãos, mas esse dado acidental era apagado por uma leitura lógica de seus textos – uma leitura "estrutural", ahistórica. Decifrando as notas tomadas por um estudante durante esse ensinamento de "viva voz", Grafton nos faz perceber as novas correntes de pensamento das autoridades eruditas, no momento de sua criação. Essa informação é importante na medida em que essas correntes forneceram aos estudantes, que se tornariam, por sua vez, professores, um método de leitura e um *corpus* de referências antigas partilhadas. Esses textos pagãos forneceriam ao nível de ensino realizado após o primário uma antologia de histórias edificantes e de modelos educativos. Para a geração seguinte, essa vulgata seria o fundamento dos estudos clássicos, como no modelo dos colégios jesuítas. Na França, 400 anos mais tarde, os alunos do Ensino Médio ainda aprenderiam a reconhecer, em Horácio ou Augusto, as figuras "eternas" de heroísmo patriótico ou da clemência política.

A moral laica nos cadernos da escola primária

O que aconteceria três séculos mais tarde, não mais na formação das elites, mas na do povo, quando os professores

---

[6] Professor de filosofia no Collège de France, crítico de Aristóteles, converteu-se ao protestantismo e foi assassinado no massacre de São Bartolomeu, em 1572.

da escola primária tiveram de ensinar a moral republicana, desvinculada de qualquer referência à religião? Um conjunto de cadernos escolares permitiu ao historiador Jean Bauberot[7] analisar as lições ditadas pelo mestre, os manuais e os deveres de alunos. Se era possível ditar lições de moral ou pedir que os estudantes as copiassem em um manual, era porque, para os professores primários (como para Claude Mignault), não existiam várias morais, embora existissem várias religiões e uma infinidade de opiniões. A moral estava baseada na dignidade do homem, uma dignidade que dava direitos e mais ainda deveres. Era, nessa concepção, o que distinguia o homem dos animais, que tinham também direitos, mas não deveres. Essa dignidade fazia a "grandeza do homem", sua "beleza moral", e decorria de um traço específico que fazia a humanidade dos homens, qualquer que fosse o nome que lhe fosse dado: razão, inteligência, vontade, liberdade, espírito, consciência, alma. A dignidade era vista como incondicional, independente das idades e dos sexos, das situações e das funções, das civilizações e das raças, dos lugares e dos tempos. Assim, escreve Bauberot (1997, p. 119), "o ensino moral laico não é marcado de forma alguma por uma ruptura, de tipo darwinista ou materialista, com a instrução moral e religiosa que o precedeu".

Segundo os manuais, o mestre insistia na história dessa progressiva tomada de consciência. Foram necessários séculos para que o homem descobrisse sua dignidade e os direitos dela decorrentes, em particular os direitos políticos: não é a mesma coisa ser reconhecido como escravo, como súdito, como cidadão. Entretanto, a escola primária não ensinava filosofia, não tinha de fundamentar teoricamente essa moral, mas somente tirar dela as consequências práticas. A escola devia explicar que, se muitos homens tinham uma "conduta indigna", isso não era incompatível com a dignidade de direito de todo ser humano. A lição a tirar daí era a de

---

[7] BAUBÉROT, Jean. *La morale laïque contre l'ordre moral.* Paris: Seuil, 1997.

que "toda ação meritória aumenta nossa dignidade, toda ação má a diminui" (p. 125). O que eleva o homem e o torna digno do nome de homem? Um aluno do colégio humanista teria respondido: a liberdade. O aluno republicano aprendeu a responder: o trabalho. O que é, ao contrário, um homem "indigno", que prejudica a si mesmo e aos que o cercam, desonrando sua humanidade? É o tirano ou covarde, teria respondido um aluno dos jesuítas. É o bêbado, responderia um estudante da escola primária popular. Em vez de buscar seus exemplos nos grandes autores, como faria no ensino clássico, o mestre remetia os alunos à experiência comum. Dizer "vocês todos viram" evitava um longo discurso. O bêbado, que "se torna semelhante a um bruto" e que se comporta tão mal consigo mesmo quanto com aqueles que estão próximos, era o exemplo, ou melhor, o contraexemplo perfeito para ilustrar a moral laica tanto no que se referia aos "deveres para consigo mesmo" quanto aos "deveres para com os outros".

O aluno da escola laica, para saber se tinha se comportado bem ou mal, seguia então o mesmo protocolo de exame de consciência utilizado por aquele que ia ao catecismo. No ensino religioso, um capítulo sobre os "deveres para com Deus" precedia o dos "deveres para consigo mesmo" e "para com os outros". Esse capítulo só desapareceu dos textos oficiais em 1923, mas se ausentou dos cadernos escolares mais cedo, nos anos 1900, testemunhando a defasagem temporal frequente entre prescrições e práticas. Encontramos em um caderno de um aluno de 12 anos de um vilarejo da Haute-Savoie em 1898: "É nosso dever adorar Deus pela oração. Uma boa oração consiste na emoção produzida pelos belos espetáculos da natureza". Esse impulso do coração evoca Rousseau, adepto da religião natural, e seu livro *Le Vicaire Savoyard* (1762), principalmente porque também trata de uma escola rural dessa região. Mas o mestre ditou, na frase seguinte, "Trabalhar é rezar". Ele trazia, assim, os alunos da contemplação da natureza para o trabalho: o trabalho agrícola para os pais e o trabalho escolar para as crianças. Na escola, os deveres para com Deus se confundiam com os deveres para consigo mesmo ou para com os outros e seu desaparecimento não mudou, na prática, o ensino da moral. Por outro lado, o exame de consciência não aparecia nos exames escolares e não era objeto de nenhuma prova no certificado de conclusão dos estudos. As novas gerações de mestres laicos seriam cada vez mais reticentes em fazer copiar as lições de moral ao lado das lições de história e em fazer recitar regras de conduta como regras de gramática. Isso explica talvez o desaparecimento progressivo desse ensino nos cadernos de alunos entre as duas guerras mundiais, bem antes da sua abolição nos programas após 1968.[8]

Os trabalhos dos alunos como marca do desempenho escolar

Uma segunda linha de investigação tem interesse no desempenho escolar dos alunos. As primeiras fontes inventariadas[9] se interessaram pelos textos de excelência, por exemplo, aqueles que foram premiados no concurso geral, os textos de seleção para a escola politécnica, para a escola normal ou

---

[8] O desaparecimento das aulas de moral dos cadernos não significa que elas não estivessem mais presentes na sala de aula. Depois da guerra de 1914-1918, os métodos ativos recomendavam que as questões morais fossem tratadas "concretamente", por ocasião de situações reais: conflitos entre alunos, incidentes da vida escolar, acontecimentos da vida social, observações feitas pelas crianças, etc. Essa pedagogia da "moral ocasional" não podia ser programada nem controlada. Outros professores mantinham uma "conversa" matinal regular, perpetuando o antigo programa, que deixa sinais no diário de classe, mas não nos cadernos dos alunos. A exceção era a linha a ser copiada como exercício de caligrafia ("o trabalho bem feito torna as pessoas felizes", "uma boa ação nunca é perdida", "quem muito ama, muito castiga" etc.). Essa relíquia de um ritual sem herdeiros desaparece, definitivamente, quando as canetas esferográficas expulsam as penas e os tinteiros.

[9] CHERVEL, André. Devoirs et travaux écrits des élèves dans l'enseignement secondaire au XIXe siècle. Une source non exploitée: les enquêtes ministérielles et rectorales, *Histoire de l'éducation* maio 1992, p. 13-38. Ver, também, do mesmo autor, *L'enseignement du Français du XVIIe au XXe siècle*. Paris: Retz, 2007.

para o exame de agregação.[10] Trata-se aí de estudantes avançados em seus estudos e já selecionados pela instituição escolar. Os dois exemplos que vamos apresentar, ao contrário, dizem respeito a escritas comuns. Os primeiros deveres foram redigidos por jovens latinistas por volta de 1720 e os segundos testam a ortografia de alunos da escola primária em 1873.

Traduções e versões de jovens latinistas no século XVIII

Um acaso excepcional permitiu a Marie-Madeleine Compère encontrar 172 textos de jovens latinistas dos anos 1720, provenientes do colégio Louis-le-Grand em Paris: um professor havia utilizado o verso em branco das folhas para fazer o rascunho de um manuscrito; por esse motivo, o material foi conservado. O que nos ensinam esses trabalhos de alunos do melhor colégio de Paris?[11] Trata-se de seis exercícios diferentes: cinco traduções de um texto em francês para o latim (duas em prosa e três em verso) e uma versão do latim para o francês. Esse desequilíbrio reflete bem os objetivos pedagógicos das aulas de Gramática, no início do curso: a aquisição das estruturas básicas que permitissem redigir discursos em latim. Os exercícios deveriam fixar o uso das declinações, das formas verbais, das construções sintáticas e, para os versos, as regras de divisão de sílabas métricas. Os alunos a isso dedicavam a maior parte do seu tempo desde a idade de nove anos: cinco horas por dia em duas aulas, uma de manhã e outra à tarde. Cada aula era seguida de exercícios que focalizavam a leitura, a releitura, a aprendizagem de cor, a tradução de trechos escolhidos e a redação baseada na imitação

---

[10] O concurso de agregação dá ao professor o título de *agrégé* e o direito de atuar nas escolas de Ensino Médio e em certas faculdades (N.T.).

[11] COMPÈRE, Marie Madeleine; JULIA, Dolores. *Performances scolaires de collégiens sous l'Ancien Régime. Études d'exercices latins rédigés au Collège Louis-le-Grand vers 1720.* Paris: INRP, Publication de la Sorbonne, 1992.

de autores da Antiguidade. Um estudo detalhado dos textos permitiu constatar que os desempenhos eram, em geral, bons: o esforço empregado nesse trabalho teve, então, seus frutos.

Além dessas apreciações globais, os textos fornecem muitas outras informações sobre os procedimentos de trabalho. Os textos a serem passados para o latim foram redigidos pelos professores para exercitar pontos particulares de gramática. Os erros cometidos mostram que os alunos escreveram os textos em prosa "de memória", enquanto que para compor hexassílabos bem divididos, eles consultaram o *Gradus*, o dicionário mais usado para a versificação. A única versão do latim para o francês é de uma passagem de Tito Lívio, mas o original foi simplificado e resumido pelo professor, de forma que os alunos não tiveram muitas dificuldades para entender. Certos erros estranhos podem ser compreendidos quando sabemos que o texto em latim foi ditado e copiado pelos alunos em cadernos, e que alguns compreenderam mal, transformaram ou esqueceram certas palavras. Todos consultaram um dicionário latim-francês usual, às vezes para entender o sentido literal, mas sobretudo para enriquecer seu léxico francês numa tradução em que contava menos a precisão do que a espontaneidade retórica do estilo. O professor apreciou os esforços e as audácias (mesmo que não estivessem corretas) de alguns, mais do que a tradução literal prudente de outros. O espanto é maior quando se analisa a escrita do francês, catastrófica para um olhar contemporâneo. Somente um terço dos alunos dominava a ortografia da época e a sintaxe de sua língua. A pontuação estava ausente, os acentos e as maiúsculas eram distribuídos aleatoriamente, sem que isso parecesse perturbar excessivamente aquele que corrigia. Aprender a escrever em latim parecia, assim, não ajudar, espontaneamente, a escrever em francês. O pequeno número de alunos que se distinguia nesse ponto se beneficiara, provavelmente, de um preceptorado doméstico ou de aulas particulares.

Dos seis exercícios, somente dois tinham sido integralmente corrigidos: a versão e uma poesia que servia de exame de passagem para a turma de nível superior (o que explica o cuidado dispensado a sua correção). Dois outros deveres não tinham nenhuma anotação, o que leva a pensar que uma correção oral coletiva podia ser suficiente. Para os outros trabalhos, os critérios de correção continuam enigmáticos, principalmente porque parecem ter sido corrigidos por duas pessoas. Segundo o regulamento, os melhores alunos deveriam sublinhar os erros de seus colegas para aliviar o trabalho do mestre: uma lista de traços na parte baixa da página parece indicar o número de erros cometidos e o valor que deveria ser descontado da nota final. O mestre releu, recapitulou os erros e colocou uma nota ou uma apreciação, quase sempre abreviada: *plac* para *placet* (que em latim significa "está bom", "agrada"), *b* ou *bo* para bom e para os trabalhos muito ruins, não corrigidos, *non potest legi* ("não se pode ler", em latim). Mas num mundo em que o mestre via sua turma todos os dias, corrigia oralmente e recebia regularmente os alunos em particular para conferir o trabalho deles, a natureza elíptica das anotações ou a incoerência de certas correções não tinha muita importância.

Em contrapartida, o que nós vemos e que nenhum discurso poderia nos ensinar é o investimento pessoal dos alunos em seu trabalho: muitos começavam escrevendo uma invocação ou uma oração religiosa. Os professores ensinavam a praticar esse rito propiciatório antes de cada tarefa escolar,[12] mas nem todos os alunos o fizeram por escrito, o que indica que se tratava de um gesto espontâneo, e não de uma imposição. A disposição na página é pouco padronizada em relação às normas atuais: cada aluno tinha uma grande margem de liberdade para dispor as linhas na página, improvisar decorações com a pena, colocar ou não sua assinatura ou o emblema de sua família. Essas marcas de singularidade, autorizadas pela

---

[12] Daí a pequena cruz que precedia a primeira letra dos alfabetos, chamada, por essa razão, *croix-de-par-Dieu* (cruz de por Deus) ou "cruzinha", para lembrar ao aluno de fazer o sinal da cruz antes de começar a leitura.

instituição, mostram que o exercício não era somente uma performance intelectual. As tarefas escolares exercitavam o zelo e a vontade tanto quanto a inteligência e a memória. Os textos edificantes, nos quais os alunos trabalhavam, misturavam cultura antiga e cultura cristã (uma das poesias é consagrada ao Bom Pastor). O nascimento da moral humanista que Grafton (1981) estudou, tinha se tornado, dois séculos mais tarde, o pão cotidiano da educação destinada aos filhos das elites.

A ortografia dos alunos do primário em 1873 e 1987

O *corpus* encontrado por André Chervel[13] não comporta apenas 170, mas 3114 textos de alunos. Durante todo o ano de 1873, por ocasião de suas visitas ao interior do país, o inspetor geral[14] Beuvain tinha o costume de dar um ditado e um problema de Aritmética para os alunos de doze a treze anos de todas as turmas que ele visitava. Corrigia imediatamente esses exercícios, transferia os resultados para um relatório e enviava tudo ao Ministério da Educação. Assim, ele podia testar o nível dos alunos em grande escala, graças a um instrumento de comparação estável, rápido e familiar a todos. Os resultados obtidos lhe permitiam julgar as competências dos professores mas, na verdade, era a eficácia da escola primária, ao final do curso, que estava sendo avaliada. Com a pesquisa de Beuvain, vemos aparecer uma "avaliação" no sentido moderno, destinada a informar o Ministro sobre a situação do sistema escolar. Ditado e problema são dois exercícios que podem ser executados coletivamente de forma padronizada e serem corrigidos objetivamente

---

[13] CHERVEL, André; MANESSE, Danièle. *La Dictée. Les Français et l'orthographe* Paris: Calmann-Lévy, 1989.

[14] Os inspetores gerais, que ocupam cargo ainda existente no Ministério da Educação, na França, trabalham diretamente sob as ordens do ministro e exercem funções de coordenação e avaliação do sistema de ensino (N.T.).

simplesmente descontando os erros. Pelos ditados, aquele que corrigia poderia igualmente julgar uma terceira competência: a habilidade gráfica dos alunos, por meio da qualidade da escrita com a pena.

Se essa avaliação em grande escala foi possível, é porque, nessa época, o ditado tornara-se um exercício habitual para aprender a ortografia francesa. Era ainda um exercício recente, moderno, que substituíra havia pouco tempo a cópia de textos. Com efeito, para se exercitar na escrita do francês, os alunos que sabiam ler e escrever copiavam trechos de livros ou recopiavam, sem cometer erros, textos em que havia, de propósito, muitos erros ("as cacografias"). As cacografias foram rapidamente julgadas perigosas pelas autoridades, já que o principiante corria o risco de fixar uma ortografia incorreta. Desde os anos 1840, os editores publicaram manuais para tornar esse trabalho de cópia mais eficaz. Em vez de abrir ao acaso os livros disponíveis, os mestres dispunham de uma progressão: textos cada vez maiores e apresentando dificuldades progressivas. Cada aluno trabalhava só, copiava no seu ritmo em diversos momentos do dia. O ditado oral coletivo, por outro lado, praticado havia muito tempo nos colégios, era apenas um meio de dar rapidamente a cada aluno a versão ou a tradução latina que ele deveria trabalhar sozinho depois da aula (não sem risco de erro, como vimos no colégio Louis-le-Grand). Adotando o ditado de um texto francês, a escola fazia desse meio (transformar um texto oral em um texto escrito) um fim em si mesmo, visando ao controle da correção ortográfica, que era verificada imediatamente (cada palavra era soletrada em voz alta). Ficava fácil, então, contar os "erros", dar a cada aluno uma nota e pedir para que recopiasse as palavras erradas quantas vezes fossem necessárias. Para o professor,[15] o exercício

---

[15] A ortografia se tornou, então, um requisito da profissão, já que o ditado fazia parte das provas do concurso de entrada para a escola normal e para o certificado de capacidade para o ensino (*brevet*) (N.T.).

era muito cômodo: sua finalidade era clara, mobilizava a atenção geral, instalava um grande silêncio na sala, durava exatamente o mesmo tempo para todo mundo, os alunos corrigiam eles mesmos sob o controle do mestre e a nota vinha imediatamente. Como se espantar com o fato de que, apesar de todas as críticas,[16] o ditado tenha sobrevivido a todas as reformas pedagógicas até o século XXI?

A tentação era grande, então, de saber se, utilizando o mesmo exercício, seria possível comparar desempenhos de alunos um século depois. Em um país como a França, onde todos se queixam da queda do nível de aprendizagem dos alunos, o resultado da comparação constituía uma sensível questão política. André Chervel e Danièle Manesse (1989) ditaram, então, o mesmo texto a 3048 alunos de idade equivalente. Entretanto, criaram uma amostra representativa, segundo os critérios estatísticos contemporâneos. Não era o caso de Beuvain: as escolas rurais de sala única que escolarizavam, na época, metade dos alunos, representam somente 7% de sua amostra. Qual foi o resultado dessa experiência? Uma vez feitas as ponderações que possibilitaram comparar as duas populações, a lição é clara: os alunos do final do século XX ultrapassaram seus ancestrais. A diferença mais espetacular se verifica entre os sexos. As meninas, que eram pouco numerosas em 1873 e muito inferiores aos meninos, tornaram-se nitidamente superiores. Um certo número de erros graves quase desapareceu (por exemplo, a má segmentação das palavras, que tornava o texto incompreensível). Em contrapartida, as performances são hoje mais aproximadas: há menos maus alunos (aqueles que fazem mais de 30 erros passaram de 3% a 1%), mas há também menos campeões de ortografia:

---

[16] Sem contar o trauma dos "cinco erros = zero", que deixou lembranças indeléveis, o ditado introduz uma confusão entre exercício de avaliação e situação de aprendizagem, obrigando o aluno a "inventar" a escrita de palavras desconhecidas e, por isso, cometer erros; os bons resultados obtidos no ditado frequentemente não correspondem ao desempenho do aluno na escrita espontânea ou em redações.

aqueles que não cometem nenhum erro eram 10% e não são mais que 2% um século mais tarde. Hoje, os mestres e os bons alunos não fazem disso uma questão de honra e o tempo usado para fazer ditados nas salas de aula diminuiu consideravelmente.[17]

Ao contrário, Beuvain pesquisa o momento em que o esforço dos mestres e dos alunos estava fortemente mobilizado pela excelência ortográfica. Através da ortografia, toda a cultura primária era julgada. Ela foi, inclusive, tomada como exemplo a ser imitado pelos colégios de elite. Uma circular ministerial de 1847 dizia isso claramente:

> No momento em que a instrução primária faz penetrar a ortografia da língua materna nas camadas mais modestas da sociedade, seria aflitivo ver crianças de espírito cultivado continuarem inferiores, quanto a isso, com relação aos alunos de nossas turmas de pequenas cidades.[18]

Assim, a história do ditado mostra que não é somente o desempenho dos alunos que está em questão. Se esse exercício, apesar de tão modesto, se tornou um ritual tão consagrado, é porque ele manifesta certa concepção da cultura escrita, inicialmente típica do ensino primário popular, mas que encontra tal sucesso social que ganha o ensino das elites. Por meio do ditado, o francês estava em vias de se tornar uma língua "sagrada", intocável. A era do latim terminara. O respeito à língua nacional vai tornar impossível, posteriormente, qualquer reforma da ortografia francesa.

Gêneros literários e exercícios canônicos

Como vimos em relação aos deveres de latim ou ao ditado, para que um exercício possa ser adotado de forma durável

---

[17] As avaliações nacionais realizadas entre 1990 e 2000 mostram que os desempenhos ortográficos tiveram uma tendência a diminuir, levemente mas de maneira regular, nesse nível da escolaridade.

[18] *Apud* CHERVEL, André. *Op. cit.* p. 120.

na escola é preciso que ele tenha um esquema de ação breve, estável e simples. Deve ser conveniente a todos os professores, principiantes ou tarimbados, e a todos os alunos, tanto aos melhores quanto àqueles que apresentam os piores desempenhos escolares. Os reformadores denunciaram continuamente o aspecto artificial, limitador formal desses moldes arbitrários, pré-construídos e que se tornaram, rapidamente, um fim em si mesmo.[19] Esses discursos críticos, entretanto, não tiraram a confiança dos professores no exercício formal. Para eles, o bom exercício é aquele que combina, ao mesmo tempo, um quadro fixo, comum, reiterável e uma "margem de jogo". Cada aluno pode, assim, manifestar suas forças e suas fraquezas, de forma individual e objetivada; o professor não terá dificuldades em ser justo em sua apreciação, e o aluno aceitará, de bom grado, o seu veredito.

Essa questão da equidade das avaliações (que não constituía, ainda, uma obsessão dos professores do Louis-le-Grand) se tornava crucial quando se tratava de selecionar candidatos para um concurso.[20] Instaurando provas idênticas, escritas, corrigidas anonimamente, a instituição escolar mostrava sua adesão aos valores do Iluminismo, fundados no reconhecimento dos talentos, e não na nobreza do nascimento. Essa prática, instituída desde a monarquia para recrutar no exército os oficiais "de elite" (artilharia, engenharia), passou a ser generalizada pela Revolução Francesa. Essa forma de recrutar o pessoal a serviço do Estado queria romper com a prática das cartas de recomendação,

---

[19] Tratando-se do ditado e das análises, as autoridades ministeriais rapidamente estigmatizaram seu abuso. A frase de Ferry "Façam-nos homens, não gramáticos" foi regularmente citada pelos inspetores, bem antes que Freinet lançasse seus ataques contra a "escolástica" escolar que assujeitava os professores ao manual e habituava os alunos a executar docilmente as tarefas sem compreender sua finalidade.

[20] A respeito dessa questão em escala europeia, ver, coordenado por Dominique Julia, o número especial de *Paedagogica historica, Aux sources de la compétence professionnelle. Critères scolaires et classements sociaux dans les carrières intellectuelles en Europe XVIIe-XIXe siècle.* 1994, 1.

que favorecia os protetores e as redes de relação mais do que o valor pessoal dos indivíduos.[21] As consequências disso para a escola só apareceram bem mais tarde, mas toda instituição escolar foi, pouco a pouco, polarizada pelos treinamentos dos candidatos para as futuras provas. As provas do concurso ou do exame entraram no cotidiano das turmas e se tornaram exercícios escolares. Entretanto, às exigências formais da instituição sobre a competência intelectual se misturaram outras expectativas, morais, retóricas, estéticas, de tal forma que se tornou difícil separar forma e conteúdo. Quais eram as normas da instituição escolar quando se tratava de julgar os textos redigidos pelos alunos? Os critérios não poderiam ser objetivados tão facilmente para as traduções de latim ou para os ditados. É o que se pode ilustrar com dois exemplos: o "discurso francês" solicitado aos futuros professores em 1826 e a "redação" para os alunos do primário entre 1880 e 1990.

Os textos dos futuros professores no concurso de 1826

"A verdadeira coragem não consiste nem em dar a morte nem em provocá-la sem necessidade, mas em afrontá-la sem medo e em recebê-la sem fraqueza quando o dever o ordena". Esse foi o tema desenvolvido (em três horas) em 1826, pelos 58 candidatos no concurso para a Escola Normal Superior.[22] Esse tipo de exercício, inspirado no discurso latino, era também chamado de "desenvolvimento francês", já que se tratava de desenvolver uma argumentação. Era solicitado a todos os candidatos, quer se destinassem às letras ou às

---

[21] BELHOSTE, Bruno. La préparation aux grandes écoles scientifiques au XIXe siècle: établissements publics et institutions privées. *Histoire de l'éducation*, 90, mai 2001, p. 101-130.

[22] ALBERTINI, Pierre. Le "développement français" au concours de l'école préparatoire en 1826, *Histoire de l'éducation, Travaux d'élèves. Pour une histoire des performances scolaires et de leur évaluation*, 1720-1830, p. 135-154

ciências. Nesse caso preciso, o tema dado obrigava, ainda, a tomar posição a respeito de uma questão moral bastante grave. Explicitando o que é a "verdadeira coragem", o candidato trataria forçosamente da moral da Antiguidade (que faz o elogio do suicídio), da moral aristocrática (que faz o elogio do duelo), da moral cristã (que condena um e outro, mas faz o elogio do martírio), enquanto a morte pelas armas, a serviço do rei ou da pátria, era aceita por todos. Esse tema fazia parte dos "lugares comuns" que o candidato deveria argumentar por meio de exemplos mais do que discutir filosoficamente. Esperava-se dele um trecho de eloquência próximo do sermão religioso que terminaria, segundo P. Albertini, por condenar "a ferocidade guerreira (liberação de instintos bestiais), a temeridade militar (origem dos desastres), o duelo (infração das leis reais e divinas)", "o suicídio (covardia pessoal, falta cívica, crime religioso)" para exaltar a morte serena do sábio.

Como os candidatos desenvolveram esse tema? Como o seu desempenho foi julgado pelo examinador? O anonimato ainda não era uma prática comum nos exames, já que quase todos os candidatos assinaram seus trabalhos. Apenas o reitor de Nîmes exigiu dos candidatos a assinatura no alto e à direita antes de dobrar e colar o canto da página. Os textos escritos pelos candidatos eram curtos (nunca mais do que quatro páginas), o que não significa que não apresentassem erros de ortografia ou de sintaxe e que não tivessem uma pontuação aleatória. Como vimos, a norma escolar colocava suas exigências em outros aspectos. A cultura de referência do candidato poderia ser julgada pelos heróis ou anti-heróis que ele citava para apoiar seus argumentos, baseando-se em textos traduzidos e lidos; as figuras que serviam de contraponto eram, geralmente, tiradas da história romana; a França era mais importante do que Roma, a Grécia e a Bíblia quando se tratava de dar modelos de coragem (Turenne é o herói favorito, ele que, por lealdade a seu rei, se recusou a bater-se em duelo para se juntar ao seu exército). Os candidatos se mantiveram politicamente prudentes, nunca evocando Napoleão, nem de forma positiva nem negativa, e raros foram aqueles que exprimiram explicitamente sua hostilidade pela Revolução.

Quem corrigiu foi sensível à forma pela qual cada um soube se servir das figuras de retórica, metáforas ("sede de sangue" por "desejo de matar"), metonímias ("o trono e os ferros" para designar o poder e a escravidão) e sinédoques ("os Turenne" e "os Cícero" para falar de guerreiros e de oradores). Exclamações, interrogações, evocações e invocações visavam despertar no auditor/leitor todo um repertório de "movimentos da alma" (medo, dor, indignação, despeito, cólera). O exagero e o patético eram, entretanto, um risco constante para essa geração que crescera com o Romantismo, que tinha dificuldade em encontrar o caminho estreito entre a secura e o excesso. Nessa época, os candidatos eram mais frequentemente do interior do que parisienses, dignos filhos de origem burguesa, geralmente católica e monarquista. Os trabalhos não têm nota, mas foram classificados por ordem de mérito: 38 foram julgados ruins ou muito ruins, 17 medíocres e 3 bons. No trabalho classificado como o melhor, quem corrigiu escreveu "sem mau gosto, sem ênfase". A sobriedade era questão de tato, mas também de treinamento: os candidatos vindos de colégios parisienses, mais treinados, estavam quase certos de serem aceitos, enquanto que, para os outros, principalmente para os que vinham de colégios menores, o sucesso se tornava mais improvável. É verdade que, nessa época, a Escola Normal Superior não era, ainda, o polo de atração que se tornaria depois de 1830, durante a Monarquia de Julho.[23]

A existência do discurso francês, ao lado de um discurso latino, marcou a entrada da arte oratória escolar na modernidade. Foi em francês, e não mais apenas em latim, que a escola passou a exercitar a juventude na arte de escrever textos. A história de Atenas e de Roma não era mais suficiente: foi a história da França que se tornou a fonte, mesmo que

---

[23] Proclamada em 1830, a Monarquia de Julho sucedeu a Restauração (N.R.).

fosse apenas para retomar as continuidades rompidas por dez anos de Revolução Francesa. A prática do discurso francês podia, assim, fornecer modelos de eloquência profana cuja utilidade ultrapassava o tribunal ou a Câmara, em um tempo em que toda reunião de notáveis exigia uma prosa oratória.[24] Novas gerações de professores apaixonados pelas "belas letras" iriam desvalorizar esses objetivos retóricos e afirmar que o papel dos mestres não era tratar as obras primas como simples pretextos para a escrita de alunos. O que ganhariam os discursos das reuniões de agricultores ou de banquetes políticos a macaquear Cícero ou Boileau? Lanson e Péguy[25] concordavam pelo menos nesse ponto: o patrimônio da Antiguidade ou francês era tão admirável que seu conhecimento era um fim em si; a leitura literária formava mais a juventude (moralmente, intelectualmente, esteticamente) do que a retórica. O discurso francês persistiria nas provas do concurso até 1904 mas, nessa data, os trabalhos entregues pelos candidatos abandonaram a história pela literatura: os heróis citados, mesmo quando eram personagens históricos (como Augusto, Nero ou Esther) eram apenas figuras literárias,[26] ficções da escrita. Sob o mesmo nome de "discurso", já não se tratava do mesmo exercício; um outro cânone cultural havia imposto sua marca. O discurso francês desapareceu dos exames e concursos, mas já havia desaparecido há muito tempo das práticas de sala de aula. Essa morte oficial consolidou na instituição a vitória do exercício concorrente: a dissertação literária.

---

[24] DOUAY-SOUBLIN, Françoise. Les recueils de discours français pour la classe de rhétorique. *Histoire de l'éducation, les Humanités classiques.* 74, mai 1997, p. 153-184.

[25] Gustave Lanson (1854-1934) foi professor de História Literária na Sorbonne e autor da primeira história da literatura da França. Charles Péguy (1873-1914) foi escritor, poeta, ensaísta e crítico ferrenho de Lanson. Morreu no front da Primeira Guerra Mundial (N.T.).

[26] JEY, Martine. La littérature au lycée: invention d'une discipline (1880-1925), Recherches textuelles, 3, Metz, 1998. CHERVEL, André. *La composition française au XIXe siècle.* Paris: Vuibert-INRP, 1999.

Evolução da redação entre o primário e o secundário (1880-1990)

Foi apenas em torno dos anos 1850 que as autoridades escolares propuseram com prudência um novo exercício aos alunos do primário que não tinham feito nem latim nem retórica: eles também deveriam aprender a compor textos.[27] Os exercícios chamados de "composição francesa" ou de "redação de estilo" se instalaram finalmente na escola republicana sob o nome de "redação". Obrigatória nas provas escritas do certificado de final de estudos primários, ao lado do ditado e do problema de aritmética, ela era um testemunho das novas ambições da instrução primária sob o regime republicano. Um século mais tarde, com as reformas dos anos de 1970, o exercício passou a se intitular "expressão escrita" e, depois, "produção de texto". Mas de que atividade efetivamente se trata, sob esses diferentes nomes? Para dar uma ideia da evolução das práticas, Brigitte Dancel selecionou, no interior de um grande *corpus*, 90 textos de alunos de 12 e 13 anos.[28] Ela indicou as características materiais do trabalho, reproduziu os erros de ortografia e as alterações feitas pelo aluno, a correção e a nota e a apreciação de quem corrigiu. As mais antigas foram escritas em cadernos, como por exemplo: "caderno em pequeno formato, linhas simples de 8 mm, escrita inclinada feita com pena, tinta roxa" para uma redação de 1911 contra o alcoolismo ("Explique estas palavras de Lamenais: "O bêbado bebe as lágrimas, o sangue, a vida de sua mulher e de seus filhos"). Cinquenta anos mais tarde, todas as crianças de 12-13 anos entravam no ginásio e entregavam sua "composição francesa" a um professor de Literatura não mais em um caderno, mas em folhas soltas. Assim, em 1989, "Folha dupla, formato grande, escrita reta com caneta esferográfica azul.

---

[27] CHARTIER, Anne-Marie; HÉBRARD, Jean. Lire pour écrire à l'école primaire? L'invention de la composition française au XIXe siècle. *Les interactions lecture-écriture, Actes du colloque Théodile-Crel* réunis par Yves Reuter, Berne: Peter Lang, 1994, p. 23-90.

[28] DANCEL, Brigitte. *Un siècle de rédactions. Écrits d'écoliers et de collégiens* Grenoble: CRDP de Grenoble, coll. Argos Références, 2001.

Correção do professor em vermelho, na margem". O tema era: "O que evoca para você a palavra 'África'?" A menção geral foi "aceitável", mas detalhada em vários aspectos ("imaginação: C; pesquisa: entre B e C; reflexão: C; vocabulário e gramática: entre C e D; plano: B; apresentação: entre C e D"). O trabalho era assinado pelos pais depois da correção. Essas siglas abreviadas, tão enigmáticas para quem não é um ex-aluno, mostram de que modo as práticas escolares misturam sempre forma e fundo, apresentação e conteúdo.

Mas o que permite datar um texto é, inicialmente, sua aparência: pena e tinta roxa, caneta azul, "canetinha hidrocor" preta. Para ser adotado, aliás, não é suficiente que um instrumento esteja disponível. A caneta esferográfica, utilizada na França desde o pós-guerra, entrou no estojo dos alunos apenas em 1968. Daí por diante, os professores não puderam mais ensinar a escrita da mesma forma: não havia mais mata-borrão nem tinteiro sobre as carteiras, não havia mais exercícios de manutenção para que a pena não espirrasse tinta, não havia mais traços espessos ou finos. A esferográfica mudou ao mesmo tempo os gestos gráficos e o imaginário social das práticas de escrita. Um outro traço se refere às rasuras: o aluno deve riscar, colocar o erro entre parênteses, apagar, utilizar um corretivo? Cada época produziu hábitos dominantes. A exposição da escrita de "primeiro impulso" é hoje uma prática lícita, ao passo que a escrita em dois tempos (rascunho e passar a limpo depois da correção) era inevitável até 1950.

O que diziam esses textos? Brigitte Dancel selecionou-os de acordo com três entradas temáticas: "o aluno na escola", "o adolescente na vida cotidiana" e "o adolescente no mundo". Para cada tema, há seis trabalhos. Assim, para cada um dos períodos recortados, entre 1880 e 1990, há 18 trabalhos, com descrições de alunos e de sala de aula, festa familiar ou local, narrativas de férias etc., que formam um fundo de lugares comuns escolares que não se desgastam. Na verdade, as redações escolares são escritos "semipúblicos". Elas devem evitar questionar as famílias e expor condutas ou opiniões que não condizem com a neutralidade da instituição: nem religião, nem política, nem testemunhos muito pessoais sobre a vida e os costumes. Por outro lado, há um reservatório inesgotável de descrições e narrativas, na vida da escola (a sala de aula, os colegas, o recreio, as emoções dos exames) e na vida cotidiana, por meio das estações e dos dias (títulos como: "O outono", "A colheita de maçãs", "As vitrines de Natal", "Nevou", "Os pássaros", "A viagem de trem"). Todos podem ter ideias sobre o que escrever rememorando as leituras feitas em sala ou baseando-se em sua própria experiência. Quando se trata do olhar sobre o mundo, a escola assume classicamente o papel fundamental na glorificação do progresso, mas com o passar do século, podemos ver a substituição dos sinais anunciadores da modernidade: em 1896, Robert se encantou com os trens "que nos levam em alguns dias de Paris a Marseille". Em 1930, Denise pôde observar diretamente um avião que sobrevoou a cidade, mas concluiu: "Eu não gostaria de viajar de avião". Nos anos 1950, André estava encantado com o aparelho de rádio da família, que "nos instrui através de numerosos jogos" e "nos diverte com suas canções e peças de teatro". Em 1967, as invenções recentes que Carmen preferia eram a máquina de lavar e a panela de pressão, que "revolucionaram a vida" das mulheres.

Se seguimos o *corpus* apresentado, o gênero evolui de uma retórica imposta e fortemente normativa, antes de 1914 (retrato do bom aluno, elogio do campo, benefícios do progresso, homenagem às mulheres de soldados), a uma expressão que solicita cada vez mais a experiência pessoal, a partir dos anos 20 (meus colegas, o avião, a festa da cidade), e depois a temas que pedem a expressão de escolhas e de opiniões pessoais (Qual é o seu lazer preferido? O que evoca, para você, a palavra "África?"). Os alunos sabem que gostar de ler "vale mais" do que ver televisão, mas como é que eles aprendem essas normas relativas aos valores legítimos quando elas não são mais ensinadas diretamente? Os textos-modelo, que eram considerados como uma ajuda eficaz no início do século, passam a ser percebidos como bitolas formais e desaparecem progressivamente. Passou-se, assim, de uma escrita escolar imitada das leituras (para reescrever os textos aprendidos) a uma escrita apoiada em leituras cruzadas com a experiência (para dar inspiração), antes de chegar a uma escrita expressiva apoiada em experiências singulares, mas sempre tendo como referência um horizonte de valores partilhados ou supostos como tal. Foi nesse momento que a escrita coletiva, resultado de trabalhos em grupo, ultrapassou as turmas coletivas e os jornais escolares do movimento Freinet para entrar no ensino fundamental (dos primeiros aos últimos anos), ao lado de antigos modelos de "produção escrita".

Dessa forma, analisando os escritos dos alunos numa longa duração, a interrogação se desloca: é inútil perguntar-se se o nível baixa ou sobe, já que mudam, ao mesmo tempo, as finalidades e as formas do exercício, as normas pedagógicas e os critérios de avaliação. Por outro lado, o leitor percebe retrospectivamente como a escola leva sempre os alunos a selecionar, hierarquizar e, logo, a reconstruir a realidade que o cerca escrevendo sobre ela. Os temas são de uma estabilidade impressionante, mas as normas escolares (morais e éticas) evoluem e modificam o olhar sobre o mundo, deixando aos alunos mais "liberdade de expressão". Os professores, aos poucos, desejam menos obediência conformista aos valores da escola e veem na "sinceridade" um voto de confiança na instituição. A escola acompanhou, assim, a evolução das classes médias, que adotaram a partir dos anos do pós-guerra um modelo de educação mais liberal e menos autoritário. Se foi a mídia que se encarregou de difundir esse modelo, a escola desempenhou um papel importante na sua legitimação junto às camadas populares. Escrevendo, os alunos deveriam se apropriar, de forma mais ou menos consciente, dos valores – da escola pública ou de seus professores.

Os cadernos como dispositivos de escrita normatizada

As três linhas de investigação que acabamos de ilustrar brevemente se interessam prioritariamente pelas produções dos alunos. De modo geral, pouco importa, para essas pesquisas, se os trabalhos foram escritos em folhas soltas (como era hábito no ensino secundário desde o Antigo Regime ou nas provas dos exames), em cadernos (como no ensino primário) ou mesmo nas margens dos livros impressos (como é o caso do exemplo universitário analisado por A. Grafton). Esses dados fazem parte das características das fontes documentais, mas permanecem independentes dos conteúdos analisados. Entretanto, quem reflete sobre as aprendizagens escolares não pode abstraí-las totalmente das condições "materiais" de sua realização, em particular a dos suportes da escrita. Os historiadores não leem os textos da mesma forma quando levam em conta os objetos a serem lidos: rolo de papiro, que se sustenta em pé, com as duas mãos; *in-folio* colocado sobre uma mesa, onde o leitor inscreve seus comentários; pequeno livro de bolso que se pode carregar; texto que desfila numa tela. Sente-se o quanto esses suportes de leitura constituem modos de leitura heterogêneos[29]: texto proferido em pé, em voz alta, ou comentado silenciosamente, ou relido/redito de memória, ou consultado rapidamente em um banco de dados... Mesmo quando se trata de um mesmo salmo, *de Profundis*, por exemplo,[30] trata-se ainda do "mesmo" texto?

---

[29] CAVALLO, Gugliemo; CHARTIER, Roger (Dir.). *Histoire de la lecture dans le monde occidental* Paris: Seuil, 1997. Tradução brasileira: *História da leitura no mundo ocidental* São Paulo: Ática, 1999. CHARTIER, Roger. *Au bord de la falaise*. Paris: Albin Michel, 1998.

[30] Quando se aprende a ler em abecedários cristãos (*Croix-de-par-Dieu* na França, *Crisscross* na Inglaterra, *Salterio* na Itália), encontram-se depois do alfabeto e uma lista de sílabas, as orações (*Pater, Ave, Credo*) e os sete Salmos da Penitência – 6, 31, 37, 50, 101, 129, 142 – ditos nos ofícios dos mortos. Para gerações, esses salmos foram, então, leituras de aprendizagem.

Tratando-se de cadernos escolares,[31] é possível também deslocar o olhar dos conteúdos escolares manuscritos para o seu suporte, levando em consideração não apenas os conteúdos inscritos, mas também sua materialidade editorial. Os suportes de escrita definem atitudes, tanto na recepção quanto na produção, impõem limites, restringem ou alargam os usos possíveis que, no caso dos escritos escolares, concernem tanto ao trabalho dos alunos quanto ao dos professores. Nós nos questionamos a respeito da adoção dos "cadernos do dia" na escola primária na época de Jules Ferry.[32] No momento em que um dispositivo de trabalho se instala ou perde a força, os efeitos que ele queria ou poderia produzir tornam-se mais visíveis: efeitos pragmáticos, relacionados ao desenvolvimento e ao produto do trabalho do aluno (a conservação de um caderno não é a mesma de um fichário ou de um texto em folha solta); efeitos pedagógicos, pelo fato de que um escrito escolar pode ser avaliado posteriormente, por meio de múltiplas estratégias (correção individual ou coletiva, com ou sem nota, durante ou após o tempo da aula[33]) e, enfim, efeitos

---

[31] Para uma apresentação geral sobre o tema, ver DANCEL, Brigitte. Le cahier d'élève, approche historique. *Repères*, n. 22, *Les Outils d'enseignement du Français*, coordenado por Sylvie Plane et Bernard Schneuwly, INRP, 2000, p. 121-134. P. Albertini apresentou detalhes do seu repertório de fontes em *L'enseignement classique à travers les manuscrits des élèves*, 1640-1940, Paris INRP, 1986.

[32] Político francês. Durante o período em que foi Ministro da Instrução Pública, foram publicadas as leis que tornaram o ensino gratuito (1881) e obrigatório (1882) (N.T.).

[33] Isso só se tornou habitual no primário durante o Segundo Império (1852-1870), quando os alunos aprendiam a ler e escrever ao mesmo tempo, e não mais sucessivamente. Podia-se, desde então, fazer com que os alunos de vários níveis trabalhassem paralelamente, alguns escutando a lição enquanto outros estavam ocupados em uma tarefa de escrita. Esse dispositivo permitiu progressivamente a dispensa dos monitores, necessários enquanto eram desenvolvidas, simultaneamente, várias atividades orais que era preciso validar ou corrigir imediatamente (leitura oralizada do silabário para os principiantes, recitação das diversas lições ou leitura do dia para os outros); em contrapartida, isso obrigava o professor a preparações e correções depois da aula, o que transformava consideravelmente o exercício da profissão.

cognitivos: os alunos trabalham "com" (e não "nos") cadernos, folhas ou fichários, porque esses são sistemas de classificação conceitual materializados. eles operam classificações "em ato", na medida em que realizam tarefas cotidianas de etiquetagem em que se entrecruzam critérios múltiplos, descritivos (ditado, operações matemáticas, mapa da França) ou eruditos (Ortografia, Aritmética, Geografia). Mas como se instalou, na escola primária, o hábito de escrever nos cadernos adotando esses princípios complexos de organização e de classificação?

O "caderno do dia" como memória do trabalho escolar

Nas salas de aula do curso primário no início do século XIX, os alunos não tinham caderno. Nas pequenas turmas de alfabetização, as únicas frequentadas pela maioria da população, os alunos liam em círculo, diante do quadro de letras e de sílabas, ou assentados em bancos, no livreto que colocavam sobre os joelhos. Os alunos mais velhos que aprendiam a escrever trabalhavam no "banco dos escritores". Eram os únicos assentados a uma grande mesa. Eles escreviam, em folhas soltas ou finos folhetos costurados juntos,[34] os modelos de letras ou de palavras dados pelo professor para que reproduzissem. Em seguida vinham as frases que eram chamadas de "exemplos" – provérbios, máximas morais ou religiosas. Todo esse material era pendurado num fio que atravessava a mesa dos "escritores" à altura de seus olhos.

Quando e como apareceram os cadernos no sentido moderno do termo? Na época do Antigo Regime, encontramos,

---

[34] Na *Conduite des écoles chrétiennes* (Conduta das escolas cristãs), Jean-Baptiste de La Salle escreve "não se deve aceitar que nenhum aluno traga papel que não esteja costurado nem dobrado num quadrado, é preciso que os folhetos sejam costurados em toda sua altura." (IV, 2, 5). Os alunos deviam ter sempre seis folhetos de papel branco de reserva na escola (IV, 2, 2): os "cadernos" (a palavra não é utilizada) eram então muito finos, como os "cadernos" dos impressores antes da encadernação e não lembram em nada os cadernos das papelarias modernas.

no uso doméstico e profissional, "livros de razão", "livros de contas", e nas oficinas dos mestres escritores-aritméticos,³⁵ os alunos compunham, ao longo dos dias, um caderno que levariam com eles ao final do período. Ele serviria de modelo para as caligrafias "de gala", para a disposição de uma carta na página, e as fórmulas utilizadas na correspondência, para as técnicas operatórias ou a manutenção dos livros de contas. Esse caderno era frequentemente constituído de folhetos reunidos e encadernados. Isso só era feito quando a mão bem treinada já tinha sido capaz de traçar sem erro as escritas. A formação estava, então, terminada, e as páginas da "obra-prima" artesanal eram numeradas à mão.³⁶ Mas também era possível pedir ao encadernador para confeccionar, previamente, um "livro branco" que serviria para as atividades pessoais ou profissionais. Nas turmas das últimas séries, quando o professor entregava ao aluno a sua produção, realizada em folha solta, o aluno recopiava, cuidadosamente, a correção em latim num caderno, diante do texto francês ditado na véspera pelo professor. Um caderno de latim de 1811 foi conservado na Biblioteca do INRP³⁷: seu proprietário o paginou e cuidadosamente fez um inventário dos textos traduzidos, nas duas últimas páginas – esse trabalho de recapitulação foi feito posteriormente, sugerindo que o proprietário queria consultá-lo facilmente (na continuação de sua escolaridade?). Como ficou com muitas páginas em branco, o caderno foi novamente utilizado em 1836 por um outro aluno,

---

[35] HÉBRARD, Jean. Des écritures exemplaires: l'art du maître-écrivain en France entre XVIᵉ et XVIIIᵉ siècles. *Mélanges de l'École Française de Rome. Italie et Méditerrannée,* 107, 2, 1995, p. 473-523.

[36] Sobre o uso e a composição material dos cadernos, ver HÉBRARD, Jean Tenir un journal. L'écriture personnelle et ses supports. Actes du Colloque Récit de vie et Médias. Paris X-Nanterre, *Cahiers IRTM,* 20, 1999, p. 9-50. O caderno no qual Père Hardouin escrevia suas sábias controvérsias era, assim, composto de um único lado, que era o verso das folhas já utilizadas para os deveres de latim pelos alunos do Liceu Louis-le-Grand, foi estudado por Marie-Madeleine Compère e Dolores Julia (ver nota 11).

[37] Códice IR 158 600. Ele foi escaneado e pode ser consultado no Serviço de História da Educação.

sem dúvida da mesma família, mas como caderno de rascunho para os deveres de casa. O preceptor que se ocupava do jovem escrevia no caderno, dia após dia, o programa de trabalho que seu aluno deveria fazer antes e depois da escola. Os exercícios do aluno (em latim e também em grego) mostram numerosos sinais de "arrependimento", rabiscos e correções. Eles estão redigidos tanto com pena de ganso como a lápis. Essa retomada de um caderno inacabado para outros fins[38] é bem conhecida nos meios populares (cadernos escolares se transformando em álbuns com letras de música, em cadernos de receitas ou ainda em rascunho de cartas). Tal reutilização existia também nos meios privilegiados, até o momento em que a produção industrial fez do caderno um objeto corrente e barato, fácil de ser encontrado no comércio. Entretanto, o interesse desse documento era reunir, no mesmo suporte, duas faces da atividade escolar: aquela que tem por modelo o livro e uma disposição perfeita na página (primeiro uso em 1811) e aquela de rascunho do trabalho, que testemunha os ensaios e os erros de uma escrita "de primeiro impulso" para a aprendizagem em curso (a reutilização em 1836). É entre esses dois modelos, o livro e o rascunho,[39] que vai se situar o "caderno do dia" da escola primária.

Os cadernos entraram, pouco a pouco, na escola primária quando os mestres começaram a ensinar "os elementos da língua francesa", colocados no programa em 1830. Foram inventados, então, como vimos, os exercícios de ditado, de conjugação, de análise gramatical das palavras. Em Aritmética,

---

[38] Dominique Blanc estudou as práticas atuais de escrita privada de adolescentes em seus cadernos de textos: "Correspondances. La raison graphique de quelques lycéennes". *Écritures ordinaires* sob a direção de Daniel Fabre, Paris, Bibliothèque publique d'information (Centre Georges Pompidou) et P.O.L., 1993, p. 95-115.

[39] Para as escritas "de primeiro impulso" (projetos de carta ou de memórias, anotação de tarifas, cálculos escritos) ou de treinamento (linhas com letras, cópias de palavras), a ardósia tomou lugar das tabuinhas de cera, utilizadas na Antiguidade, e depois das tabuinhas apagáveis (*writting tables*, libretes de memória), cobertas de resina, utilizadas até os séculos XVI e XVII.

os exercícios de cálculo (operações em linha ou em coluna) e a resolução de problemas encontraramentão uma disposição na página progressivamente normalizada: sob o texto recopiado do problema, os alunos colocavam as operações e a formulação da solução. Nas turmas dos menores, os alunos faziam suas primeiras tentativas nas ardósias (que tinham a grande vantagem de ser colocadas nos joelhos e poder ser apagadas). Os principiantes logo iriam, eles também, ter acesso aos cadernos, quando seu preço baixou de forma espetacular, com a produção industrial do papel de celulose. Nesse momento, também se expandiu o uso da pena metálica, muito mais resistente e fácil de se utilizar do que a pena de ganso. Os alunos podiam, então, utilizar a pena desde o curso elementar. O Museu da Educação de Rouen[40] conservou uma bela coleção de cadernos de escrita do Segundo Império[41]: em páginas e páginas os alunos se exercitavam em reproduzir indefinidamente os mesmos modelos. Nessa época, mudou o mobiliário escolar[42]: os professores exigiam que todos os alunos tivessem, a partir daí, uma carteira pessoal, com um tinteiro e um espaço no qual pudessem colocar seu material escolar, quer dizer, livros e cadernos.

A escola primária parecia, então, se engajar na via traçada pelas escolas secundárias, que atribuem um caderno para cada tipo de exercício, quer dizer, para cada matéria. Um inspetor escreveu em 1868:

> Em grande número de escolas, para não dizer em todas, os professores e professoras têm o hábito de colocar nas mãos dos alunos tantos cadernos quanto o número de exercícios

---

[40] Em Rouen, cidade próxima a Paris, o INRP mantém um museu dedicado à educação (N.T.).

[41] Regime que vigorou de 1852 a 1870, sob o governo de Napoleão III, entre a Segunda e a Terceira Repúblicas (N.R.).

[42] Cf. as respostas dadas à enquete feita por Rouland em 1861. JACQUET-FRANCILLON, François. *Instituteurs avant la république*, PU du Septentrion, 1999, p. 146-147.

diferentes utilizados no ensino; primeiro, é o caderno de rascunho, depois o caderno de escrita, o caderno de ditado passado a limpo, o caderno de problemas, o caderno de análise, etc.[43]

Essa prática era, a seus olhos, condenável:

> Essa multiplicidade de cadernos torna a tarefa do professor difícil, é uma perda de tempo considerável para o aluno e não pode servir para dar a medida de seu progresso e principalmente de seu trabalho diário.

A partir daí, observa-se a passagem para um segundo modelo, imposto pelas autoridades da escola republicana: o caderno único, chamado "caderno do dia". O verbete "Caderno", no *Dicionário de Pedagogia*, de Buisson, assim se refere a esse objeto:

> No caderno único, a data e a hora em que o dever foi feito, qualquer que seja a sua natureza, se encontram exatamente indicadas, de tal modo que o caderno do aluno é como o controle do diário de classe.

O verbete é concluído citando a doutrina oficial:

> Acrescentamos que o caderno único torna muito fácil o exame do trabalho de cada aluno e de toda uma turma pelo inspetor e outras autoridades escolares; que ele pode, de forma mais cômoda que os cadernos múltiplos, permitir comparações úteis, o que é uma garantia da sinceridade do trabalho das crianças.[44]

As virtudes do caderno do dia eram a de preencher de forma econômica várias funções ao mesmo tempo, cruzando os olhares dos alunos, dos professores, dos inspetores e dos pais: vigiar o trabalho do aluno e o do professor, apreciar os progressos ao longo do tempo, comparar os alunos entre

---

[43] M. Leras, inspetor da academia do departamento de Yonne, citado pelo *Dictionnaire de Pédagogie* de Buisson, no verbete "caderno". O autor do verbete é o inspetor Charles Defodon, redator chefe do célebre *Manuel général de l'instruction primaire*, revista semioficial que exprimia o ponto de vista do Ministério.

[44] *Ibidem*.

eles e fundamentar "objetivamente" as notas distribuídas: "A sinceridade do trabalho das crianças" autorizava, assim, a conservar, à vista de todos, escritas desajeitadas, exercícios e problemas incorretos e erros de ortografia. A escola muda, então, a finalidade tradicional do caderno. Ele não era mais destinado a se tornar um "livro de uso", seleção de modelos de letras ou compilação de textos, mas a prestar contas das aprendizagens em curso. Essa visibilidade do trabalho certamente dava segurança para as famílias populares. Como não podiam julgar as competências intelectuais invisíveis, por meio do caderno do dia elas poderiam confiar mais no mestre, na medida em que as tarefas da escolarização estariam inscritas em formas estáveis e fáceis de serem reconhecidas. Enquanto no caderno do ginásio, propriedade privada do aluno, o professor não intervinha, o professor primário deveria tornar visível o fato de que ele corrigia os cadernos todos os dias.

Apesar disso, o caderno do dia da escola primária não deveria se parecer com um caderno de rascunho. As escritas de "primeiro impulso" têm uma aparência ruim. Conservar essas experiências desqualificaria a escola e tornariam patentes as diferenças de desempenho tão humilhantes para certas crianças quanto para suas famílias. O caderno do dia, "vitrine do trabalho escolar", recolhia o trabalho passado a limpo que vinha após um tempo de preparação e uma primeira correção. Essa correção era frequentemente coletiva, no quadro (o aluno devia, então, se autocorrigir); quando a turma não era muito numerosa, ela poderia ser individual. O professor, passando entre as carteiras, deveria dar uma olhada na ardósia ou no caderno de rascunho (fórmula recomendada nas escolas normais no período entre guerras). Cada caderno do dia mostrava o que cada criança era capaz de (re)fazer sozinha, depois da ajuda do professor. "Sinceridade do trabalho" não era, então, sinônimo de "competência individual". O aluno que fracassava em fazer sozinho seus exercícios podia chegar, apesar disso, a "se mostrar" bom aluno, desde que prestasse atenção na correção e se aplicasse ao passar a limpo. Era esse "trabalho sincero" que era valorizado, não o desempenho intelectual autônomo, mas ninguém duvidava que o último seria decorrência do primeiro. A tinta (preta, depois vermelha) na margem servia para sancionar ou elogiar esse esforço do dia a dia. Para os professores primários dos anos 1880-1900, a ruptura era, entretanto, forte, com o modelo livresco antigo, aquele do caderno sem erro, feito com boa caligrafia, reproduzindo escrupulosamente textos-modelo e os "ditados passados a limpo" (feitos no rascunho e, depois da correção, recopiados no caderno do dia). O modelo de caderno da época de Jules Ferry levaria mais de uma geração para se banalizar e as anotações, nesses primeiros tempos da escola republicana, se reduziam a algumas marcas muito breves na margem ("Visto", "Bom", "Mal escrito"), mostrando que nessa etapa das atividades, o professor verificava o trabalho formal do aluno, e não mais seu conteúdo.

Pode-se, desde então, analisar o espaço gráfico[45] do caderno em que se manifesta a cultura escrita primária, por meio da organização da página: a data, os diversos títulos sublinhados, a alternância dos exercícios em que as listas e os quadros eram tão frequentes quanto os textos, as barras de ilustração. A forma geral parece ter ficado pronta em 1914: a escrita das crianças era enquadrada por uma pauta que limitava a grossura das letras e a altura das hastes. A escrita recomendada era inicialmente inclinada (no século XIX), depois reta (após 1920), com linhas oblíquas, depois verticais e sempre à esquerda, a linha vermelha delimitando a margem reservada a quem corrige. Assim,

> o espaço do caderno é uma perpétua reinscrição de um escrito que já está lá e que se deve transformar seguindo as instruções: colocar no plural, conjugar os verbos, preencher as palavras que faltam no texto, resolver o problema, desenhar o losango ou o triângulo retângulo". Nesse "pequeno teatro do saber

---

[45] HUBERT, Christiane; HÉBRARD, Jean. Fais ton travail!. *Enfances et Cultures* 2, Paris: Fernand Nathan, 1979, p. 46-59. HÉBRARD, Jean. Por uma bibliografia material das escritas ordinárias; o espaço gráfico do caderno escolar (França XIXe -XXe). *Revista Brasileira da História da Educação*, 1, 2001, p. 115-141.

escolar", como escrevem Jean Hébrard e Christiane Hubert, "as listas e os quadros que a criança constrói cotidianamente na escola recortam e, ao mesmo tempo, organizam o campo de seu saber, saber talvez limitado, mas que por essa disposição gráfica se constitui, como sempre, exaustivo e totalizante".[46]

A multiplicação dos cadernos e fichários

Em que se transformou o caderno escolar no princípio do século XXI? Os alunos franceses de hoje, longe de se limitar ao caderno único recomendado no tempo de Jules Ferry, utilizam um número cada vez maior de cadernos e fichários. O que é que orienta esta profusão de material? O que conduz os professores a escolher essa ou aquela solução? Segundo uma pesquisa realizada junto a uma centena de professores das séries iniciais,[47] a variedade dos usos dos cadernos e fichários é impressionante: os professores utilizam de seis a 14 suportes no segundo ciclo (alunos de seis a oito anos) e de seis a 16 suportes no terceiro ciclo (alunos de nove a 11 anos). Assim, numa sala "normal" de terceiro ciclo, onde fizemos uma observação, as crianças têm dois fichários (para francês e matemática), seis cadernos para as outras disciplinas, mais um caderno de textos e um caderno para comunicação com os pais. O fichário de francês é subdividido em cinco subpartes: ortografia de uso, ortografia gramatical, gramática, conjugação, expressão escrita. O fichário de Matemática separa Geometria e Aritmética, essa última subdividida em operações e problemas. Os outros cadernos se intitulam Ciências e Tecnologia, História, Geografia, Instrução Cívica, Música, Poesia. Uma das atividades essenciais dos alunos é, então, tirar o caderno adequado no momento certo e saber rapidamente se orientar nas subpartes dos fichários e classificar corretamente as folhas soltas em que escrevem, graças

---

[46] HUBERT, Christiane; HÉBRARD, Jean. *op. cit.*, p. 57.

[47] CHARTIER, Anne-Marie; RENARD, Patricia. Cahiers et classeurs: les supports ordinaires du travail scolaire. *Repères*, n. 22, Les Outils d'enseignement du Français, coordonné par Sylvie Plane et Bernard Schneuwly, INRP, 2000 (parution mai 2002), p. 135-159.

às divisórias e às etiquetas coloridas. Entretanto, de um ano a outro, os hábitos pacientemente construídos pelo professor devem ser abandonados e refeitos de outra maneira por outro professor. Para alguns alunos, não há dúvida de que as continuidades intelectuais ou das disciplinas aparecem rapidamente sob as modalidades variáveis das "organizações" materiais. Mas as coisas podem parecer infinitamente mais arbitrárias ou obscuras para outras crianças. Uma professora, que mede bem toda a energia que essa "ginástica" exige dos alunos..., e do professor, nos disse: "É uma ginástica, mas é para habituá-los". Habituá-los a quê?

O que os mestres polivalentes das séries iniciais mostram, assim, a seus alunos, de forma prática, é que a escola primária é o vestíbulo das séries finais do ensino fundamental, que os saberes são organizados por "família" e que o beabá da profissão de aluno de escola primária é de classificar, material e intelectualmente, o que se faz. O antigo modelo do caderno do dia era uma crônica das tarefas, escritas umas depois das outras, e o *patchwork* dos exercícios acumulados constituía a "instrução primária" – o que os ingleses designam pelo termo *literacy*. Por outro lado, os suportes de escrita atuais têm por modelo a especialização disciplinar das últimas séries do Ensino Fundamental. Nessas manipulações cotidianas, os alunos aprendem, pela força do hábito e da rotina, uma classificação implícita dos saberes escolares. A representação (e não a definição) que cada aluno faz da atividade e/ou do saber em questão é assim construída empiricamente, por semelhança e diferença, pela acumulação de tarefas. Aprende-se o sentido do conceito ancestral de "gramática" ou o mais recente de "tecnologia" como se aprende sua língua, pelo uso e não por princípios, em contexto e não por definições.[48]

---

[48] Essa distância é fantasticamente traduzida pela fala de uma aluna de sete anos, a quem o pesquisador pede que defina o que é a tecnologia: "Nós estudamos tecnologia. Eu não sei o que é tecnologia, mas eu estudo muita tecnologia" (Enquête sur la polyvalence des maîtres/INRP, Joël Lebeaume, 1998, rapport dactylographié).

Por outro lado, as escritas de "primeiro impulso", praticamente ausentes do caderno do dia, se tornam cada vez mais frequentes. Os exercícios para completar fotocopiados e colados ou os livros de exercício existentes no mercado só aumentam essa tolerância, deixando seus traços na aparência geral dos cadernos. Alguns professores se queixam disso ("eles escrevem como porcos, não dão importância nenhuma a isso e os pais não dizem nada") mas todo mundo considera que é impensável voltar atrás. Os cadernos utilizados na sala de aula parecem cada vez mais com rascunhos. O motivo que leva o professor a mandar fazer certos exercícios num caderno mais do que em outro é frequentemente difícil de perceber. Um grande número de atividades escritas permanecem no estado de "ensaios" no caderno de mesmo nome, por falta de tempo para serem passadas a limpo pelo aluno e/ou para serem corrigidas pelo professor. Os trabalhos de grupo, as pesquisas coletivas e as situações-problema são grandes consumidores de suportes efêmeros de folhas grandes (o verso de cartazes, de folhas A3 impressas, papel kraft de embalagem etc.[48]); certas produções escritas individuais são feitas também em folhas soltas conservadas provisoriamente em pastas, enquanto o texto está em processo de "reescrita". Toda uma parte da atividade escolar que é considerada como essencial pelos pedagogos não deixa traços duráveis.

A cópia (no sentido antigo) não desapareceu mas regrediu fortemente (o aluno não copia mais os textos dos problemas, nem mesmo, às vezes, as instruções dos exercícios). Os recursos do computador, que permitem descobrir de forma precoce a função "cortar-colar", acentuou ainda mais a desqualificação do gesto de copista dos discursos institucionais[49] Os jovens professores têm dificuldade em imaginar que a cópia

---

[48] Como nota Brigitte Dancel esses suportes estão ausentes dos arquivos escolares, op. cit., *Repères*, n. 22, p. 132.

[49] BERNARDIN, Jacques. Usages et sens de la copie à l'école primaire. In: KUCERA, Milos; ROCHEX, Jean-Yves; STECH, Stanislav (Dir.). *La transmission du savoir comme problème culturel et identitaire* Université Charles de

possa ter sido um tempo de aprendizagem, de apropriação ou de automatização de múltiplos saberes (gráficos, ortográficos, sintáticos, disciplinares), já que veem nela apenas uma reprodução mecânica consumidora de tempo e cognitivamente vazia, da qual as fotocópias felizmente aliviaram os alunos. Quando e como se dá o momento de passar a limpo de maneira definitiva? Ele é realmente necessário? Se os pais não se escandalizam hoje em ver as escritas espontâneas de seus filhos mesmo depois da educação infantil, por que perder tempo com cansativas apresentações manuscritas? Quando a necessidade (social) de um texto passado a limpo se fizer sentir pode-se recorrer aos recursos do computador e à impressora.

Um olhar retrospectivo vê nos belos cadernos do dia de antigamente o sinal de uma exigência de perfeição desaparecida, bem própria para alimentar as nostalgias de uma idade de ouro escolar.[50] Uma abordagem histórica que procure se manter à distância das armadilhas da memória permite descobrir que foi o caderno do dia da escola da época de Jules Ferry que rompeu com a concepção do caderno-livro. Fazendo isso, ele abriu o caminho para uma valorização dos desempenhos "balbuciantes" das crianças. Para que nascesse uma ciência das aprendizagens intelectuais fundada numa documentação empírica e não apenas numa teoria filosófica dos graus do saber, foi preciso que as produções dos alunos fossem consideradas interessantes como tais. No *work in progress*, o erro não é (ou não é apenas) uma falta ou um desvio do modelo. Não é de se espantar que a ciência das

---

Prague, Editions Karolinum, 2001, p. 91-106. Na pedagogia tradicional a cópia era também relacionada com a trapaça ("copiar é trapacear") e com a punição ("copiar 50 linhas").

[50] As publicações nostálgicas sobre a escola de antigamente, que tinha o cheiro bom da tinta roxa, são sucesso de venda nas livrarias. Entre os sucessos recentes da edição, ver Rachel Grünstein e Jérome Pecnard, no livro *Nos cahiers d'écoliers 1880-1968*, Les Arènes-France Info, 2002. Esses autores renovaram plasticamente, através de uma suntuosa paginação em quatro cores, um gênero em que se destacou Gaston Bonheur, cujo livro (*Notre patrie gauloise*, 1974) foi um *best-seller*.

aprendizagens escolares, como a psicologia de Binet, tenha se construído sobre "escalas de desenvolvimento" instituídas pelo currículo primário e que os testes que determinam a idade mental se pareçam tanto com os exercícios escolares. A psicologia da criança (Wallon, Piaget), no contexto da educação liberal, das novas pedagogias e dos métodos ativos, deu ao entre-guerras uma nova base científica às críticas formuladas contra o formalismo escolástico da escola (para falar como Freinet), mas os efeitos na gestão dos cadernos só se fizeram sentir bem mais tarde, nos anos 1960-1970, no momento da massificação do ensino secundário. Em que medida a atividade espontânea das crianças (construtivistas) de Piaget recobre o "trabalho sincero" das crianças (normais) de Binet? E as aprendizagens cognitivas do aluno (ou do principiante) de hoje? Essas defasagens temporais entre a prescrição institucional, os discursos científicos de referência e as exigências dos professores mostram que a história das ideias pedagógicas e a das práticas não evoluem no mesmo passo.

É quando a frequência ao ensino posterior ao primário se torna obrigatória que a escola começa a levar em conta, "de outra forma", os saberes do ginásio. Essa mudança tem uma vertente teórica visível na criação das didáticas especializadas pelos pesquisadores cuja identidade intelectual é disciplinar: os primeiros foram os matemáticos e os linguistas, mobilizados pelas experimentações dos anos sessenta. Trabalhando com os cadernos atuais, vemos o outro lado desse processo de "secundarização" dos saberes, efetuado por aqueles que atuam nas escolas. Os professores, mesmo frequentemente lamentando que o primário se baseie nos saberes disciplinares próprios do ensino secundário, inventaram modalidades eficazes para que esse processo ocorresse. Isso foi feito não por meio da transposição de modelos didáticos eruditos (que transitam em direção a eles principalmente por meio dos manuais) mas introduzindo ferramentas "secundárias" de trabalho nas práticas ordinárias do primário. Essa adaptação dos fichários ou dos cadernos num espaço livre de toda a prescrição institucional se relaciona mais com o cotidiano funcional do que com uma estratégia explícita. Trata-se de uma ação coletiva, mas não planejada, o que explica a variedade das soluções individuais numa mesma escola. Ela é feita à revelia dos teóricos, das autoridades administrativas e das próprias pessoas que atuam na escola. Mas o modelo cumulativo das atividades, em uso nos antigos cadernos do dia, foi percebido progressivamente como inaceitável. O consumismo escolar incitou a profusão de suportes, que na maioria das vezes poderiam permanecer nos escaninhos sem fazer peso nas mochilas. O uso dos cadernos e dos fichários, uma vez iniciados no cotidiano escolar, parece exigir apenas o gerenciamento prático dos seus efeitos.[51] "É uma ginástica, mas é para habituá-los", dizia a professora já referida. Os professores são, assim, os atores (e não os agentes) de uma transformação que não tem autor, ou seja, anônima e impensada.

A repartição das atividades disciplinares entre vários suportes tem outra consequência. A multiplicidade dos cadernos não permite mais tão facilmente, como no tempo de Ferry, o controle do "diário de classe" do professor, e é difícil para um observador exterior reconstituir o desenvolvimento das atividades ao longo do tempo. Pode-se traduzir isso dizendo que o trabalho escolar se tornou menos transparente ou que a liberdade do professor é mais bem preservada dos olhares exteriores, sempre percebidos como inquisidores. Mas ocorre o mesmo para os alunos. A multiplicidade dos cadernos faz com que o professor não possa verificar tudo com facilidade, mesmo que o número de alunos da sala tenha diminuído

---

[51] Vemos, hoje, agendas que são quase "cadernos de texto" aparecerem cada vez mais cedo na vida escolar (algumas prefeituras as distribuem aos alunos que entram nas turmas de alfabetização) mesmo que ninguém tenha "objetivamente" necessidade delas, já que os alunos não têm, na França, deveres a ser feitos em casa. Ora, o uso de tais agendas "muda as coisas" na concepção do trabalho, sem que os professores saibam ainda dizer bem o quê.

consideravelmente; por outro lado, a energia e o tempo gastos para iniciar o trabalho (aprender a abrir o caderno certo, a escrever na página certa) não diminuíram – ao contrário, aumentaram. Os professores, aliás, se dividem entre aqueles que corrigem os cadernos depois da aula e acham que é necessário verificar todos e aqueles que tentam, ao máximo, fazer as correções de imediato (o que os libera em seguida), com o argumento de que uma correção posterior é inútil para o aluno, mesmo que ela seja testemunho do zelo profissional do corpo de professores.

Os únicos cadernos corrigidos regularmente são os de Matemática e os de Francês. Os cadernos ou fichários das outras disciplinas têm um outro tipo de uso. Neles, é o trabalho da sala de aula que é registrado, mais do que o trabalho individual do aluno; nesse tipo de caderno, os exercícios de avaliação são muito raros. Esse fato é acentuado pelas recentes partilhas de tarefas[52] entre as diferentes pessoas que intervêm na sala de aula: enquanto certas disciplinas não são delegadas (Francês e Matemática[53]), outras podem ser trocadas entre colegas ou ter horários "elásticos" (História, Geografia, Ciências) e outras, ainda, podem ser confiadas a pessoas externas à instituição (Língua Estrangeira, Música, Educação Física). Essas últimas são geralmente disciplinas "sem escrita" e, portanto, sem cadernos. Para os alunos, a hierarquia de autoridade entre os diversos adultos da escola é facilmente colocada em relação com seu poder sobre os dispositivos de escrita. Evidentemente, é preciso obedecer aos ajudantes, aos que realizam oficinas e àqueles que não pertencem ao quadro da escola que têm o direito de punir, mas que "não são professores de verdade". Da mesma forma, os alunos fazem diferença entre seu interesse por uma disciplina (em geral, todos os alunos adoram educação física)

---

[52] GARNIER, Pascale. *Faire la classe à plusieurs. Maîtres et partenariats à l'école élémentaire* PU de Rennes, 2003.

[53] Elas se dividem quando a turma é mantida por dois professores.

e seu valor para a instituição (ser fraco em Educação Física não faz repetir de ano). Enfim, hoje, como antigamente, a designação das atividades escolares define o mundo dos saberes legítimos. Todos os alunos, quer estejam vivendo uma experiência de sucesso ou de fracasso, sabem que nenhuma disciplina se chama Religião nem Moral. Aqueles que vieram dessa cultura comum (os professores atuais) têm dificuldade em imaginar que a religião e a moral possam ter sido consideradas durante tanto tempo como saberes e, mais ainda, que elas poderiam ser ensinadas[54] novamente. Independentemente das críticas ideológicas ou das reservas práticas sobre esses ensinos, uma tal proposta lhes parece, inicialmente, "inacreditável".

Conclusão

Para concluir este trabalho, faremos três observações. As diferentes pistas de pesquisa apresentadas neste artigo, apesar das especificidades de seus objetos e, consequentemente, de seus métodos, relacionam-se com as questões atuais da cultura escolar, quer explorem os processos de transmissão, a avaliação das aquisições, as construções identitárias ou os saberes partilhados. A pesquisa histórica, mesmo quando trata da Idade Média, como lembrou Marc Bloch,[55] se constrói a partir das interrogações do presente. Entretanto, enquanto a oposição clássica dos debates no campo educativo se dá entre tradição e inovação (sob múltiplas variantes: tradicionalismo/reformismo, ordem/movimento, reação/evolução etc.), as pesquisas sobre os trabalhos de alunos não param de mostrar como as jovens gerações "fazem o novo com o velho". De acordo com o ponto de vista adotado, pode-se focalizar a ruptura ou, ao contrário, a continuidade, a criação original ou a herança revisitada, mas o reformador mais radical nunca chega a apagar, de si mesmo, o

---

[54] DEBRAY, Régis. L'enseignement du fait religieux dans l'école laïque. Rapport au ministre de l'Éducation nationale. Paris: O. Jacob, 2002.

[55] Introdução à história. Lisboa: Publicações Europa-América, [s.d.]. (N.T.).

antigo aluno que foi um dia. Em matéria de cultura escolar, na medida em que há sempre um direito e um dever de inventário, não há tabula rasa possível.

Isso conduz à segunda observação. Os pesquisadores se queixam frequentemente de que os resultados de suas pesquisas permanecem ignorados ou sem efeito, mesmo quando são lidos pelos professores. Pode-se perguntar que pesquisas eles poderiam utilizar com mais facilidade. De fato, os que estão na prática dificilmente podem desenvolver seu trabalho apoiando-se em saberes que, por razões teóricas muitas vezes legítimas, ignoram ou "esquecem" sua existência. Aquele que aprendeu com os discursos eruditos a considerar o papel do professor como de menor importância verá aí um álibi para seu sentimento de impotência ou uma isenção de sua responsabilidade (o que, nos dois casos, transforma o saber "em ideologia"). Por outro lado, todo estudo sobre conteúdos de ensino, práticas profissionais, produções de alunos que se interessa por seu processo de produção,[56] torna visível uma outra face das realidades escolares (políticas, sociais, culturais), não a de sua necessidade retrospectiva, mas a de sua relativa "indeterminação".[57] Pesquisando

---

[56] A história dos textos oficiais pode estudar os resultados (os novos programas, as novas instruções) sublinhando as continuidades ou as rupturas prescritivas explícitas. Ela pode ser uma história menos pacífica, se buscar reconstituir "o processo de produção das reformas", quer dizer, as relações de força, os conflitos, os compromissos que presidiram seu nascimento e deixaram sinais nos textos (as incoerências discursivas, as concessões teóricas ou silêncios que resultam das negociações). A história dessas "tomadas de decisão" faz parte da cultura prática-oral dos atores (membros dos gabinetes, delegados sindicais ou participantes das comissões de trabalho), mas eles são obrigados a manter reserva sobre o assunto e nunca deixam traços escritos. Sobre essa questão dos "arquivos orais", *Témoins et acteurs des politiques de l'éducation depuis la Libération* Martine Allaire et Marie-Thérèse Franck, t. 1; Marie-Thérèse Franck et Pierre Mignaval, t. 2, INRP, 1995 et 2000.

[57] Essa "indeterminação" relativa explica que, nos contextos de restrições econômicas e de demandas sociais globalmente idênticas, os sistemas escolares dos países da Europa tenham conseguido evoluir sem perder suas identidades fortemente nacionais.

sobre o espaço próprio dos atores é que podem ser percebidas as modalidades de exercício de seu poder, as orientações que eles encorajaram, permitidas, ou proibidas, na evolução do sistema.[58] As escolhas epistemológicas (o que se procura conhecer?) são assim, também, escolhas éticas e políticas.

A última observação é, então, prática. Se se deseja que os objetos de estudo ajudem os professores a "pensar" a escola e a sua posição na escola, devem ser priorizados aqueles que se situam em seu próprio campo de iniciativa, campo limitado e normatizado, evidentemente, mas que se relaciona com seu poder de atores, e não apenas com sua função de agentes do sistema. A dificuldade está em descobrir fontes que permitam tratar esse poder não apenas de forma residual.[59] Tomando como objeto de reflexão os cadernos de alunos, foi esse "curto-circuito" que nós tentamos evitar. Paradoxalmente, é a noção de dispositivo, tal como foi tematizada (de um ponto de vista epistemológico) por Michel Foucault a propósito dos dispositivos de controle, que nos deu uma base conceitual para "pensar" o poder complexo desse objeto modesto. O uso dos cadernos institui "relações de força entre saberes" e solidariedades práticas entre elementos "heterogêneos" (saberes, autoridade, instituição, ferramentas).[60] Ora, essa abordagem se encontra fortemente

---

[58] O trabalho de Martine Jey (*La littérature au lycée, invention d'une discipline 1880-1925* op. cit.) mostra, assim, o poder decisivo dos professores que têm o título de *agrégés* (ver nota 10) em Letras no Conselho Superior da Instrução Pública, na defesa, ao mesmo tempo cultural e corporativista, do ensino clássico, e a força dos usos coletivos que limita "na prática" um programa muito mais aberto "na teoria".

[59] Por exemplo, as estatísticas definem o "efeito professor" como as distâncias verificadas entre turmas e que não podem ser explicadas por outras variáveis controladas. De um ponto de vista "científico", a pesquisa sobre os conteúdos, os exercícios e as didáticas disciplinares, o desempenho dos alunos pode legitimamente articular instituições, saberes, políticas educativas, sem levar em conta os professores, a não ser como "agentes".

[60] FOUCAULT, Michel. *Ibid*, p. 300: "C'est ça, le dispositif: des stratégies de rapports de force, supportant des types de savoirs et supportés par eux". CHARTIER, Anne-Marie. Un dispositif sans auteur: cahiers et classeurs dans l'école primaire, *Hermès, Le dispositif, Entre usage et concept*. 25, décembre 1999, CNRS, p. 207-218.

defasada em relação à forma pela qual a instituição trata geralmente a história dos saberes[61] e a relação teoria-prática. Para o pesquisador, a delimitação de um objeto específico, a coerência racional e a seleção de um ponto de vista são as condições necessárias de uma cientificidade discursiva que permite delimitar de que tratará um determinado discurso e, logo, do que ele procurará não tratar. Para um professor, por outro lado, os pontos de vista múltiplos sobre a prática, originários das diferentes ciências sociais (sociologia, psicologia, didática etc.), têm os efeitos de "bombas de fragmentação". Como nenhuma recapitulação sobre todos os pontos de vista[62] é sequer imaginável, as opiniões elaboradas pela mídia são mais difundidas quando a conjuntura educativa é opaca.

Estudar um dispositivo é obrigar-se a levar em conta, de forma local e conjuntural, ou seja, empiricamente documentada, "discursos, instituições, arranjos arquitetônicos, decisões regulamentares, leis, medidas administrativas, enunciados científicos, proposições filosóficas, morais, filantrópicas".[63] É também o que faz todo aquele que atua na prática no cotidiano, sem ter forçosamente consciência, e é essa profusão de pontos de vista de documentos que desencoraja a teorização. "A partir do momento que se puxa um fio do novelo,

---

[61] "Dans *Les Mots et les Choses*, en voulant faire une histoire de l'épistémè, je restais dans une impasse". FOUCAULT, Michel. *Dits et Écrits*, op. cit. p. 300.

[62] Robert Darnton situa o nascimento das classificações contemporâneas não na *Grande Encyclopédie* de Diderot, mas na de Panckouke, que renuncia à organização de uma "árvore dos conhecimentos", integrando a totalidade dos saberes. Lendo os títulos de seus volumes (História Natural, Medicina, Jurisprudência, Botânica, Matemática, Gramática e Literatura, etc.), "nós não nos sentimos em um país estrangeiro. Seria como o campus de uma universidade moderna, onde as construções representam os assuntos e onde as disciplinas estão organizadas em departamentos. Nós entramos num mundo que podemos reconhecer, o do saber profissionalizado." L'angoisse épistémologique: de l'encyclopédisme à la publicité", *Pour les Lumières Défense, illustration, méthode*; PU de Bordeaux: Pessac, 2002, p. 73 (en anglais, Berkeley 2001).

[63] FOUCAULT, Michel. *Dits et Écrits*, III. Paris: Gallimard, 1994, p. 299.

tudo vem", me disse uma professora do maternal[64] que não leu Michel Foucault, mas que resiste, pacientemente, aos meus esforços para categorizar suas práticas de acordo com esquemas teóricos usuais, repetindo-me que "tudo está em tudo". É sua obstinação que nos conduz progressivamente a utilizar a noção de dispositivo, mas do ponto de vista do seu trabalho (enquanto Foucault se serve "politicamente" do dispositivo para instrumentalizar sua crítica das instituições encarregadas de vigiar e punir). Tanto para um quanto para outro, os dispositivos são como máquinas que, uma vez engrenadas, funcionam sozinhas. Eles são lentos para serem "amaciados" (devem integrar o herdado e o novo), só funcionam graças a indivíduos de quem sustentam a autoridade, mas podem perdurar independentemente deles e têm sobre os grupos um poder de dominação moral e intelectual mais eficaz do que muitos carismas transitórios. Eles não permitem separar, "distintamente", fins e meios, nem causas e consequências. A divergência vem do valor de uso desse saber. Michel Foucault coloca politicamente sua análise a serviço de uma crítica discursiva das instituições de controle anônimo. A professora coloca, pragmaticamente, sua competência dos "dispositivos escolares" a serviço das propostas pedagógicas que ela elabora para seus alunos e para os professores iniciantes ainda em formação que ela acolhe. Com efeito, os dispositivos de controle constituem também espaços de estabilidade e de segurança para seus usuários.[65] Aquele que sabe o que lhe espera pode agir, e não apenas "reagir", quer dizer, se defender, se proteger ou se fazer esquecer (a luta, a

---

[64] CHARTIER, Anne-Marie. L'expertise enseignante entre savoirs pratiques et savoirs théoriques. In: *Recherche et Formation*, Les Savoirs de la Pratique. Un enjeu pour la recherche et pour la formation, n. 27, déc. 1998, INRP, p. 67-82. Ver, neste livro, o capítulo "A ação docente: entre saberes práticos e saberes teóricos".

[65] BELIN, Emmanuel De la bienveillance dispositive. *Hermès, Le dispositif, Entre usage et concept*, 25 décembre 1999, CNRS, p. 245-259. Cf. também PRAIRAT, Eirick. *Éduquer et punir. Généalogie du discours psychologique*. PU Nancy, 1994 et *Questions de discipline à l'école et ailleurs* Érès, 2003.

fuga ou a submissão: as três únicas saídas para o indivíduo que não tem escolha, segundo Henri Laborit). Todos aqueles que trabalham com crianças sabem, por experiência, que os dispositivos de vigilância são também "dispositivos de benevolência".[66] As múltiplas combinações de que são constituídos geram, de forma quase mecânica, espaços de jogo, de indeterminação. É nesses espaços que os conflitos, os bloqueios, mas também as invenções, são possíveis. O trabalho sobre as práticas se encontra, então, em educação como em outros campos[67] numa articulação estratégica para definir, ao mesmo tempo, temáticas de pesquisa e perspectivas de formação.

---

[66] Reconheceremos aí todos os temas desenvolvidos pelos "clássicos" da turma cooperativa e da pedagogia institucional. Não se pode compreender, de forma geral, como um dispositivo de "benevolência" educativa pode ter efeitos contrários a aqueles que eram previstos ou desejados: os estudos de caso contextualizados são sempre necessários.

[67] Pensamos nos estudos já antigos sobre o trabalho dos cientistas de Bruno Latour e Steeve. *Woolgar Laboratory Life: the construction of scientific facts*. Princeton University Press, 1986 (2ᵉ ed.) ou mais recentes de Christian Licoppe, La formation de la pratique scientifique. *Le discours de l'expérience en France et en Angleterre, 1630-1820* Paris, La Découverte, 1996; ou ainda nas tentativas de modelização sociológicas promovidas por Luc Boltanski e Laurent Thévenot que se interessam pela tomada de decisão dos atores e, portanto, ao exercício, ao mesmo tempo técnico e ético da responsabilidade (*Les économies de la grandeur.* Paris: PUF, 1987; (Eds.) *Justesse et Justice dans le travail.* Paris: PUF, 1987. *De la Justification*. Paris: Gallimard, 1991).

CAPÍTULO 2

DOS ABECEDÁRIOS AOS MÉTODOS DE LEITURA: GÊNESE DO MANUAL MODERNO ANTES DAS LEIS FERRY[1] (1881)

De todas as obras escolares, a mais divulgada é aquela que faz os iniciantes entrarem nos "rudimentos da leitura". No meio século que se passa entre a lei Guizot[2] (a obrigatoriedade dos municípios terem uma escola de meninos) e as leis Ferry[3] (escolaridade obrigatória durante cinco anos para os dois sexos), novos manuais de leitura foram editados aos milhões de exemplares, ao mesmo tempo em que diminuía regularmente o número de alistados no serviço militar que se declaravam analfabetos.[4] Ferry herdou o grande trabalho de alfabetização que havia acontecido antes dele[5] – e muitos pensavam naquele momento que "o século XIX terminaria

---

[1] Tradução de Maria Rita Toledo e Ricardo Casco.

[2] A lei Guizot foi publicada em 1833. Seu nome refere-se ao então Ministro da Instrução Pública da França, François Guizot (N.R.).

[3] Estabelecidas a partir de 1881, quando era Ministro da Instrução Pública Jules Ferry (N.R.).

[4] Entre 1833 e 1868, a porcentagem de alistados que se declaravam analfabetos diminuiu 1% por ano, entre 1868 e 1881, de 0,5% e de 1871 a 1880, 0,53%. BALLET-BAZ, J. Illettrés, *Dictionnaire de pédagogie et d´instructionprimaire*, sob a direção de Ferdinand Buisson, Paris, Hachette, 1882, 1ª Parte, p. 1316-1319. Sobre a metodologia, LUC, Jean-Noël. *La statistique de l'enseignement primaire, 19ª – 20ª siècles, Politique et mode d´emploi* Paris: INRP et Econômica, 1985.

[5] Em 1855, 32% dos homens e 46% das mulheres assinavam com uma cruz o registro de casamento, em 1865, 27% e 41%, em 1878, 17% e 27%, após a pesquisa do reitor Maggiolo, analisado por FURET, F.; OZOUF, J. *Lire et écrire. L'Alphabétisation des Français de Calvin à Jules Ferry*. Paris: Ed. De Minuit, 1977.

com uma população podendo riscar essa palavra [analfabeto] de seu dicionário".[6] O grande projeto da III República[7] para a escola primária não era mais o "ler-escrever-contar", mas um programa mais ambicioso, tornado possível pela utilização da leitura para outros fins: construir uma consciência nacional (língua Francesa, Literatura, História e Geografia da França), adquirir saberes "universais" laicos (Moral, Ciências) e chegar a uma competência de escrita útil, tanto na vida social como na vida cívica (redação estabelecida sobre leituras-modelo). Se esse salto de exigência foi possível, foi porque a leitura precoce já estava quase generalizada, tanto por causa das políticas de oferta escolar quanto da demanda social.

Com a queda do Segundo Império,[8] os professores dispunham, por sua vez, de dispositivos de ensino estabelecidos, de modelos de aprendizagem em debate e de um amplo inventário de instrumentos de trabalho. Os dispositivos não estavam ainda implantados em todo o território (programas, currículos em três cursos – elementar, médio e superior –, escolas normais, sistema de exames e concursos para ser professor primário), mas o Ministério da Instrução Pública dispunha de meios de informações (pesquisas, relatórios, inspeções) bem estabelecidos sob o Império autoritário,[9] tanto por vontade de controle político como por preocupação de eficácia pedagógica. A imprensa profissional (*Manuel Général, Bulletins de l'Instruction primaire*, os diversos *Bulletins*

---

[6] *Dictionnaire de Pédagogie.* BALLET-BAZ, J. Illettrés. CHARTIER, A. M. Les illettrés de Jules Ferry. In: FRAENCKEL, Béatrice (Dir.) *Illettrismes*, Paris: BPI – Centre Georges Pompidou, 1993, p. 81-102.

[7] Regime político da França entre 1875 e 1940 (N.R.).

[8] Regime que vigorou de 1852 a 1870, sob o governo de Napoleão III, entre a Segunda e a Terceira Repúblicas (N.R.).

[9] JACQUET-FANCILLON, François. *Instituteurs avant la République.* Lille: Presse Universitaire du Septentrion, 1999 (que apresenta o relatório de pesquisa encomendado por Rouland em 1860).

académiques e *Bulletins départementaux*¹⁰) fazia eco aos debates em curso: memória livresca *versus* método intuitivo, aprendizagem "por rotina" *versus* "por princípios", conflitos entre métodos de leitura (antiga ou nova soletração, leitura com ou sem soletração). Os instrumentos de trabalho eram os equipamentos materiais (mobiliário, quadros, livros) mas também as práticas da tradição e da inovação (conjunto de exercícios, procedimentos de ensino coletivo, atribuição de notas) sem as quais não existiriam disciplinas escolares.¹¹

Os manuais, produzidos em abundância por um mercado editorial regulamentado, concorrencial e em plena expansão devido à escolarização crescente, eram os instrumentos mais visíveis e os mais estudados.¹² Testemunhos privilegiados das evoluções institucionais, eles se situam "no corredor da cultura, da pedagogia, da edição e da sociedade".¹³ Que vantagem documental específica o livreto de alfabetização fornece? Livro de iniciação cultural, ele colocava em cena o "mundo da escrita" proposto como referência aos leitores principiantes. Livro introdutório à língua escrita francesa, numa época em que os alunos do primário falavam dialetos e os gramáticos eram latinistas,¹⁴ apresentava um conjunto de saberes (mais ou menos explicitados) sobre as normas da língua e as relações entre a escrita e o oral. Ele impunha certa divisão silábica, regras de correspondência entre sons emitidos e signos escritos, mas legislava também sobre as pronúncias, as ligações, as marcas de pontuação e as regras ortográficas. Livro de uso, repertório ordenado de exercícios,

---

¹⁰ Manual Geral, Boletins da instrução primária, os diversos Boletins acadêmicos e Boletins departamentais.

¹¹ CHERVEL, André. *La culture scolaire*. Paris: Belin, 1998; Hachette, 1993.

¹² CHOPPIN, Alain. *Les manuels scolaires, histoire et actualité*. Paris: Hachette, 1993.

¹³ STRAY, Cris. Quia nominor Leo: vers une sociologie historique du Manuel, *Histoire de l'éducation* 58, (número especial dirigido por Alain Choppin, Manuels scolaires, État et societés, XIXᵉ – XXᵉ siècles), 1993, p. 78.

¹⁴ CHERVEL, André. *Histoire de la grammaire scolaire*. Payot, 1977.

ele pode ser considerado, ao lado dos livros de rezas e das partituras musicais para iniciantes, como um guia de trabalho mais para ser utilizado no dia a dia do que para ser lido. A principal dificuldade, para o pesquisador, é justamente a de reconstruir os gestos desaparecidos para compreender como o mestre e o aluno se serviam do mesmo livro.

Tratava-se, ainda, de um objeto editorial multiforme: o alfabeto ao custo de 15 centavos estava lado a lado do *in-folio* de luxo que valia 5 francos; as tiragens industriais de alguns *best-sellers* não podem fazer esquecer as centenas de obras jamais reeditadas. Nos manuais, podemos perceber variações minúsculas, mas não insignificantes, que seus autores puderam fazer, dentro de um modelo limitado e repetitivo, em um certo momento da história. Da mesma maneira, as constantes e variantes que marcaram as reedições de uma mesma obra mostram como um editor procurava tornar fiel seu público, ganhar novos clientes (os professores primários iniciantes, em particular), copiando a concorrência e misturando tradição e inovação. As lógicas econômicas "normalizavam" um objeto sustentado pela dinâmica de um setor em pleno crescimento[15] Ora, um manual é, ao mesmo tempo, a oferta pedagógica de um autor e a oferta comercial de um editor. O primeiro quer responder a uma demanda já reconhecida (ele imita o que existe e espera ultrapassá-lo) ou crê responder a uma expectativa não satisfeita (seu livro pretende ser, então, "diferente", inovador, capaz de abolir as dificuldades até então não resolvidas); o segundo visa um mercado. A diversidade de obras informa sobre a visão dos que as prescreviam e as reedições sobre a recepção do público (professores, famílias). Trabalhando sobre o *corpus* constituído por um inspetor geral do Segundo Império e conservado no Institut

---

[15] MOLLIER, J-Y. *L'argent et les lettres* Paris: Fayard, 1988; *Louis Hachette*, Paris: Fayard, 1999; CHARTIER; MARTIN (Dir.). *Histoire de l'éditon française*, t. 3. Le temps des éditeurs, du Romantisme à la Belle Époque. Paris: Promodis-Fayard, 1990.

National de Recherche Pédagogique (INRP),[16] procuramos compreender essas solidariedades dinâmicas. O que podem nos ensinar os métodos de leitura publicados entre a lei Guizot e as leis Ferry?

O contexto histórico da produção

O nascimento de um novo tipo de manual sob o Segundo Império

Folheando os livros de aprendizagem da III República antes de 1914, o pedagogo do século XXI terá, sem dúvida, um olhar divertido ou abatido diante desses métodos de uma outra época, mas não se sentirá completamente estranho. De fato, encontramos certos traços nos livretos para iniciantes analisados que persistem ainda hoje: a progressão era concebida para durar um ano (30 a 40 semanas), a página era apresentada como uma unidade estruturada e fechada, na qual o esquema era repetido de forma reiterada na série de lições; ela se organizava, no início do livro, em torno da "letra-som" estudada, geralmente com uma vinheta ilustrativa (ilha para /i/), exercícios de combinação em sílabas e em palavras, pequenas frases recapitulando as aquisições novas e as passadas. Ao longo do livro, os textos se tornavam maiores e o grande corpo tipográfico do início diminuía.

Em compensação, os manuais dos anos 1830-1850 eram tão afastados desse modelo "moderno" que nos perguntamos hoje como os professores os utilizaram e como os iniciantes

---

[16] O fundo da biblioteca do INRP, hoje conservado em Lyon, é particularmente rico para os anos do Segundo Império, porque herdou a coleção pessoal de Rapet, constituída nessa época, recomprada pelo Estado e legada ao Museu da Educação. Nós privilegiamos os anos 1850-1880 (análise em curso de 130 métodos, sem contar as reedições), alargando o corpus em quantidade (7 métodos antes de 1830, 20 entre 1830 e 1848) e feitas as sondagens finais (sobre aproximadamente quarenta métodos publicados entre 1880 e 1900). Deixamos de lado os exemplares sem data. O catálogo da biblioteca do INRP pode ser consultado *on-line* (www.inrp.fr).

puderam neles aprender a ler. Um livro poderia ter de 20 a 200 páginas, ser um pequeno *in-18* ou um *in-fólio*, as divisões em capítulo não correspondiam a nenhuma duração previsível, as listas de sílabas eram ora muito curtas, ora intermináveis; compreendemos mal a unidade de uma lição e segundo quais critérios foram selecionadas as listas de palavras a serem lidas. Alguns livros se reduziam a alguns quadros de dupla entrada (para combinar vogais e consoantes). Outros passavam diretamente das colunas de sílabas aos textos divididos em sílabas, ou intercalavam longas listas de palavras classificadas por ordem de tamanho (uma, duas ou três sílabas, separadas por um traço), antes de dar a ler, de uma só vez, dar a ler textos muito longos (uma página em corpo pequeno). As únicas diferenças imediatamente perceptíveis por um olhar contemporâneo dizem respeito aos conteúdos. Ora os textos referiam-se a uma prática religiosa (as preces católicas); ora se destinavam à instrução, fossem eles religiosos, morais (sobre os deveres das crianças para com Deus, para com seus pais ou seus mestres), ou científicos (sobre o céu, os planetas, a terra, o mar, as plantas, os animais), ora tratavam de anedotas ou de pequenas narrativas da vida infantil. Poderíamos pensar que se tratava de três etapas – do manual do Antigo Regime[17] ao manual moderno –, mas essa é uma falsa pista: os diferentes modelos existiram paralelamente entre 1830 e 1880.

É esse, então, o interesse da produção do Segundo Império. Vemos aí a gênese de um novo objeto escolar, cujas normas didáticas e editoriais ganharam as editoras e parecem ter sido gradualmente adotadas pelos autores de novos livros. Certamente, as novidades não refletiam a realidade dos usos, porque os livros "antigos" continuavam a ser utilizados em grande quantidade nas escolas. Por livros antigos, é necessário compreender ao mesmo tempo livros usados por gerações de alunos mas ainda em exercício, livros novos mas

---

[17] Período da história da França que vai do fim da Idade Média à Revolução Francesa (séculos XVI-XVIII) (N.T.).

obedecendo aos esquemas de uma outra época, ou reedições apenas revisadas de antigos sucessos. Assim, o *Método de leitura* de Peigné foi reeditado de 1827 a 1893 (136 referências no catálogo da *Bibliothèque Nationale de France*), apesar das críticas cada vez mais severas em relação a ele.[18] Entretanto, no conjunto de edições e reedições em concorrência, veem-se progredir apresentações que vão perdurar, apesar de outras transformações superficiais.[19] Tentamos construir indicadores para compreender as etapas e os motivos dessas mudanças.[20]

A tentação que se deve evitar é a de classificar os manuais em função das ideias pedagógicas sobre a leitura, como se fossem sinais de evolução.[21] É necessário evitar ler, nos

---

[18] Por exemplo, em 1852: "Professor, Peigné e outros que fizeram seus silabários em algumas horas, mutilando uma obra completa confundindo o que é claro para mascarar seu plágio, não sabem absolutamente essas coisas e fazem um mal incalculável à sociedade: eles param o progresso da arte de ensinar a ler, arte tão difícil como importante e ainda tão pouco conhecida" (prefácio da *Citolégie* de Dupont, que era seu rival desde 1829). Outro testemunho, citado por Bahic, no Prefácio de seu Método Acelerador (*Méthode accélératrice*) (1858): "uma criança de seis anos que vai à escola há dois anos tinha ainda quinze listas para estudar sobre o Método Peigné, experimentei com ela o Método Acelerador; em dez dias, ela aprendeu a ler corretamente, teria sido necessário a ela ao menos três meses para percorrer as quinze listas do outro método". Faidy, Professor de escola primária pública de Saint-Amans-de-Pellagal (Tarn-et-Garonne).

[19] A partir dos anos 1920, as mudanças foram visíveis: formato maior, diagramação arejada, novos tipos de caracteres (letras bastão), onipresença de ilustração e uso da cor, mesmo quando se tratava de livretos anteriores à guerra, sob novas diagramações: por exemplo, o *Syllabaire Regimbeau* de 1932 (em cores) foi publicado em 1873, 1885 e 1913.

[20] Uma síntese – CHARTIER, Anne-Marie. "Teaching Reading: a Historical Approach" – foi apresentada na obra coletiva dirigida por Terezinha Nunes e Peter Bryant, *The Handbook of children's literacy*. Cluwer Academic Publishers, Boston: Dordrecht, 2004, p. 511-538.

[21] É a posição clássica de James Guillaume que, no verbete "Lecture" do *Dictionnaire de Pédagogie* de Buisson, se apoia indiferentemente nos manuais e nos escritos teóricos dos elaboradores do método para concluir: "desse quadro dos progressos ocorridos em dois séculos nesse domínio provêm naturalmente, e sem que nós tenhamos necessidade de formulá-las num corpo de doutrina, as direções pedagógicas que convém dar aos professores de hoje sobre esse importante assunto". A abordagem recorrente nas pesquisas sobre os manuais escolares (conteúdos, métodos, ilustrações)

procedimentos de ensino apresentados, a marca de posições teóricas assumidas. Uma grande parte dos manuais não se dava ao trabalho de apresentar outras justificativas além das empíricas: o autor sabia que seu método "funcionava bem" porque tinha visto o seu sucesso, seja por tê-lo utilizado, ele próprio, seja porque havia feito com que ele fosse testado em algumas turmas. Não havia nenhuma necessidade de explicitar o que parecia um consenso partilhado da época e da profissão. Uma leitura histórica deve perceber não apenas em quê um manual se distingue de seus concorrentes;sobre isso o autor é frequentementeprolixo. A leitura também deve perceber aquilo que o autor não acreditava ser necessário recusar ou criticar, ou seja, questões que faziam parte das evidências da época. Além do mais, numerosas propostas permaneceram inutilizadas (ou inutilizáveis) no cotidiano da sala de aula. O *corpus* de títulos publicados não tem, portanto, relação direta com a influência dos métodos, apoiados ou não por teorias, pois, tratando-se de tiragens, os grandes editores parisienses (Hachette, Dupont, Garnier) já haviam aniquilado as editoras regionais, mais numerosas que hoje.

---

continua frequentemente a tratar, a partir de evidências do presente (científicas, políticas, éticas, didáticas), os instrumentos contemporâneos ou passados. Sobre esse ponto, ver CHOPPIN, A. Histoire du livre et de l'édition scolaires: vers un état de lieux, *Paedagogica historica*, v. 38, 1, 2002. A história do ensino da leitura pode ser assim reduzida à história de suas sucessivas metodologias (GUION, Jean. Pédagogie de la Lecture. In: AVANZINI, Gui. (Dir.). *L'histoire de la pédagogie, du XVIIe siècle à nous jours*. Toulouse: Privat, 1981). O repertório descritivo dos manuais de C. Juanéda Albarède (*Cent ans de Méthodes de lecture*, Albin Michel, 1998) faz uma história da diagramação, ilustrações, tipografia e exercícios, mas os manuais são classificados em função do modelo ideovisual da leitura, típico dos anos 1970-1980 (1. Os precursores entre os séculos XVI e XVIII, 2. Os métodos sintéticos, 3. Os métodos de "palavras inteiras": a) não centrados na compreensão, b) centrados na compreensão). Mesmo sublinhando as diferenças sociais e culturais de ontem e hoje, o autor hierarquiza os métodos do passado em razão de sua maior ou menor proximidade com as teorias recentes sobre a leitura.

Havíamos feito a hipótese de que a análise de um manual deveria se referir ao seu valor de uso. Para um professor primário, as qualidades técnicas do instrumento (facilidade de utilização, paginação, seleção de palavras, repertório de exercícios, organização da progressão, possibilidade de integrar essa ferramenta nas práticas habituais da turma) se combinam com outros traços também importantes: o custo (a cargo das famílias), o número e a idade dos alunos a instruir, a duração previsível de sua escolaridade, o estado das condições materiais da escola e as recomendações dos inspetores. Tudo isso pesava mais do que os posicionamentos "teóricos" (antiga ou nova designação das letras, a favor ou contra a soletração). Em alguns prefácios dos profissionais que atuavam na prática, eles pareciam apresentar frequentemente menos escolhas e mais justificativas *a posteriori* e alguns manuais não viam dificuldade em glorificar o ecletismo (métodos de leitura com ou sem soletração). Quanto aos destinos editoriais que promoveram alguns livros ao lugar de vedetes e fizeram naufragar tantos outros num esquecimento imediato, eles se devem mais às estratégias comerciais e às capacidades de difusão dos editores do que somente à virtude intrínseca dos produtos. Mas seria impossível manter um título e reeditá-lo regularmente se ele não tivesse sido ratificado pela profissão na prática da sala de aula. Com atrasos e contradições, a evolução do *corpus* produz, tanto como ela a traduz, a evolução da demanda.

A regulamentação da edição escolar

As pressões editoriais existem também em função do regime jurídico[22] que regulamenta a difusão. Como as obras concebidas pelos autores chegam às mãos dos alunos? Tanto

---

[22] CHOPPIN, Alain. Le cadre législatif et réglementaire des manuels scolaires. De la révolution à 1939. *Histoire de l'éducation,* 29, Janvier 1986; *Les manuels scolaires en France, Textes officiels 1791-1992* (com Martine Clinkspoor), INRP – Publications de la Sorbonne, 1993, 590 p.

nos projetos revolucionários[23] como sob o Império[24] e a Restauração,[25] as escolas não puderam utilizar senão os livros devidamente autorizados pelo poder. Sob a Monarquia de Julho,[26] o Conselho Real de Instrução Pública encarregou igualmente uma comissão de classificar os livros publicados segundo seu mérito e sua utilidade. Ele pediu também a essa comissão que premiasse as obras que respondessem a sua demanda: o *Alfabeto e primeiro livro de leitura para o uso das escolas primárias,*[27] que surgiu em 1831, foi também o primeiro livro conforme os novos imperativos da educação moral e religiosa comum às três confissões reconhecidas (católica, protestante e israelita).[28] Entretanto, Guizot distinguia dois regimes de vigilância: o inspetor deveria verificar que não se fizesse "uso nas escolas públicas senão de obras autorizadas pelo Conselho real, e que os livros empregados nas escolas privadas" não contivessem "nada de contrário à moral" (regulamento de 27 de fevereiro de 1835). A terça parte das escolas (11.000 em 33.000) estava, então, livre dessas escolhas, particularmente as escolas pertencentes às congregações religiosas que editavam seus próprios manuais.[29]

---

[23] A autora refere-se, aqui, aos projetos gestados na época da Revolução Francesa de 1789 (N.R.).

[24] O Primeiro Império foi o regime instaurado na França por Napoleão Bonaparte em 1804 (N.R.).

[25] Regime instaurado após a abdicação de Napoleão Bonaparte em 1814 (N.R.).

[26] Proclamada em 1830, a Monarquia de Julho sucedeu a Restauração (N.R.).

[27] *Alphabet et premier livre de lecture à usage des écoles primaires*

[28] Entre 1831 e 1833, o Estado comprou e expediu 1 milhão de exemplares para distribuiu gratuitamente para os alunos indigentes (a livraria Hachette propôs compras agrupadas a preço reduzido para o resto das turmas). Jean-Yves Mollier (*Louis Hachette (1800-1864) Le fondateur d'un Empire,* Paris, Fayard, 1999, p. 162-177) mostrou que os autores desse Alfabeto anônimo seriam Ambroise Rendu, conselheiro real para a Instrução pública, que fez coroar seu próprio trabalho pela comissão e Louis Hachette, primeiro beneficiário da empresa, para a qual a prosperidade começa com essa operação.

[29] O catálogo da Bibliothèque National de France (BNF) recenseia (entre 1828 e 1928) 340 edições do *Alphabet chrétien ou règlement pour les enfants qui fréquentent les écoles chrétiennes,* título de um dos manuais utilizados nas dioceses sob a autoridade dos bispos e impressos em toda

A lei Falloux[30] estendeu, em 1850, essa liberdade aos estabelecimentos secundários privados.

Para aqueles que visavam à clientela das escolas públicas, a comissão de autorização constituía uma barreira considerável, pela severidade e, sobretudo, pela sua lentidão. Os manuais sendo muito numerosos, alguns editores bem relacionados aceleravam o exame de seus produtos e a comissão era suspeita de parcialidade, tanto mais que alguns de seus membros eram também autores. O resultado é que muitos livros foram colocados no mercado sem esperar a autorização.[31] Diante do fracasso desse controle *a priori* que não podia ser administrado, Duruy[32] generalizou, em 1865, a posição liberal que regia a escola privada. O retorno de uma comissão de vigilância, em 1873, provocou tal clamor do sindicato dos livreiros, que ela se contentou em estabelecer a lista dos livros proibidos. Enfim, em 1880, a escolha foi confiada aos professores: a cada ano, a lista dos livros escolares aceitos por uma conferência local dos professores primários era transmitida às autoridades administrativas para ser oficializada.

França. Entre 1835 e 1838, não houve uma nova edição. Entre 1840 e 1847, contam-se 48 (seis por ano em média) e três em 1848-1849. Sob o segundo Império, contam-se 156 edições (média de 8 por ano). Entre 1871 e 1880, 35 (4 por ano). Enfim, de 1880 a 1900, cai para uma, por vezes duas, edições anuais, para terminar com 5 edições entre 1900 e 1928. A lei Falloux estimulou, portanto, de modo visível um gênero editorial que diminuiu após 1865 e que estava moribundo no momento das leis Ferry.

[30] A lei Falloux foi promulgada em 1850 e tem o nome do Ministro da Instrução Pública da época, Alfred de Falloux (N.R.).

[31] Os livros não apresentados à comissão (em virtude das demoras previsíveis ou por medo de uma recusa) "encontram-se logo em maior número e mais divulgados que aqueles adotados e prescritos", escreveu Jules Delalain, livreiro impressor, em carta ao Ministro, em junho de 1838. Carta citada por A. Choppin (*Histoire de l'éducation* 29, Janvier 1986, p. 36-37) segundo quem, entre fevereiro de 1859 e novembro 1864, para 2200 obras recebidas e 1300 examinadas, a comissão concedeu somente 224 autorizações, fez duas interdições e colocou 101 obras em espera.

[32] Ministro da Instrução Pública da França entre 1863 a 1869 (N.R.).

Três datas dizem respeito, portanto, aos manuais primários: 1835 (liberdade de escolha para as escolas primárias privadas), 1865 (controle a *posteriori* generalizado) e 1880 (escolha confiada aos professores). A regulamentação de 1835 explica o estabelecimento de um duplo mercado da edição escolar, generalizado depois da lei Falloux. Quando, em suas *Mémoires d´un instituteur français* (1895), Noël Vauclin cita "as principais obras escolares empregadas por volta do fim do Império e ao longo dos anos que seguem a 1870 em um de nossos departamentos", ele não deixa de assinalar que

> este estudo retrospectivo se refere unicamente às obras utilizadas nas escolas laicas. As congregações que se dedicavam ao ensino, salvo raras exceções, tinham seus próprios livros, frequentemente editados por sua casa-mãe, e elas se serviam exclusivamente desse material. (p. 160)

Não se deve, entretanto, reduzir as escolas privadas ao ensino católico. Numerosos autores se diziam "diretores de escola".[33] A rede de escolas privadas escolarizava também alunos iniciantes e necessitava de livros para principiantes.

No entanto, existia um terceiro mercado, igualmente livre: o das educações domésticas. Com efeito, em toda família, mesmo quando pouco instruída, as crianças aprendiam a ler em casa, graças às lições de um professor primário ou da mãe de família. Os livros instrutivos ou recreativos, nos quais as crianças exercitavam, sozinhas, a leitura, constituíam um gênero editorial em pleno progresso sob o Segundo Império.[34] O poder de compra dessas famílias permitia que as obras

---

[33] Por exemplo, o Método de Ribourt, cujo autores eram Ribourt, antigo aluno da escola politécnica e Loriol, chefe de instituição em Paris, Systmème complet de lecture, ou la lecture ramenée à la connaissance de dix-huit sons élémentaires et de dix-huit sons modificatifs. (1837, 2ᵉ édition). O paratexto indica que ele é destinado ao uso preceptorial, assim como escolar, mas em condições que permitem uma relação professor-aluno individualizada.

[34] GLENISSON Jean. Le livre pour la jeunesse. In: CHARTIER, R.; MARTIN, H-J (Dir.). *Histoire de l'éditon française*. T. III, Paris: Fayard, 1990, p. 461-495.

publicadas em sua intenção fossem distintas dos livretos baratos destinados às escolas populares. A análise da segunda ou da quarta capa mostra que certos abecedários tinham uma versão de luxo. Por exemplo, o *Pequeno método de leitura em doze lições*,[35] de 32 páginas, concebido pelo professor primário A. Donneaud, em 1857 – vendido a 75 centavos –, existia também em um "magnífico volume em grande *in-folio*" pela soma de 5 francos. Numerosos autores dos anos 1830-1850 se endereçavam conjuntamente aos dois públicos, como Brunet (*Método natural de leitura e de escrita e de ortografia, manual de professores primários e mães de família*,[36] 1837); assim como muitos outros livros, citavam testemunhos de satisfação, por um e outro uso, em seus prefácios. Em 1852, Dupont publicou *O pequeno silabário de citolégie*,[37] no qual ele anuncia: "além desse pequeno silabário, existe a *Citolégie in-16* para as crianças, a *Citolégie in-8* para as mães de família e o Manual de *Citolégie in-12* para os professores em que esse ensino é racional".[38] Esses três formatos fáceis de distinguir eram versões de um mesmo produto, visando tanto à escola quanto à clientela familiar (a *Citolégie* para uso das mães estava na sua décima quinta edição em 1842). As diversas edições lembravam que esse método (publicado em 1828 por Hachette e depois por Ducrocq) tinha sido felicitado pelas comissões sucessivas ("classificado em primeiro lugar pela Universidade"; depois "autorizado e mesmo recomendado para as escolas normais pelo Conselho Superior de Instrução pública").

---

[35] *Méthode de lecture en 12 leçons*.

[36] *Méthode naturelle de lecture et d'écriture et d'orthographe, manuel des instituteurs et mères de familles*.

[37] *Le Petit Syllabaire de la Citolégie* O autor dá esse nome aos quadros de soletração que compõem seu método (N.R.).

[38] Em francês, a palavra utilizada é *raisonné*, que significa "baseado na razão". Optamos por traduzi-la, aqui e em outros momentos do texto, pela palavra "racional", apesar de não ter exatamente o mesmo significado. Foi essa a tradução empregada, no entanto, nos manuais franceses traduzidos no Brasil durante o século XIX (N.R.).

Mas nem todo mundo teve o sucesso de Dupont. Quando um autor publica pela primeira vez (e talvez única), a tentação é grande de visar ao mais amplo. Entretanto, no curso da década de 1860, os autores não diziam mais, salvo exceções,[39] que suas obras podiam ser utilizadas "igualmente" em sala de aula e por preceptores familiares, ou com crianças e adultos. O que havia sido um bom argumento de venda, em 1830, não o era mais uma geração mais tarde, e as três clientelas (escolarização católica privada *versus* escola pública *versus* educação familiar) estavam claramente separadas.

O fundo do INRP testemunha de modo desigual essas diferentes produções. Pelo fato mesmo de a coleção do inspetor geral Rapet ter sido feita pelo contato profissional com as escolas comunais (numerosas obras são a ele dedicadas pelos autores), ela comporta poucos livros destinados às escolas católicas ou à instrução em domicílio. É então necessário situar essas duas tradições editoriais, antes de abordar a diversidade da produção para as escolas públicas.

Os livros de iniciação familiar ou cristã

> Por que forçar uma criança de quatro anos a soletrar as palavras eternidade, fidelidade, jurisprudência, magnetismo? Que se proponham a ela termos que pertencem ao dicionário da infância: *dodo e nanan* [nanar e papinha] valem mais do que *sommeil* e *nourriture* [sono e comida]

escreveu Félix Berriat Saint-Prix (*Método de leitura*,[40] 1852). Pode-se fazer aprender a ler da mesma maneira uma criança de quatro anos, de sete anos e um adulto iletrado? Essa questão não

---

[39] Encontramos um silabário que, em 1873, propunha um método milagroso para criança ou adulto, mas, sinais do tempo, nenhuma editora o quis, já que ele estava disponível somente na casa do autor: *Syllabaire Gédé*, au moyen de ce syllabaire on peut facilement apprendre à lire en quelques heures seulement à un enfant, à un adulte qui ne sait ni A ni B, Paris, chez l'auteur, 70 p.

[40] *Méthode de lecture.*

era um problema em 1830: todos os aprendizes estavam em pé de igualdade e a única questão era saber em que idade uma criança poderia ser "iniciada nas letras". Alguns métodos foram testados ao mesmo tempo em escolares e soldados. Em 1856, o manual de Fouilland propunha um procedimento rápido, adequado tanto aos adultos como às crianças principiantes:

> Os resultados são verdadeiramente surpreendentes, porque o prazo médio para aprender as regras de leitura é de três meses, e se as crianças ou adultos forem inteligentes, 40 a 50 dias são largamente suficientes.

Essa concepção que colocava em pé de igualdade "crianças ou adultos inteligentes" já havia sido discutida no século XVIII, provocando debates apaixonados sobre a idade de entrada na leitura.[41] Apesar das críticas virulentas endereçadas a Locke por Rousseau ("a leitura é o flagelo da infância"), a precocidade e a rapidez das aquisições tornaram-se os principais argumentos para elogiar a excelência de um método. A idade a que se destinava o famoso *Quadrilha das crianças*[42] do bispo Berthaud, que utilizava imagens, era de 4 anos. Durante todo o século XIX, essa idade serviu como habitual ponto de referência para as mães de família.[43]

Dessa pressão para as aprendizagens precoces decorreram duas estratégias, raramente combinadas: a primeira era

---

[41] CHARTIER, Anne-Marie. Réussite, échec et ambivalence de l'innovation pédagogique: le cas de l'enseignement de la lecture. *Recherche et Formation*, n. 34, décembre 2000, INRP, p. 41-56.

[42] *Quadrille des enfants*.

[43] Depoimento de 1745: "Atesto e certifico que tendo submetido meu filho, antes da idade de 4 anos completos, ao método de M. Berthaud, tive a satisfação de vê-lo começar a ler ao final de um mês, e quinze dias depois estava em condições de ler muito bem em diferentes livros, sem que durante esse tempo ele tenha tido o menor desgosto e o menor tédio (10ᵉ Edition du Quadrille, 1768, p. 151). Depoimento de 1837 sobre a Tabellégie de Éd. Colomb-Ménard, advogado, "Ao fim de dois meses [uma pequena garota de quatro anos] lia, lentamente é verdade, mas assaz corretamente para sua idade, articulando de uma maneira distinta e correta e operando muito convenientemente entre as palavras, as ligações, e as pausas mais essenciais". p. 21.

procurar o método "citolégique", ou "acelerador", mais eficaz para chegar ao domínio dos rudimentos, que permitiam silabar qualquer palavra: ele seria majoritário no meio escolar. A segunda, que explica o sucesso dos *Abecedários ilustrados*[44] estudados por Segolène Le Men, era estimular calmamente o interesse pelas letras, incitando a criança a "desejar ler". Tomando Rousseau à risca ("Dando à criança esse desejo, todo método será bom"), as mães de família deveriam fazer surgir o "desejo" bem antes da idade da razão. Ora, contrariamente a um manual que impunha uma ordem imutável, um abecedário permitia um percurso não linear, porque ele não era feito para ser seguido de A a Z (uma letra por página, o A de arco, o B de bote, etc). Podia-se folheá-lo como um livro de imagens, começar pelo fim, deter-se numa letra ou numa ilustração e conversar com a criança segundo sua vontade. Os 500 abecedários ilustrados, editados do Primeiro ao Segundo Impérios (2100, contando as reedições e os abecedários não ilustrados), eram frequentemente temáticos[45] (ABC das profissões, dos jogos, dos animais, dos soldados, dos santos, da história da França etc). O abecedário era

> concebido como um livro único da infância, de início livro de imagens para a primeira infância, depois alfabeto da criança "iniciada nas letras", [e ainda resumo enciclopédico que respondia ao questionamento da criança leitora], "indício do papel de tutela pedagógica ocupado pelo pai e pela mãe diante das crianças, e de brinquedo para o primogênito que ensinava o caçula aprender a ler".[46]

---

[44] *Abécédaires illustrés*

[45] A tradição instrutiva resultante da Encyclopédie se encontra em numerosos abecedários de Animais ou de Profissões (enciclopédias infantis de história natural e de "artes de fazer" humanas). Ségolène Le Men opõe, assim, uma ordem dos quadros (a das vinhetas dispostas sobre a página) à ordem alfabética ou metódica que segue o desenvolvimento do livro.

[46] LE MEN, Segolène. *Les abécédaires français illustrés du XIXe siècle*. Paris: Promodis, 1984. Les Abécédaires à figures en France au XIXe siècle, *Histoire de l'éditon en France*, t. 3, op. cit. p. 490.

Quando a criança começava a "se interessar pelas letras", aconselhava-se duas breves sessões de quinze minutos por dia, com bom humor. A criança deveria aprender o nome das letras, reconhecê-las na desordem, memorizar um pequeno estoque de sílabas e de palavras, pronunciadas diretamente, depois soletradas. Esses saberes poderiam ser construídos diretamente no abecedário que comportava uma parte concebida para esse fim[47] ou, se ele não continha um alfabeto ilustrado, recorria-se a um manual clássico (como a *Citolégie*). Os conhecimentos memorizados eram retomados e reinvestidos nas páginas já conhecidas do ABC ilustrado. Procurava-se embaixo do desenho da girafa ou do limpador de chaminés o nome escrito do animal, da profissão representada; encontravam-se letras ou sílabas conhecidas; procuravam-se os mesmos nas páginas seguintes. A frase sobre a girafa ou o limpador de chaminés, já combinada muitas vezes, era relida pela criança que pontuava com uma vareta de metal ou de madeira as palavras, as sílabas, ou as letras que o adulto lhe pedia para designar. O jogo inverso consistia em enunciar os elementos que o adulto apontava em silêncio.

Podia-se, assim, fazer com que crianças de quatro anos "lessem", mobilizando memória, repetição, prazer e jogo, mas certamente não a reflexão e a análise sistemática. Essa pedagogia da leitura não era nem "por princípios", porque o adulto não ensinava nenhuma regra sistemática, nem "por rotina", porque ele também não exigia saber soletrar as listas de cor (*Ce-A ca, Ce-E ce, Ce-I ci, Ce O-co*, etc.). O tempo, as retomadas cotidianas, as interações, que uma situação dual produzia facilmente, eram suficientes para que uma criança soubesse logo reler sozinha, mobilizando a sua memória, as

---

[47] O *Abécédaire des enfants*, conservado no INRP, comporta 26 vinhetas (O: desenho de uma criança com um arco/frase: ele estica o arco, etc.), depois dois alfabetos, um em letras capitais e o outro em caixa baixa, duas páginas de palavras para soletrar (pa-pai, ma-mãe, do-ce, etc.) e enfim, pequenos textos [circ. 1860].

imagens e o texto. Ela poderia então experimentar, sempre com a ajuda do adulto, os pequenos textos desconhecidos que o autor colocara no final.[48] As leituras científicas e morais eram substituídas por cenas da vida familiar, povoadas de crianças bem comportadas, mas não ainda capazes de argumentar: o horizonte dos saberes adequados a esse jovem público era aquele das "criancices" da infância, e não mais aquele da cultura escrita dos adultos.[49] O aparato metodológico desaparecera, e os textos para ler não ensinavam nada além de a própria leitura. Quando os livros lidos na escola passaram a visar, ao mesmo tempo, a entrada nos saberes textuais, religiosos, morais ou científicos, os métodos familiares inventaram uma outra estratégia, adaptada a um público muito jovem.[50]

Os Alfabetos cristãos ou Instruções cristãs

O abecedário ilustrado temático, inventado no século XVIII pelas editoras, se distinguia de um abecedário mais antigo, cuja tradição remonta ao século XVI.[51] Os livretos de

---

[48] Os primeiros textos do *Abécédaire des enfants* descrevem muitas cenas de leitura doméstica: "Venha cá Charles./ Venha perto da mamãe./ Apresse-se./ Sente-se sobre os joelhos da mamãe./ Agora leia seu livro./ Onde está a vareta para indicar as palavras?/ Aqui está uma vareta./ Não rasgue o livro./ Apenas os garotos maus rasgam os livros./ Charles terá uma bela lição nova./ Soletre essa palavra: Bom Deus./ Agora vá brincar."

[49] No século XIX, a medicina inventou a "nova criança" entre dois e sete anos, o que mudou o olhar dirigido às "criancinhas" nos cuidados familiares burgueses, assim como nas creches. LUC, Jean-Noël (*L'nvention du jeune enfant au XIXe siècle, De la salle d'asile à l'école maternelle* Paris: Belin, 1997). Mesmo que as creches separassem as crianças pequenas das maiores, somente com Maria Montessori é que se teria uma melhor descrição pedagógica das idades que fundamentasse uma progressão sensorial e intelectual das aprendizagens.

[50] Tratava-se também de se adaptar às educadoras, certamente instruídas, mas que rejeitariam um discurso técnico. Dupont evita empregá-lo quando escreve para as mães, no entanto, no guia para o professor primário, afirma: "esse ensino é racional".

[51] PENIGAULT-DUHET (Dir.). *L'Enfance et les ouvrages d´éducation, avant 1800.* Nantes: Université de Nantes, 1983; em particular AQUILON, P. De l'Abécédaire aux Rudiments: les manuels élémentaires dans la France de la Renaissance, p. 51-72; MARGOLIN, J.-C. L'apprentissage des éléments et l'éducation de la petite enfance d'après quelques manuels du XVIe siècle, p. 73-104.

venda ambulante,⁵² reimpressos sem cessar em Troyes ou em Rouen, cujo baixo custo os colocava ao alcance dos bolsos populares, incluiam também *Alphabets*. Sobre uma folha dobrada em quatro ou em oito, era impresso o alfabeto, uma breve lista de sílabas (o que ocupava uma ou duas páginas) e uma prece em latim (o Pai Nosso). Se o livreto ultrapassava esse tamanho mínimo, o número de preces aumentava. Elas permaneceram muito tempo em latim, mesmo depois que Jean-Baptiste de La Salle resolutamente impôs em suas escolas a recitação das preces em francês. O Museu da Educação de Rouen conserva um exemplar de 1810 que reproduz uma edição do século XVII. A única novidade é o quadro de sílabas (consoantes em negro, vogais em vermelho), impresso na última página.⁵³

O que se tornou essa tradição sustentada pelo projeto de alfabetização catequética resultante do Concílio de Trento? Por volta de 1830, o Pai Nosso não mais aparecia e as preces passaram a ser em francês. O frontispício era sempre ilustrado com uma cena religiosa, inicialmente uma xilogravura e, posteriormente, uma gravura em cobre (Anjo da guarda, Sant'Ana ensinando a Virgem a ler, Virgem com a criança, Jesus em meio às crianças, São Nicolau etc.). Essas obras eram designadas desde o século XVI pelo nome de *croisette* (cruzinha) ou *Croix-de-par-Dieu* [Cruz de por Deus].⁵⁴ A

JULIA, Dominique. Livres de classe et usages pédagogiques. In: CHARTIER; MARTIN, *L'Histoire de l'édition française*. t. II, Promodis-Fayard, 1990, p. 615-654.

⁵² HÉBRARD, Jean. Les livres scolaires de la Bibliothèque Bleue, archaïsme ou modernité? In: CHARTIER, R.; LUZEBRINK, H.-J. *Les imprimés de large circulation en Europe, XVIᵉ-XIXᵉ*. Paris: IMEC, Ed. des Sciences de l'Homme, 1996, p. 109-136.

⁵³ Abécédaire dit La Croix de par Dieu, Rouen, Larêne-Labbey, vers 1810, 130X103mm, 8 p. Ele incluía o alfabeto, o Pai Nosso, a Ave-Maria e o Credo, a Bênção e as Graças em latim. Enfim, trazia um quadro de sílabas (15 consoantes verticalmente e 5 vogais horizontalmente).

⁵⁴ Encontramos a expressão utilizada como um substantivo comum no século XIX. Por exemplo: "eu narrarei as palavras que o professor pode endereçar

cruz colocada diante do alfabeto lembrava ao aluno que ele deveria começar sua leitura (que era também uma prece), fazendo o sinal da cruz. Publicados no século XIX para cada diocese com a autorização do bispo, eles eram uma grande especialidade da livraria Mame, localizada em Tours. O livro era chamado geralmente de *Instrução cristã*[55] quando comportava na segunda parte, um pequeno catecismo, o ordinário da missa ou ainda uma *Civilité* (*Civilidade*) (livro de saber-viver, mostrando a forma como se devia comportar honestamente e de maneira cristã na vida social. O exemplar mais recente consultado no INRP data de 1879. Esse pequeno livreto azul, encadernado, de 108 páginas *in-18*, publicado por Mame em sua coleção de "livros clássicos para o uso das casas de educação", retoma, de maneira idêntica, uma edição de 1846. Depois da cruz que abria a primeira página, encontrava-se o alfabeto em caixa alta e, na página seguinte, o alfabeto em caixa baixa, seguido de marcas tipográficas especiais (*ae, oe, &*); duas páginas de sílabas (*ba be bi bo bu/ ca ce ci co cu/ [...]za ze zi zo zu*) e quatro páginas de palavras, de uma sílaba, de duas sílabas e de três sílabas. Depois vinham as quatro preces habituais e os quatro atos de fé, de esperança, de caridade e de contrição, divididos em sílabas por travessão (p. 11-34). Na segunda parte (p. 35-56), a civilidade, intitulada *Avis à un enfant chrétien* (Conselhos a uma criança cristã), em 34 parágrafos numerados, era impressa em corpo menor; os travessões entre as sílabas eram substituídos por espaços em branco. A terceira parte (p. 57-108), impressa em corpo habitual e em palavras inteiras, continha as preces da missa e um catecismo ("Resumo do que é necessário saber, crer e praticar para ser salvo"). Ela terminava com preceitos

---

às crianças que não conhecem ainda sua *croix de par Dieu* [Cruz de por Deus]" (Cours analytique de lecture par enseignement mutuel et simultané inventé par M. Lecomte, Paris, chez Igonette et Louis Colas, libraires, 1829, 30 p.). No contexto, isso significava "que não conhecem nem suas letras nem suas sílabas."

[55] *Instruction chrétienne*

de Deus e da Igreja sob a forma de versos. A parte consagrada à aquisição dos princípios da leitura comportava, então, dez páginas. Era dez vezes maior do que o exemplar de 1810, o que é bem pouco comparado aos manuais laicos. Os textos faziam sempre parte das recitações cristãs usuais, conhecidos de cor (exatamente como as frases do abecedário ilustrado, lidas e relidas pelo adulto). O livreto não comportava nenhum paratexto explicativo (mas a menção na capa "livro do aluno" faz pensar que existiria um livro paralelo do professor).

Encontramos um "Conselhos às pessoas encarregadas das pequenas classes" inserido no posfácio do *Pequeno manual da infância ou Abecedário cristão para uso das pequenas classes das Casas da Santa-União*[56] (1839). Esse abecedário cristão estava muito próximo dos Alfabetos cristãos usuais, com algumas variações interessantes. O breve posfácio lembrava que a turma dos iniciantes compreendia três divisões, separando "as crianças que aprendem as letras, os números e começam a soletrar; as crianças que soletram e começam a ler; as crianças que começam a ler correntemente".[57] O texto concluía:

> omitem-se neste manual todos os princípios racionais da leitura estabelecidos pelos gramáticos, porque sua aplicação racional pertence apenas às crianças avançadas e inteligentes. É

---

[56] *Petit Manuel de l'enfance ou Abécédaire chrétien à l'usage des petits classes des Maisons de la Sainte-Union.*

[57] A divisão dos iniciantes trabalhava com grandes quadros de letras que o professor designava com uma vareta, depois sobre um quadro de sílabas, alternando os exercícios coletivos (leitura "em coro") e individuais, antes de abrir o livro para retomar os mesmos exercícios. A segunda divisão começava por soletrar as palavras das preces divididas em sílabas, "como se cada sílaba formasse uma palavra inteira e separada", depois (quando o exercício era bem realizado) "fazer com que cada criança leia, seguindo a ordem dos lugares, uma palavra inteira". Enfim, na primeira divisão, "fazer cada criança ler, seguindo a ordem dos lugares, uma, duas, ou três linhas, até o fim de uma frase ou de um sentido completo". Uma divisão não correspondia, então, nem a um programa anual, nem a um grupo estável e não tinha duração prefixada. Essa organização não era própria das escolas religiosas. Eram mencionadas crianças "com pouca idade", sem que o autor pensasse ser necessário precisar se elas tinham quatro ou seis anos.

absurdo querer fazer com que as crianças pequenas distingam vogais compostas, ditongos etc. O essencial para elas é aprender a ler corretamente, em pouco tempo, e a experiência nos mostrou que a via mais divertida, a mais curta e a mais fácil é o método explicado abaixo.

Os procedimentos tradicionais (aprender por rotina) eram, então, justificados pelos argumentos bem conhecidos das educações familiares. Mas, em uma turma em que se ensina coletivamente, cada um deveria observar "um silêncio absoluto" quando não era interrogado (daí o recurso frequente do professor à leitura em coro). As interações familiares, fáceis numa relação dual em torno das imagens e das letras do abecedário, eram então proibidas. Em 1839, o autor dizia que o modo individual de ensino, aquele em que se fazia passar, um por um, os alunos em frente ao professor, deveria ser abandonado. O modo simultâneo, que fez a fama dos Irmãos das Escolas Cristãs, foi finalmente o recomendado por Guizot, para fazer trabalhar "simultaneamente" um grupo de mesmo nível sob a conduta de um professor.[58] Entretanto, no momento em que, na pedagogia de Jean-Baptiste de la Salle, o aluno passava diretamente das sílabas ao texto silábico, o abecedário introduzia as palavras isoladas, classificadas em função de seu tamanho ou do seu traço fonético,

---

[58] O modo individual foi condenado por uma circular de 31 de janeiro de 1829. O debate era, então, entre o modo simultâneo dos Irmãos das Escolas Cristãs e o modo mútuo, sustentado pela Sociedade de Instrução Elementar. O debate era então mais ideológico do que pedagógico, entre uma tradição católica e uma inovação inglesa e filantrópica. O modo mútuo permitia confiar mais de uma centena de crianças a um só professor auxiliado por monitores, mas jamais foi além de uma baixa porcentagem de escolas na França. Ao recomendar oficialmente o modo simultâneo, Guizot o transformou no modo normal de organização das turmas, privando os irmãos daquilo que fazia a sua especialidade. Essa legitimação, no entanto, foi sentida como uma concessão aos católicos. Christian Nique, Comment l'école devient une affaire d'État, 1815-1840, Paris, Nathan, 1990 (Nota da autora). No Brasil, esses diferentes modos de organização do ensino ficaram conhecidos como métodos – individual, simultâneo e mútuo (N.R.).

como nos manuais de certos preceptores (como o célebre *Quadrillè*). Esse empréstimo, a alusão à "baixa idade" dos alunos, as referências a uma pedagogia divertida, curta e fácil, poderiam indicar que ele era destinado às crianças provenientes de um universo social privilegiado e não popular. O surpreendente desse Posfácio é, sobretudo, a confiança expressa na eficácia de um método que o autor julgava "divertido, curto e fácil". Que os alunos assim treinados tenham podido ler suas preces, de início sob a forma silábica, em seguida por palavras inteiras (que o *Petit Manuel* lhes apresentava sucessivamente em duas versões, o que não era habitual), ninguém duvida, mas como esse ler-escrever permitiu em seguida passar à leitura de textos novos?

De fato, vê-se aí se perpetuar uma aprendizagem coerente com o modelo antigo de leitura intensiva,[59] leitura restrita a um *corpus* limitado de textos religiosos. Tal qual tinha sido praticada e enaltecida pelos clérigos e humanistas, ela foi escolha cultural, e não incapacidade que fez da pobreza virtude. Que ela tenha sido perpetuada nos alfabetos cristãos, não surpreende. Os leitores novatos descobriam que a prática normal da leitura visava memorizar os textos essenciais que se deveria, sem cessar, ler e reler. Os ABCs não se relacionavam, então, a uma cultura "para os pobres" ou "para as crianças": eles foram feitos para os principiantes destinados ou não a se tornarem clérigos. Era sempre sobre um mesmo *corpus* que a prática da soletração e da silabação construía o gesto da decodificação e, com ou sem um ensino explícito, também o conhecimento ou a utilização das regras da transcodificação escrita/oral. Podia-se, nas classes seguintes, passar aos textos mais longos e desconhecidos (o livro das horas, das civilidades, dos catecismos), sempre descobertos sob a orientação do professor. Todos já os conheceriam antes de lê-los, a partir da

---

[59] CHARTIER, Roger. Du livre au lire. In: *Pratiques de la lecture*. Paris: Payot, 1993 [1985]; CAVALLO, Gugliemo; CHARTIER, Roger (Dir.) *L'histoire de la lecture dans le monde occidental*. Paris: Seuil, 1997.

repetição coletiva e das recitações. A capacidade de ler e compreender sozinho um texto novo era, assim, tão limitada que os únicos enganos que um aluno poderia cometer se relacionavam a erros literais (por exemplo, ler *poisson* no lugar de *poison* [peixe e veneno]). O sentido geral do texto se tornava, em compensação, totalmente previsível. Conhecia-se a severidade de todos os educadores com relação aos romances que envolviam o herói em peripécias improváveis e incitavam o leitor aos devaneios, tão fúteis quanto perigosos.

A entrada nas leituras "livres" era, assim, muito vigiada e dependia dos treinos praticados ao longo do tempo. Essa entrada era sempre empurrada bem para além do ano durante o qual eram percorridas três divisões ou "classes" dos iniciantes. Essa lentidão, percebida claramente por J.B. de La Salle, não era para ele um defeito, ao contrário: como as famílias populares retiravam seus filhos da escola a partir do momento em que os meninos aprendiam a ler, a progressão gradual (em nove "turmas") assegurava três anos de escolaridade; tempo mínimo, em sua opinião, para preparar bem para a comunhão e assegurar uma educação cristã durável. Quando a escola se dirigia às crianças melhor dotadas socialmente ou escolarizadas muito cedo, cujos pais podiam permitir a instrução sem urgência, essa preocupação desaparecia: uma alfabetização curta (ou seja, rápida) e mesmo "fácil e divertida" passava a ser uma vantagem, e não mais um risco. De fato, os autores que falavam de métodos rápidos tinham duas normas de referências possíveis. Ora tratava-se de se aproximar da rapidez (e da precocidade) das educações domésticas (aprender aos quatro ou cinco anos em alguns meses), ora tratava-se de ir mais rápido do que as escolas cristãs que acolhiam as crianças de sete ou oito anos e distribuíam as aprendizagens ao longo de três anos (ler, depois escrever e contar).

A progressão lenta, criada para os meios populares, foi adotada pelas regras das ordens dedicadas ao ensino, surgidas no século XIX, tais como a dos irmãos Maristas,[60] que se esforçavam por "oferecer às crianças do campo o bom ensinamento que os Irmãos das Escolas Cristãs ofereciam aos pobres das cidades" (carta do fundador Marcelino Champagnat ao rei Louis-Philippe, em 1834). Os Irmãos adotavam a ordem imutável da *Conduite des écoles chretiennes* (Conduta das escolas cristãs) – alfabeto, sílabas, leitura de textos por silabação, leitura corrente, leitura da Bíblia, das horas, textos em latim e manuscritos– antes de passar à escrita. Os Irmãos eram jovens vindos do meio rural que tentavam escapar de sua condição. Muitos deles sabiam, no máximo, ler e escrever. Sua aprendizagem se dava nas turmas onde eles exerciam o papel de monitores: consolidavam seus conhecimentos elementares (leitura, escrita e cálculo, mas também ortografia, gramática, pesos e medidas) e aprendiam como ensinar. Aqueles que não conseguiam um diploma permaneciam como auxiliares de um titular (o que a lei de 1881 iria proibir), e lhes eram confiadas as turmas consideradas as mais fáceis: aquelas dos alunos iniciantes. A "modéstia" intelectual desse projeto de alfabetização religiosa arriscava, portanto, a desqualificar a ordem e privá-la de alunos na medida em que cresciam as exigências do ensino público: "nós seremos os bons catequistas, mas nós nos esforçaremos também para nos tornarmos professores primários hábeis", recomendava uma carta circular de 1840.

Isso explica a adoção de certos procedimentos modernos, imposto sa partir da primeira frase do *Guide des Écoles* (Guia das Escolas) no que se refere ao ensino da leitura: "os Irmãos seguirão a nova pronúncia das consoantes e não se servirão mais da soletração". Se isso era necessário para ajudar as crianças,

---

[60] *Guide des écoles à l'usage des petits-frères de Marie*, rédigé d'aprés les règles et instructions de l'Abbé Champagnat. Lyon: Perisse, 1853. Sobre essa ordem, ver LANFREY, André. *Marcellin Champagnat et les frères Maristes*. Instituteurs congréganistes au XIXe siécle, Paris: Edition Don Bosco, 1999, 324 p.

deve-se lembrar que os elementos de cada sílaba não são precisamente as letras mas os sons e as articulações[61] [...]. Por exemplo, para as palavras *pain* [pão], *faim* [fome], *bois* [bosque] deve-se soletrar *p, ain pain; f, aim faim; b, ois, bois*, e jamais *p,a,i,n pain* etc.[62]

Do mesmo modo, o regulamento recomendava o uso das penas metálicas que "substituem com vantagem as penas de ganso, sobretudo porque elas não precisam ser talhadas".[63] Esses procedimentos, que eram em outros lugares objeto de grandes debates teóricos, foram impostos aos Irmãos sem qualquer outra justificativa. Em compensação, o modelo de trabalho escolar adotado não punha em dúvida a tradição herdada: a leitura visada deveria permitir a construção de uma cultura católica, o que significava dizer, ler e reler os textos religiosos necessários à vida cotidiana do cristão. Ela deveria desembocar igualmente em uma leitura socialmente útil (aquela que era solicitada pela vida rural: os contratos manuscritos, as escrituras; mas, certamente, não a da leitura do jornal). Ela permanecia parcialmente separada da escrita, que não vinha senão em um segundo momento da aprendizagem. Esse modelo que muitos professores primários conheceram durante a sua vida de alunos, entre os anos 1830-1850, não era mais, evidentemente, aquele que serviu de referência para os métodos publicados a partir de 1830.

Os métodos para as escolas públicas

Que categorias adotar para ordenar o *corpus* dos livros de aprendizagem colecionados pelo inspetor Rapet? Apresentaremos os resultados da pesquisa em três eixos. Em um primeiro eixo, abordaremos como os autores apresentavam sua produção ao público. Por meio das notas publicitárias ou das rubricas dos catálogos, revelam-se certas

---

[61] Quer dizer as vogais e as consoantes.
[62] *Idem*, p. 161-162.
[63] *Idem*, p. 178.

evoluções, sobretudo as que dizem respeito aos títulos. Em um segundo eixo, mostraremos como os manuais ordenavam materialmente o tempo da aprendizagem. Esse dado é revelado pela comparação das progressões propostas da primeira à última página do manual e pela avaliação da duração prevista pelos autores. Enfim, em um terceiro eixo, analisaremos como os manuais refletiam os debates teóricos da época. Tratando-se de aprendizagem da leitura, as teorias de referência eram tanto teorias da linguagem escrita (como introduzir rigorosamente o sistema de escrita francês) quanto teorias da aprendizagem que legitimavam os procedimentos de ensino ("por princípio" *versus* "pela rotina", para recuperar a terminologia do Antigo Regime; "por raciocínio" *versus* "mecânico", como se começava a dizer). Essas três direções de análise deveriam permitir a resolução de um enigma: como o método da soletração, praticado desde a Antiguidade, pôde ter sido abandonado por quase todo mundo em menos de duas gerações? Os métodos sem soletração não eram novos: desde do século XVII, os pedagogos se dedicaram com sucesso a fazer seus alunos lerem sem passar pelo "B-A BA", obtendo uma leitura direta das sílabas. Malgrado o sucesso estimado (o método Abria,[64] publicado em 1835, teve 29 edições antes de 1872), nenhum manual foi capaz de fazer escola. Ora, antes mesmo das leis Ferry, o *Dictionnaire de Pédagogie* (*Dicionário de Pedagogia*) de Buisson via os métodos sem soletração como uma nova norma[65] de aprendizagem. O exame dos manuais permite a compreensão do que tornou possível essa consagração?

---

[64] "Não se deve colocar as crianças para escrever a não ser que saibam minimamente ler, a menos que se queira que não saibam nunca: porque logo que passam para a aprendizagem da escrita, não somente elas têm menos tempo para a leitura, como a experiência prova que grande parte sente aversão". *Idem*, p. 184-185.

[65] A adoção de um método sem soletração não era uma questão especificamente francesa: os manuais ingleses e norte-americanos consultados consideravam a mesma mudança, mais ou menos no mesmo momento (talvez um pouco antes).

Dos ABCs aos métodos

Na Inglaterra, o livro no qual um iniciante aprende a ler, qualquer que seja o método escolhido, se chama *Primer*. No uso e na classificação editoriais, ele é bem distinto do *First Reader*, primeiro livro de leitura no qual uma criança iniciante, mas que já é capaz de decifrar, é confrontada a textos. Na França, não existe um equivalente cômodo para a palavra *primer*. O que corresponde ao *First Reader* é o *Premier livre de lecture* (Primeiro livro de leitura) – por vezes chamado *Livre de lecture élémentaire* (Livro de leitura elementar), *Livre de lecture courante* (Livro de leitura corrente)–, de fácil identificação. Por outro lado, as antigas denominações (Alfabeto, ABC, Abecedário) eram tão fortemente ligadas aos conteúdos e ao modelo de ensino (soletração e silabação coletiva das preces católicas) que não puderam designar os manuais sem alfabeto, nem as preces cristãs. Foi necessário encontrar novas designações. O abade Berthaud foi um dos primeiros a ter a astúcia de dar a seu manual um nome próprio – *Quadrille des enfants* (Quadrilha das crianças), bem mais fácil de reter do que o nome genérico que o acompanhava – *Système nouveau de lecture* (Sistema novo de leitura). Devido à novidade do projeto, o título desenvolvido é mais preciso: *A quadrilha das crianças ou Novo sistema de leitura com o qual toda criança de quatro a cinco anos pode, por meio de oitenta e oito figuras, ser colocada em condição de ler sem erros no primeiro olhar sobre qualquer tipo de livro, em três ou quatro meses, e mesmo bem mais cedo, segundo a disposição da criança*[66] (1748, segunda edição). Esse gênero de título (nome próprio, seguido de uma descrição do procedimento e do público visado) tem longa descendência durante o século XIX.

---

[66] *Le Quadrille des enfans ou Système nouveau de lecture avec lequel tout enfant de quatre à cinq ans peut, par le moyen de quatre-vingt-huit figures, être mis en état de lire sans faute à l' ouverture de toutes sortes de livres en trois ou quatre mois, et même beaucoup plus tôt, selon les dispositions de l'enfant.*

A partir disso, houve uma profusão surpreendente de neologismos enigmáticos (*Autobaxie, Tabellégie, Synthésologie, Citolégie,* sob a Monarquia de Julho, *Satatilégie, Ortholégie, Pédagologie,* sob o Império). Ao contrário dos títulos estandardizados do *Abécédaire illustré* (Abecedário ilustrado) ou do *Alphabet chrétien* (Alfabeto cristão), esses títulos indicam a presença de autores preocupados em ostentar sua originalidade, conscientes de terem feito uma obra singular em um domínio no qual as normas estavam em plena redefinição. Quando a novidade se banalizou, não foi mais necessário elogiá-la, de modo que apenas pela leitura dos títulos no catálogo pode-se seguir a evolução das "modas" e obter indícios sobre a percepção que o autor, interposto pelo editor, tem de seu público.

Os títulos "muito longos" recendem rapidamente a um certo arcaísmo. Assim, em 1862, J.L. Bonhomme, professor primário público, publicou em Paris o *Método racional de leitura, sobre um plano inteiramente novo essencialmente demonstrativo e antirrotineiro, para o uso nas escolas primárias e nas famílias.*[67] A página de rosto mostra que esse livro não foi editado, mas somente impresso e colocado "nas lojas dos principais livreiros". Ocorreu o mesmo com o *Método Fonográfico, ou a leitura e a escrita simultâneas, para ensinar a ler e a escrever em muito pouco tempo crianças e adultos. Método racional, simples, fácil e seguro, reduzindo a leitura apenas pelo conhecimento das letras e de trinta elementos radicais,*[68] por Boulanger, impresso sem nome do editor que "se encontra em Orléans (na casa do autor) e em

---

[67] *Méthode rationnelle de lecture, sur un plan entièrement neuf essentiellement démonstrative et antiroutinière, à l'usage des écoles primaires et des familles.*

[68] *Méthode Phonographique, ou la lecture et l'écriture enseignées simultanément, pour apprendre à lire et à écrire en très peu de temps aux enfants et aux adultes. Méthode rationnelle, simple, facile et sûre, réduisant la lecture à seule connaissance des lettres et de trente éléments radicaux.*

todas as livrarias clássicas" (1861). Essas são obras "da prática", frequentemente ingênuas ou desajeitadas, que os editores não quiseram publicar. Elas dão bons testemunhos sobre os problemas que se colocavam e que os professores procuraram resolver, sobre os termos que empregavam, reconstituindo suas experiências profissionais, sobre os conflitos vividos e sobre os obstáculos materiais encontrados. Ainda numerosos na época do Império, eles se tornam mais raros, no acervo do INRP, depois de 1870.

Segundo a leitura dos testemunhos da época, os títulos dos "verdadeiros" manuais quase não eram utilizados. Salvo exceções, era pelo nome de seus autores que se podia designá-los. Assim, escreveu Vauclin, "o método *Peigné* é sempre empregado: mas ele me parece ultrapassado pelo método *Villemereux*". Eu também encontrei os métodos *Maître, Dupont, Béhagnon, Régimbaud, Larousse* etc. Depois de terem lido os quadros, as crianças se exercitavam nos livros da *Infância (Enfance)*, de *Adolescence (Adolescência)*, de Delalpalme; na *Petit Civilité chrétienne (Pequena Civilização cristã)*, de Bénard; no *Monde des enfants (Mundo das crianças)*, de V. Henrion; nos *Petits écoliers (Pequenos escolares)*, de Cuir, etc.

Os "primeiros livros de leitura" mantiveram, portanto, seus títulos, enquanto os títulos dos "abecedários" desapareceram. Sob a III República, o nome do editor indicaria também autoridade (fala-se de um método Fernand Nathan ou Hachette). Os títulos mais difundidos eram neutros, breves e consensuais.

Vauclin designava todos os manuais como "métodos". Enquanto a palavra aparecia somente em um terço dos títulos, entre 1830 e 1840 (entre os quais no famoso *Méthode de lecture* [*Método de leitura*] de Peigné), ela passou a aparecer na metade dos títulos sob o Segundo Império e em dois terços dos livros entre 1870 e as leis Ferry. Vê-se, assim, nesse momento, instalar-se um termo genérico que, na França, permanece em vigor. Um método é um conjunto de princípios e escolhas teóricas para guiar a ação, tal como expostos em um discurso (quer se trate do Método cartesiano, do Método experimental de Claude Bernard, ou do Método natural de Freinet); na escola, um método é um guia pedagógico, redigido para o professor. A *Tabellégie, método de leitura em quadros, com a ajuda dos quais pode-se conduzir rapidamente as jovens inteligências nos primeiros e verdadeiros elementos da arte às dificuldades mais sérias*[69] é, assim, um livro do professor sob a forma de um tratado de 320 páginas. Mas no uso que se impôs, a palavra "método" designa qualquer livro para o iniciante. Nos anos 1870, o uso oral relatado por Vauclin (o método *Villemereux*) apareceu na publicação: o método se apresenta com o nome de seu autor (*Méthode Néel, Méthode Menet, Méthode Gédé, Méthode Cuissard*).

Encontram-se, assim, confundidos princípios (método de soletração, método silábico, mais tarde, método global) e o livro de aprendizagem em que eles são colocados em prática. Não é surpreendente, então, que na França a "guerra entre os métodos" se faça por meio de manuais. Com efeito, não se encontrou uma palavra que substituísse "Alfabeto" ou "Abecedário", modelos recusados pelos inovadores. A distinção inglesa *Primer/ Reader* não se instalou, malgrado o exemplo que poderia se dar com o *Alphabet (Alfabeto)* e *Premier livre de lecture (Primeiro livro de leitura)* editado em 1831, por Hachette, exato equivalente de um *Primere* do *First Reader*. Esse título copia, em versão laicizada, o *Alphabet chrétien et première Instruction chrétienne (Alfabeto cristão e primeira Instrução cristã)*. Apesar da novidade de seus conteúdos, o uso da palavra "Alfabeto" significava, ainda, seu pertencimento ao período antigo. O termo "Silabário" (*Sillabaire*) – duas ocorrências apenas antes de 1850 – se instalou entre 1850 e 1870 (um livro em seis) e perdurou entre 1870 e 1880, mas não conseguiu se transformar em um nome comum para designar qualquer "método". Ele sobreviveu apenas como adjetivo ("método silábico").

---

[69] *La Tabellégie, méthode de lecture en tableaux, à l'aide desquels on peut conduire rapidement les jeunes intelligences des premiers et vrais éléments de l'art aux difficultés les plus sérieuses.*

Que outros adjetivos qualificavam um método nessa época? Nos anos 1830, os criadores dos métodos perseguiam objetivos tão variados que nenhum qualificativo emergiu: uns procuravam uma abordagem rigorosa, lógica e racional das regras da escrita francesa; outros construíam um *corpus* de textos laicos que poderiam substituir os textos religiosos; outros aspiravam primeiro inventar processos cômodos (quadros, exercícios coletivos) para fazer trabalhar segundo o modo simultâneo recomendado por Guizot, sem seguir, entretanto, a regra de J.B. de La Salle. Uma geração mais tarde, os manuais passaram a combinar essas diferentes necessidades: um método se vangloriava de ser "novo" sob o Segundo Império (um quarto dos livros); depois, ele deveria ser simples (simplificado, cômodo, prático, de uso fácil), antes de ser, em ordem decrescente, rápido, graduado ou progressivo, racional ou racionalizado. Nos anos 1870-1880, era a velocidade que parecia maravilhar os autores. Em um quarto dos manuais, o método é chamado de "rápido" (acelerador, eficaz em dois meses, ao fim de algumas lições ou algumas dezenas de horas etc.) bem antes de ser denominado de "novo", "graduado", "racional". Aqueles que expõem suas lembranças nos prefácios comparam a lentidão de suas aprendizagens de infância e a rapidez possível de então (se, evidentemente, seu método for adotado). Esses deslocamentos de interesse têm sentido em uma dinâmica de conjunto, que se traduz pelo crescimento de novas progressões.

Dos métodos racionais para a Instrução profana

O *Alphabet et Premier livre de lecture* (*Alfabeto e Primeiro Livro de Leitura*), difundido em massa pelo Ministério, em 1832, dá uma ideia clara do produto que as autoridades ministeriais desejavam, já que foi o próprio Ambroise Rendu[70]

---

[70] Ambroise Rendu (1778-1860) teve participação na reorganização da Instrução Pública francesa na primeira metade do século XIX (N.R.).

que o redigiu com o editor Louis Hachette. Ele não começava mais pelo alfabeto precedido de uma cruz, mas por um quadro "científico": mapa do globo com os continentes, máquinas simples (alavanca, balança, polia, parafuso) e instrumentos de medida modernos (barômetro, termômetro). O primeiro exercício apresentava as seis vogais simples em três tipos – caixa alta, caixa baixa e cursiva – com todas as acentuações possíveis (a, â, e, é, è, ê, i, y, o, ô, u, û); sob cada vogal, um exemplo no qual a letra é utilizada em uma palavra *a-mi* [amigo]; *â-ne* [asno], *me-su-re* [medida]; *mé-ri-té* [merecido]etc.); a mesma apresentação para as consoantes com, de um lado, as "articulações ou consoantes simples" reagrupadas por famílias fonéticas (b/p; c/k/q; g/j; d/t; f/v; l/r; m/n; s/z/x), de outro, as "articulações variáveis" ("c como s, diante de e, i, y, como em *ce-ci* [isto], *cé-ci-té* [cegueira], *cig-ne* [cisne]"etc.). Os três alfabetos vinham em seguida (em caixa alta, em Corpo Pequeno e em letras cursivas), depois os "sons compostos" (*eu/ ou/ ie/ eu/*etc.). Entrava-se nas 12 páginas sobre as sílabas, das mais simples (consoante-vogal: *ba, be, bé, bè*, e vogal-consoante: *ab, ac, ad, al*) às mais complexas (de *bal* a *phry*), sempre esclarecidas por um exemplo (*balcon* [balcão]). Vinham, então, quatro páginas para as letras mudas, os sons equivalentes (*en, an, em, am*), as letras que mudavam de pronúncia (c, g, s, t) e por fim, no décimo quarto e último exercício, as ligações e sinais de pontuação.

Podia-se, então, passar às leituras, que se desenvolviam como uma minienciclopédia dos saberes, em que cada tema era tratado em uma página (1- As crianças, As pe-que-nas cri-an-ças não sa-bem nem fa-lar, nem an-dar [...],15- "As frutas e os legumes", 26- "Os cálculos", 31- "As novas medidas", 68- "Os vulcões" etc.). Na leitura sete (As plan-tas não po-dem se mo-ver), as letras mudas cessaram de ser impressas em itálico; no texto 14, não existiam mais hífens para separar as sílabas. O corpo das letras impressas diminuiu em cinco etapas ao longo do livro, até as máximas tiradas da Bíblia (74- "Lembrem-se de vosso Criador ao longo dos dias de vossa juventude...") e de extratos do Direito público dos franceses (75- Artigo 1. "Os franceses são iguais perante a lei, quaisquer que sejam seus títulos ou sua classe"). Para terminar, vinham duas páginas de leitura em latim (Decálogo, Pai Nosso e Credo). Nenhuma indicação era dada sobre o tempo necessário para se ultrapassar cada uma dessas etapas.

O livro seguia fielmente a estruturados alfabetos cristãos (letras, sílabas, textos silabados – com as palavras divididas em sílabas –, textos não silabados, sem listas de palavras entre sílabas e textos), mas o desenvolvimento dos capítulos (chamados de "exercícios") mostrava a distância tomada em relação à tradição. As letras não eram mais apresentadas na ordem alfabética, mas por famílias de "sons"; o tempo usado com as sílabas, classificadas por tipos de dificuldade, se alongava consideravelmente. Enfim, os textos que os alunos teriam para ler eram, para eles, estritamente desconhecidos. Eles se referiam a uma cultura erudita, reescrita para seu uso, mas ausente de seu meio social, e não incluíam nenhuma narrativa.[71] Ao lerem e relerem os textos coletivamente, junto com o mestre, os alunos aprenderiam ao mesmo tempo a leitura e os saberes morais e instrutivos que a escola tinham por missão lhes transmitir. Vê-se bem os objetivos políticos e culturais de tal escolha no contexto da Monarquia de Julho.[72] Para tanto, o manual de Rendu e Hachette se situava na tradição de um ensino "racional" para alunos de sete ou oito anos. Ele retomava e popularizava a tradição erudita dos preceptores do Antigo Regime. Para estes, aquele que conhecia "os

---

[71] A tradição escolar francesa é herdeira de um ensino catequético católico centrado no dogma (O que é Deus? O que são os sete sacramentos?), contrariamente à tradição luterana, reformada ou anglicana, centrada sobre a história santa (O que fizeram os Hebreus no deserto? O que respondeu Jesus a Pilatos?). A única narrativa lida na escola, ao lado do Telêmaco de Fenelon, era o Catecismo histórico, *best-seller* até o final do Segundo Império, escrito pelo abade Fleury, preceptor de Luis XV e ultramontano convicto. Cf. LYONS, Martyn. Os best-sellers. *Histoire de l' édition* T. III, *op. cit.* p. 410-437.

[72] ROSANVALLON. Pierre. *Le moment Guizot.* Paris: Gallimard, 1985.

princípios" das correspondências letras-sons do francês tinha a chave de todas as leituras. No momento em que o universo dos textos se abria de modo desmesurado, o manual moderno de Rendu visava de uma só vez a uma alfabetização que permitia, a qualquer pessoa, ler qualquer texto. Para se chegar a essa leitura extensiva generalizada, ele rejeitava a decifração elementar exercida sobre um pequeno lote de textos conhecidos (as preces da leitura religiosa "intensiva" ou as pequenas frases já conhecidas, coladas às vinhetas do alfabeto ilustrado). A aquisição ordenada de todas as correspondências grafofônicas parecia ser um prerrequisito necessário à entrada na leitura.

Para chegar às palavras e às frases que dariam acesso ao sentido, o leitor deveria compreender como eram constituídas as unidades elementares do oral, das sílabas e aprender a lê-las sem erro. Com efeito, as sílabas, pronunciadas em uma só emissão de voz, eram o menor elemento que um iniciante poderia ouvir e dividir na sua língua oral. Na visão comum da época, as consoantes eram impronunciáveis sozinhas, já que, como o próprio nome indica, elas não soavam sozinhas, mas consoavam com a voz da vogal. Elas eram as "articulações". Articuladas com o apoio de um "som" (o *é* de *Bé* ou o *e* de *Be*,[73] como cada um podia constatar, recitando o alfabeto). Elas eram consideradas o "abre-te sésamo" dos textos a serem lidos, quer dizer, lidos em voz alta, já que não há discussão sobre o fato de que "ler é falar a escrita".[74] No *Alphabet Chrétien* (*Alfabeto Cristão*), essa correspondência era descoberta nos textos que não precisariam ser compreendidos

---

[73] Em francês, o "é" corresponde à pronúncia do "ê" em português (N.R.).

[74] Pringuez, antigo professor primário, Nouvelle méthode de lecture fondée sur les articulations et les sons, Amiens, Typ. Caron et Lambert, 1848, 72p, (Introduction). Os pedagogos não esqueciam a existência da leitura silenciosa, mas a oralização fazia parte das práticas normalmente cultivadas (leitura familiar, leitura em uma assembleia, etc.). Ler em voz alta não era, na época, de maneira alguma, uma prática reservada aos iniciantes ou aos maus leitores.

pela leitura, já que eram previamente conhecidos. Cada um poderia, de certo modo, validar sua decifração silabada comparando aquilo que lia/dizia ao texto que poderia recitar (era isso que permitia, na época do ensino individual, que o mestre pudesse pedir aos alunos para "revisar" sozinhos sua lição, em seus lugares, enquanto esperavam ser atendidos). Do mesmo modo, um aprendiz de canto poderia verificar que decifrava corretamente uma partitura, confrontando a sua decifração laboriosa à melodia que já tinha memorizado. A dificuldade era completamente diferente se ele tivesse de decifrar sem erro uma ária desconhecida, como o leitor principiante que deve, pela decodificação dos signos escritos, tomar conhecimento de um novo texto. Concebido pelos preceptores (entre os quais os de Port-Royal, no século XVII), esse método supunha que a língua materna das crianças fosse o francês e que a leitura pudesse se apoiar sobre o domínio que o alunos já tinham do léxico e da sintaxe do oral. Ele supunha igualmente uma familiaridade social com o escrito e com os saberes livrescos profanos aos quais a leitura dava acesso. Essas duas condições estavam longe de existir no meio rural entre 1830 e 1850.

Para legitimar "o poder desses procedimentos" que torna todos os escritos potencialmente legíveis, Alphonse Comte,[75] autor da *Autobaxie*, publicada em 1831, propunha testar esses procedimentos com os alunos (supostamente "menores de oito anos") utilizando o "Pai nosso":

> o aluno que sabia de cor a oração dominical, e que acabava de perceber que ele tinha facilmente refeito todas as palavras

---

[75] *Première notice sur la méthode de lecture intitulée Autobaxie. Enseignement pratique, procédés pour apprendre à lire à un éléve au-dessus de l'âge de huit ans* [Primeira notícia sobre o método de leitura intitulado Autobaxie. Ensino prático, procedimento para o aprendizado da leitura de um aluno abaixo de oito anos] por M. Alphonse Comte, chefe do batalhão de engenharia, Paris Ladrange, libraire Paul Dupont, Diretor da Livraria Normal, Aymiot, livraria, 1834, 202 p. e quadros (p. 147). (Trata-se do livro do professor; o livro para os alunos apareceu em 1831, não sendo mais que um conjunto de quadros combinando sílabas em 32 páginas).

pelo mesmo procedimento que lhe fora dado a conhecer, não poderia mais duvidar do poder desses procedimentos; era o momento em que se deveria colocar, entre suas mãos, um livro que poderia interessar-lhe, instruí-lo e que ele deveria ler segundo o modo prescrito abaixo.

Comte inverteu o procedimento: não era mais o "Pai Nosso" que ensinaria a soletração silábica, mas a decifração silábica que permitiria a leitura do "Pai Nosso". Se tal subterfúgio era útil para dar ao aluno a confiança na sua capacidade de leitura, era porque a oralização bem sucedida de um texto desconhecido não teria necessariamente esse efeito de prova. O leitor iniciante que decifra sem erro encadeia as sílabas, mas a atenção colocada na decifração palavra por palavra o absorve tanto que ele não pode compreender a mensagem geral do texto. Do "Pai nosso" à etapa seguinte ("colocar-lhe entre as mãos um livro que possa interessar-lhe, instruí-lo"), o aluno iria então descobrir que a leitura de um texto desconhecido estava longe de decorrer logicamente de uma primeira etapa bem sucedida. Se um monitorou um bom aluno eram capazes de verificar a justeza de uma decifração literal, só o mestre poderia garantir o sentido dos textos: nos dois casos, a oralização era o procedimento mais econômico e o mais eficaz.

De fato, graças à leitura coletiva repetida, os escolares iriam continuar, como no tempo das preces e das civilidades, a aprender seu livro de cor ou quase. Até o início do século XX, o manual de leitura seria um livro de lições para aprender e recitar,[76] mas a cultura escrita estocada na memória mudava de natureza. A partir de 1833, as preces, pelas quais se abriam e fechavam sempre as aulas, cessavam de ser "a base" (ponto de partida dos textos fundadores) da cultura escrita/oral escolar. As escolas públicas se referiam a outros saberes elementares, mas legítimos. O manual deveria ser instrutivo, fazer penetrar as luzes da ciência, civilizadora dos

---

[76] CHARTIER, Anne-Marie; HÉBRARD, Jean. Lire dans les manuels de lecture. *Discours sur la lecture 1880-2000*. Paris: BPI-Fayard, 2000, p. 332-382.

costumes, moralizadora das condutas e àquela data, reconciliada com as religiões,[77] tanto nas periferias das cidades quanto no longínquo interior. Para Guizot, como para Rendu e Hachette, a instrução seria a mais segura proteção contra os obscurantismos ou as utopias sedutoras que produziam as catástrofes revolucionárias. Mas essa escolha tinha um preço: um *corpus* partilhado de textos de referência desaparece. Certamente, todos os alunos teriam lido textos "instrutivos e morais", mas os textos dados a ler aos escolares eram escritos anônimos sem valor,[78] tão numerosos quanto repetitivos, obras de pedagogos nas quais boas intenções e preconceitos se estendiam por todas as páginas. A cultura primária se encontrava exposta (os professores primários tornavam-se autores de sucesso) a seus riscos e perigos. O risco era evidentemente a desqualificação que escorava todos os *Bouvard e Pécuchet*,[79] fascinados pelos saberes escolarizáveis. Na verdade, o mundo dos autores[80] se encontrava dividido

---

[77] Rendu e Hachette eram católicos. Como os outros autores da época, eles escreveram sobre Deus, a alma, a beleza do mundo criado, de modo bastante leve, para incluir as particularidades professadas por cada uma das três religiões reconhecidas. É por isso que falamos de instrução "profana" (fora do templo) e não laica.

[78] A introdução da literatura nacional nos programas da escola primária, em 1881 (leituras feitas pelo mestre para a turma) procurou preencher o que faltava. Os clássicos franceses teriam o papel dos textos sagrados substituíveis, como bem viu Gustave Lanson. Para fazer existir esse patrimônio comum ao povo e à elite, no primário e no secundário, a escola iria recorrer (em torno de 1900) aos trechos escolhidos dos grandes autores e às "recitações" (La Fontaine, Lamartine, Victor Hugo) que revelavam bem o modelo antigo de estocagem de textos canônicos, memorizados por uma leitura escolar "intensiva".

[79] Título de um livro de Flaubert, em que os personagens Bouvard e Pécuchet, antigos copistas, decidem se dedicar à literatura científica, fracassam completamente e voltam a ser copistas (N.R.).

[80] Um estudo rápido mostra a evolução social do "mundo dos autores", entre 1830 e 1860. Por volta de 1830, eles eram frequentemente profissionais que atuavam na prática (professores primários, preceptores ou mesmo pais, propondo seu material ao público), mas também saídos de um largo conjunto de posições sociais laicas instruídas: exército, medicina ou direito. Por exemplo, Durivau, tenente-coronel de engenharia aposentado

entre os que atuavam na prática e os que faziam prescrições, superiores na hierarquia (reitores, inspetores, diretores de escola normal) e cuja posição os tornava bem mais interessantes para os editores. Os Irmãos das escolas cristãs não tinham tido acesso ao latim; os professores primários, apesar de seu diploma e sua presença no mundo editorial, não estavam mais próximos do que eles da cultura das elites.

O lugar dos iniciantes no currículo escolar

No momento, a preocupação dos professores estava em outro lugar. Sua confiança no "poder dos procedimentos" não os impedia de constatar a que ponto a etapa precedente à entrada na leitura tornara-se mais ambiciosa, e por isso mais longa e difícil que outrora. Os testemunhos abundam sobre o tempo gasto por alguns que "marcavam passo" às portas da leitura,[81] pois, como os mecanismos não tinham sido adquiridos, o professor não propunha ao aluno nenhum texto.

(publica em 1830), Comte, chefe do batalhão de engenharia (1834), Brunet, subtenente do 30º regimento (1839), Aimé Grimaud, médico parisiense (1839), Colomb-Ménard, advogado (1837), Wilhorgnes Ch., advogado (1843). Vinte anos mais tarde, dos quarenta e três métodos editados ou reeditados, entre 1850 e 1859, vinte e quatro foram ou tinham sido escritos por profissionais da prática (vinte assinalavam isso na capa, entre os quais Larousse); oito eram membros do ensino (antigos professores, antigo diretor de estabelecimento) ou da hierarquia escolar (inspetor, antigo diretor de escola normal, antigo reitor, antigo inspetor acadêmico, antigo redator-chefe do *Bulletin de L'Instruction primaire*). Essas publicações de aposentados eram raramente inovadoras, mas os prefácios davam resumos interessantes sobre as inovações percebidas pelos autores durante sua carreira. Dos quarenta e três autores, somente oito eram "de fora da escola" e escreviam para as famílias (dos quais dois escreveram abecedários ilustrados): um se dizia membro de muitas sociedades de eruditos, dois outros eram pais de família. Grosselin, inventor do método fonomímico, era desse grupo, mas sua obra era apresentada por M. Pape-Carpentier, o que lhe dava uma legitimidade escolar incontestada para as creches. Dois manuais eram anônimos.

[81] São os mesmos testemunhos do fracasso e do "desgosto da leitura" nas educações preceptorais do século XVIII, adeptas da escolarização forçada que provocava a cólera de Rousseau. A conversão de Pestallozzi ao Emílio (de Rousseau) baseia-se na mesma experiência.

Em 1860, Rapet expôs essa situação, sem disfarce, no *Journal des Instituteurs*[82] (*Jornal dos professores primários*):

> o que nós podemos mandar fazer uma pobre criança que não sabe nem ler nem escrever? Não existe nenhuma meio de ocupá-la: pois pretender que se possa ser bem sucedido colocando-lhe um silabário entre as mãos e dizendo-lhe para estudá-lo é uma ilusão que os professores esclarecidos pela experiência não têm. Ela poderá ter seu silabário nas mãos, o torcerá, o desgastará, mas ela não o estudará, porque isso lhe é impossível. Para estudar a leitura, enquanto não se sabe mais ou menos ler correntemente, é realmente necessária a ajuda de um mestre.

Para ele, os avanços metodológicos dos manuais só poderiam produzir seu efeito pela organização estruturada do currículo, um "plano de estudo que fará com que os pais adquiram o hábito de trazer suas crianças na data certa", como no secundário, "recapitulações mensais e trimestrais". Para ele, era necessária, sobretudo, a presença de uma verdadeira ajuda: um jovem "que se proponha seja a entrar mais tarde na escola normal, seja de se apresentar diretamente ao exame"; poderia ser também a esposa do professor primário

> as mulheres têm, na direção das jovens crianças, uma doçura e uma paciência que as fazem frequentemente se sair melhor que os homens na instrução desses pequenos seres tão sensíveis e tão impressionáveis.

De qualquer modo, era necessário alguém para auxiliar o mestre que, no momento em que devia conduzir três cursos ao mesmo tempo, negligenciava sempre os iniciantes. Nesse momento, era no segundo curso que os professores colocavam todo o seu esforço:

> o segundo curso compreende aquilo que podemos chamar de ensino fundamental das escolas primárias. As matérias aí ensinadas abarcam essencialmente aquilo que toda criança deve saber ao menos para que não esteja neste mundo em uma posição muito inferior à dos outros homens.

---

[82] *Journal des Instituteurs* 34, 19 de agosto 1860, p. 118-119.

O que "toda a criança deve saber", era ler bem, escrever e contar, mas em um sentido mais ambicioso que outrora. Escrever era saber a ortografia: a dupla "ditado-questão" começava a ser bem praticada, graças às escolhas dos ditados graduados e do ritual da análise gramatical, mas poucos mestres ainda imaginavam que os alunos desse nível pudessem redigir.[83] Contar era se exercitar em todo tipo de cálculos em problemas formulados de acordo com esquemas precisos. Enfim, ler era se instruirem tudo, já que as leituras cotidianas permitiam aprender todos os "conhecimentos usuais" a serem retidos (divisões do tempo, astronomia, países, animais, plantas, história, invenções etc.). Tal programa demandava ao menos dois anos, por vezes três e, dizia Rapet: "é somente aos oito anos de idade que os alunos podem passar para o segundo curso; antes dessa idade, eles não seriam realmente capazes de bem aproveitar as lições".

Em consequência disso, o primeiro curso diria respeito às crianças de sete anos. Os mestres deveriam recusar crianças muito jovens: a escola não era uma creche. O sacrifício financeiro seria compensado pela reputação atribuída ao mestre pelas famílias que constatariam os resultados. Com efeito, as crianças muito jovens tinham dificuldade de aprender, perturbando a turma; mesmo sabendo ler, elas eram muito imaturas para acompanhar com proveito o segundo curso. Por isso, seria necessário que elas "repetissem o ano". Rapet esperava limitar esse fenômeno por um controle mais rígido das idades de entrada no nível que ele chamava de "preparatório". As aquisições seriam mais rápidas com crianças que já fossem capazes de refletir, de aceitar as exigências disciplinares e os métodos de trabalho que não eram mais os das creches. Programa de trabalho, constituição de um grupo de

---

[83] CHARTIER, Anne-Marie; HÉBRARD, Jean. Lire pour écrire à l'école primaire? L'invention de la composition française au XXe siècle. *Les interactions lecture-écriture, Actes du colloque Théodile-Crel, réunis par Yves Reuters*. Berne: Peter Lang, 1994, p. 23-90.

mesmo adiantamento e da mesma idade (ou quase): caminhava-se para a instalação do currículo concêntrico em três etapas, que Gréard[84] generalizou, em 1868, na academia de Paris. Essa normalização do currículo implicava um programa de trabalho previsto para um ano e os imperativos de retorno que colocavam fim aos antigos hábitos. Com efeito, a separação dos iniciantes em "três divisões" permitia, sem problemas, acolher novos alunos ao longo do ano, diante do quadro correspondente ao seu nível de competência (ou ignorância).

Na medida em que se instalava essa rotina de ensino coletivo, mais os manuais definiam a duração ideal para repartir a carga de trabalho no tempo. Cada vez mais, também, propunham combinar as sílabas em palavras a cada lição, desde as primeiras páginas, e fechar cada sequência por recapitulações. Enquanto uns procuravam sempre terminar o mais rápido possível os "rudimentos" para passar para as leituras correntes em dois ou três meses,[85] outros apostavam em fazer o mesmo em um ano. Se o livro de Peigné pôde ter tanta longevidade, foi porque soube integrar essas evoluções. Dividido em "oito classes" (diríamos, hoje, oito "sequências" de ensino), fáceis de serem divididas no tempo de um ano (ou mais, para muitos alunos, ironizará Dupont), ele pôde cumprir o papel de modelo frequentemente imitado. No momento em que os manuais, como o *Alphabet* (*Alfabeto*) de Rendu e Hachette avançavam de séries silábicas em séries silábicas, colocando a entrada na escrita ao final do percurso, Peigné introduziu, no interior de cada sequência, um percurso que ia das sílabas às palavras e das palavras às frases, utilizando apenas o material silábico adquirido. Os alunos da terceira classe (sílabas *ac*, *ad*) deviam poder ler "O ca chor ro mor deu a tor ta", depois "papai será o guarda

---

[84] Inspetor da Academia de Paris (N.R.).

[85] *Principe méthodique de lecture par le moyen duquel on peut apprendre à lire em moins de 60 jours*, par MM. Fouilland, instituteur, 2ème édition, Roanne, Durand, libraire, rue du collège, Lyon, Girard et Josserand, place Bellecour. 1856, 72 p.

sábado"; "o solo foi cultivado". O método era estritamente sintético (letras combinadas em sílabas, sílabas combinadas em palavras, palavras em frases silabadas, depois não silabadas), progressivo e cumulativo, uma vez que cada aprendizagem era revisada na classe seguinte. Certamente, era necessário esperar a oitava classe para chegar aos "verdadeiros" textos (1. Das virtudes e dos vícios, 6. Primeiros conhecimentos: palavra, leitura, escrita, gramática, divisões do tempo, astronomia, geografia, aritmética, invenções). Mas depois de vários meses, os alunos começavam a ler e sabiam que ler não era nem recitar, nem silabar sem compreender.

Ao longo do Segundo Império, essa distribuição em classes ou em lições tornou-se habitual. Conjuntos de quadros impressos em tamanho grande, anexos ao manual, permitiam reunir os alunos nos momentos de exercícios ritualizados (repetir, designar as sílabas nomeadas, nomear as sílabas designadas, soletrar as letras de uma sílaba pronunciada, pronunciar uma sílaba soletrada etc.). Os professores que tinham construído e aperfeiçoado seus quadros durante toda a sua vida os publicaram em formato de livro. Assim, a obra *La lecture en Cinq Leçons* (A leitura em Cinco Lições) e 12 quadros de Ribière,[86] professor primário, foi impressa em 15 páginas, sem texto de leitura no final. De modo empírico ou explícito, esses métodos tentavam então integrar as duas dimensões de aprendizagem: a descoberta "gradual e reflexiva" das dificuldades, mas também a necessidade de consolidar as aprendizagens anteriores por revisões sistemáticas, para evitar que uma nova aprendizagem fizesse esquecer a outra. E o que parecia sustentar a memória das crianças era a chegada rápida de unidades "que queriam dizer alguma coisa". A engenhosidade dos professores era sem limite para compor frases com palavras regulares que, entretanto, não são abundantes no francês. O mundo dos métodos faria a felicidade

---

[86] *La lecture en Cinq leçons*, par A. Ribière de Montagne, instituteur, Périguex, Imprimerie Dupont et Cie, 1856, 25 p.

de Queneau e Pérec[87]: ele encadeava os enunciados ("O cachorro mordeu a torta"; "a atividade leva à fortuna") segundo limitações puramente formais (aqui, sílabas Consoante-Vogal e Vogal-Consoante). A célebre "pipe de papa" ["ocachimbo de papai"], aparece em 1855, na obra de Michel, mas ela, sem dúvida, iniciou sua carreira mais cedo em um *Abecedário ilustrado* (Abécédaire illustré).

Os esforços para distribuir o trabalho no tempo levaram a propostas que mudavam as diagramações editoriais. A regra aprendida de cor (por exemplo, a regra do ca-co-cu/ga-go-gu e do *ce-ci-cy/ge-gi-gy*) era exercitada em listas de palavras ordenadas (lacet [cordão], capucine [capuchinha], douceur [doçura], canicule [canícula], capacité [capacidade], etc.) cujo comprimento diminuía para caber em uma página. De manual em manual, tornava-se visível a relação entre o recorte das unidades intelectuais e das unidades temporais do trabalho. Por exemplo, as regras de transcodificação das vogais nasalisadas *in/eim, ain/aim, ein/eim*, eram apresentadas "logicamente" pelas famílias ortográficas, depois exercitadas "em desordem", numa série de exercícios de leitura de palavras. No final do Segundo Império (1852-1870), alguns manuais apresentavam já uma diagramação "moderna". A página do livro tornara-se uma unidade de trabalho dividida em três partes: no alto, a apresentação das letras/som a serem aprendidos; em seguida, exercícios de combinação de sílabas; por fim, palavras e pequenas frases a serem lidas, com sílabas separadas por espaços em branco ou com palavras inteiras. O número de "lições" crescia na medida em que o conteúdo de cada uma delas diminuía. Chegava-se, assim, ao que a palavra "lição" designava: ao mesmo tempo um conteúdo intelectual a ser adquirido, uma página do livro e uma unidade de trabalho coletivo curta, guiada pelo

---

[87] Escritores franceses, Raymond Queneau e Georges Pérec participaram do movimento literário chamado OULIPO, que defendia uma escrita experimental, baseada em limitações previamente impostas (N.R.).

professor. A numeração das "lições" permitia ver que seu número se aproximava do número de semanas úteis do ano escolar: a semana tornara-se uma boa referência para levar uma aprendizagem a seu final. Pode-se imaginar o ganho em segurança para os iniciantes cujo trabalho se encontrava inteiramente programado. Por outro lado, o livro do professor ou os comentários em letras pequenas no final da página deveriam justificar as escolhas feitas, pois essa fragmentação das unidades de trabalho ao longo do tempo dissimulava as grandes etapas da aprendizagem bem marcadas, ao contrário, nos quadros coletivos.

O fim do método de soletração

Essa evolução acompanhou os longos esforços para acelerar a leitura das sílabas e a passagem das sílabas para os textos. Como vimos, uma primeira simplificação foi em relação à designação das letras. À soletração clássica (*A, Bê, Cê, Dê*) sucedeu a nova soletração, dita de Port-Royal (*A, Be, Ke, De*[88]) que, segundo a experiência, ajudava a criança a melhor perceber o som habitual da consoante. Era mais fácil encontrar *ab* e *ac* partindo da soletração *A-Be* e *A-Ke* que de *A-Bê* e *A-Cê*. Tratando-se de *ba*, soletrar *Be-a* ao invés de *Bê-A* não trazia uma vantagem flagrante, e as opiniões em relação a isso eram mais divididas. Uma segunda simplificação estava relacionada aos sons ou às articulações compostas por várias letras (*ou/ oi/ ain/ oeu; ch/ qu/ gn*) que era necessário aprender a ler/dizer como unidades. Ao se pronunciar *Be-Re-Im*, o aluno estaria mais perto para entender "brim" que ao dizer *Bê, Erre, I, Eme*. Ribière resumiu essa evolução apresentando o seu manual de 1856:

> A primeira lição abrange quatro quadros: no primeiro, ensinam-se naturalmente as vogais, depois as consoantes, se fazendo pronunciar as letras à maneira, bem entendida, de MM de Port-Royal. É necessário evitar decompor ou soletrar as

---

[88] Nesse segundo caso, a pronúncia da consoante não se apoiaria na vogal "e" (N.R.).

consoantes e as contrações de vogais (*au*, *eu*, *oi*, *ch*, *ph*, *gn* etc.); elas devem ser consideradas como letras simples e pronunciadas como tal. [...] Todo mundo sabe hoje que fazer soletrar por letras separadas é um contrassenso.

Isso que era uma novidade para a geração precedente, tornou-se uma aquisição partilhada ou que deveria sê-lo.

A etapa seguinte foi o abandono da soletração, que parecia há muito tempo tão desejável como difícil de se obter. Isso poderia ser feito sem que se aprendesse de cor todas as sílabas, em uma língua em que elas existem às centenas? Por outro lado, a soletração, voltando às unidades de base (consoantes/vogais), cujo número é limitado, poderia aliviar a memória e reduzir o número de regras a reter?

Os professores[89] que eram favoráveis a isso diziam a seus alunos que "as sílabas se pronunciarão todas em uma só emissão de voz e por consequência sem soletração". Mas eles preveniam os mestres que

> para que esse método seja convenientemente aplicado e para que se possa dele tirar vantagens que devem resultar de sua aplicação, é necessário que os exercícios de viva voz durem três ou quatro horas por dia, e que esse tempo seja exclusivamente consagrado às crianças que aprendem a ler.

Isso significava dizer que era necessário um professor em tempo integral para os iniciantes, o que era um luxo improvável, nessa época, nas cidades pequenas. Em 1860, A. Lefèvre resumiu a perplexidade dos que atuavam na prática:

> Se dois sistemas de leitura, ou melhor, dois procedimentos, a soletração e a não soletração, disputam há tanto tempo a escolha dos professores, é porque ambos apresentam grandes vantagens e sérios inconvenientes. Censura-se unanimemente, e com razão, os antigos procedimentos de soletração, quaisquer que sejam, por não serem capazes de fazer encontrar o

---

[89] *Méthode pour apprendre à lire*, M. Saillard, antigo chefe de instituição, Besançon, nos livreiros Tubergue, Mme Baudin, 1858, 44 p.

valor fônico da sílaba pela enunciação das letras". O método sem soletração consistia em fazer aprender as sílabas; e – dizia Lefèvre.

Nossa língua as conta aos milhares e os alunos repetem, sem olhar, as sílabas pronunciadas, ao invés de verificar um a um os caracteres de que elas se compõem e de perceber a ordem na qual eles se organizam, verificação indispensável para o estudo da ortografia.

Vários procedimentos foram experimentados (sempre com sucesso, segundo seus inventores): estocagem de palavras aprendidas de cor e decompostas em sílabas combinadas para fazer outras palavras,[90] escritas fonéticas provisórias[91] no caso das sílabas difíceis, gestos fonomímicos[92] que permitiam imitar o encadeamento de dois sons sem pronunciá-los separadamente, apoio em textos monossilábicos – *Dieu a fait le jour, la nuit, le ciel, la mer*, etc. (Deus fez o dia, a noite, o céu, o mar etc) –, em que todas as sílabas são significantes,[93] aprendizagem de uma soletração mental,[94] vinhetas ilustrando as palavras evocadas como nos Abecedários.[95] De fato, foram encontrados numerosos procedimentos já inventados na educação preceptoral do século XVIII, mas o contexto do trabalho coletivo obrigava, de alguma forma, a reinventá-los e sobretudo a testar aqueles que poderiam, ao mesmo tempo, aliviar o aluno e o mestre.

---

[90] *Nouveau syllabaire ou méthode facile pour enseigner à lire sans épellation*, par M. Vannier, Rennes: Vatar et Jausions, 1847, 30 p.

[91] Era o célebre método de Augustin Grosselin (1864) preconizado por M. Pape-Carpantier para as creches.

[92] *Méthode pour apprendre à lire par le système phonétique*. Première partie. Lecture phonétique. Paris: Didot frères, 1853, p. 30.

[93] *Méthode de lecture applicable à tous les modes d'enseignement* par A. Lefèvre, Paris: Librairie Louis Colas, 1860, p. 72.

[94] *Méthode de lecture en quinze leçons*, por Haese, pai e professor primário, e Haese, filho, professor, Paris: Colas Lib. Maugars, Lib. 1856, 42 p. "O aluno imitará, fechando ligeiramente os lábios para nomear as consoantes b...ba, b...ban, b...bou, que lerá como em bague, ruban, boule" [anel, fita, bola].

[95] *Alphabet pour les Enfants*, illustrés de jolies vignettes gravées par Porret, Paris: Langlois et Leclercq, Garnier Frères, 1860, 36 p.

No fim do Império parece ter havido uma guinada, porque, entre os anos 1860 e os anos 1870-1880, os métodos sem soletração não pareciam mais apresentar tantas dificuldades como apontava Lefèvre. Eles tinham se tornado "rápidos". Aqueles que iam de vento em popa eram os métodos "simultâneos". O adjetivo designava, então, não o modo de ensino coletivo (este tinha se tornado a norma, e era desnecessário falar dele), mas os "métodos simultâneos de leitura e escrita". Como indica Rapet,

> durante longo tempo acreditou-se que as crianças só poderiam começar a escrever quando já soubessem ler. [...] O perigo de colocar uma pena entre as mãos de crianças pequenas que não sabem utilizá-las e que sujam de tinta seus dedos e suas roupas, foi o que pôde adiar, durante muito tempo, o estudo da escrita. Mas evita-se agora esse inconveniente por meio da ardósia e do giz cuja utilização não oferece nenhum perigo [...]. É frequente, além do mais, que a leitura e a escritura se ajudem mutuamente.

Foi nos anos 1850-1860 que as ardósias entraram de fato nas turmas dos menores. Nas dos maiores, as penas metálicas permitiam aos professores não mais passar horas a talhar as penas de ganso e às crianças iniciantes se exercitarem a traçar letras sem ter de vencer todos os problemas de *ductus*[96] – habilidade manual – que exigiram tantas horas de sofrimento às gerações anteriores. Essa entrada precoce na escrita (que tanto agradava aos escolares que se "desgostavam" da leitura, segundo o *Guide des Écoles* dos irmãos maristas) teve manifestadamente efeitos positivos sobre a memorização das letras e das sílabas. Mas a ordem da aprendizagem dos traços não teve nada a ver com as progressões concebidas para a entrada na leitura. Os dois ensinos eram então práticas paralelas.

Foi o que bem percebeu Adrien, um professor primário adepto do método da não soletração que, a partir de 1853,

---

[96] HÉBRARD, Jean. Des écritures exemplaires. L'art du maître écrivain en France entre XVIᵉ et XVIIIᵉ siècles. *Mélanges de l'école française de Rome, Italie et Mediterranée* t. 107, 1995, p. 473-523.

alterou a progressão habitual para "colocar em correlação o ensino da leitura e aquele da escrita". Foi suficiente para isso "considerar os sons e as articulações [...] organizados segundo a forma e a progressão das dificuldades do traçado".

> Na verdade, se na aula de leitura, a emissão rápida que o aluno deve fazer dos sons e das articulações não lhe permite distinguir perfeitamente os elementos decompostos, na aula de escrita, só podendo reproduzir um a um esses elementos, ele é forçado a distinguir todos.[97]

Dessa forma, "removem-se os obstáculos que uma memória recalcitrante ou uma desatenção muito comum às crianças colocam ao progresso do aluno". Esse projeto não podia ser realizado sem que as escolas estivessem bem equipadas, mas era necessário também que os professores "otimizassem" as ações de retorno da escrita à leitura, em vez de se contentarem constatar seus efeitos. Em 1880, as gerações de professores primários formados pelas escolas normais, durante a época de Duruy, estavam prontos para entender e aplicar esse discurso.

O *Méthode Cuissart*,[98] que apareceu sob o Império e triunfou em 1881, recapitulava de certa maneira a trajetória percorrida em 40 anos. Ele estabilizava um modelo promissor: no alto da página, uma vinheta com o subtítulo (uma ilha, uma usina) como nos abecedários ilustrados, enquadrada pela letra I ou pela letra U em suas diferentes escritas (maiúsculas e minúscula impressa à esquerda, maiúscula e minúscula cursivas à direita); embaixo, havia uma linha de sílabas seguidas de palavras ilustrando o "som vedete", e no final uma pequena frase nas duas escritas. Se o método começava pelas

---

[97] A. Adrien, professor primário público, *Enseignement gradué et simultané de la lecture et de l'écriture. Méthode nouvelle où les leçons de lecture et celles d'écriture sont mises en corrélation*, Paris: Hachette, 1853.

[98] *Méthode Cuissart. Enseignement pratique et simultané de la lecture, de l'écriture et de l'orthographe*, par E. Cuissart, 1er livret. *Étude de lettres et de leurs combinaisons simples*, 1882. Ele seria reeditado até a Segunda Guerra Mundial.

letras I, U, N e M, é porque elas eram traçadas com um ou mais traços oblíquos, enquanto os traços arredondados exigidos pelo A, o B, o O ou o P, mais difíceis, só viriam mais tarde. Na página seguinte, uma outra letra-som, ligada a um outro desenho: o luxo dos abecedários ilustrados estava agora ao alcance das crianças do povo. Cada lição terminava com um modelo de escrita que o aluno deveria reproduzir no seu caderno. À medida que se avançava, os sons aprendidos eram combinados aos novos, e as lições de revisão permitiam recapitulações periódicas. Quanto ao *Méthode Schuler*,[99] enaltecido pelo verbete "Leitura" de James Guillaume no *Dictionnaire de Pédagogie*, ele escolheu imprimir o primeiro livro em escritura cursiva, para evitar as confusões entre as duas tipografias. No segundo livro, as crianças aprendiam a ler a escrita impressa que elas jamais escreveriam, mas era aprendendo a escrever que os escolares deveriam, a partir de então, aprender a ler.

Conclusão

Assim, no fim do Segundo Império, as educações domésticas adotaram livros adaptados para as iniciações precoces, a cargo de mães "instruídas", mas sem competência técnica particular. Os métodos intuitivos, apoiados na imagem, foram priorizados. Os meninos de famílias privilegiadas poderiam começar o latim com oito ou nove anos, pois já sabiam ler e escrever havia muitos anos. Em compensação, as escolas católicas, dirigidas por ordens religiosas populares, estavam abandonando seus alfabetos cristãos para adotar os métodos "modernos" das escolas dirigidas por professores primários. Mesmo quando a recitação das preces e a leitura do catecismo faziam parte do cotidiano, os procedimentos de entrada na leitura seguiam os princípios dos manuais laicos

---

[99] *Enseignement simultané de la lecture et de l'écriture, Livre de l'élève*, 1ère partie et 2ème partie, 1876, 28 et 32 p. A reedição de 1880 é intitulada *Méthode Schuler.* Seu autor é Maurice Block.

mais difundidos. Só o léxico escolhido para as leituras das palavras ou frases podia permitir adivinhar o público específico visado pelos autores. Enfim, nas escolas públicas, o conjunto de métodos sempre disponíveis no mercado mostrava que não se podia confundir o lado militante da profissão e a realidade cotidiana das turmas. Muitos professores ensinavam seus alunos "simultaneamente" a ler, escrever e falar em francês. A oralização dos textos era necessária para fazer adquirir a pronúncia padrão antes mesmo de levar à compreensão do texto pelo leitor. Ao final do Império, os progressos da língua nacional eram tais que a Terceira República poderia tornar seu uso obrigatório na escola sem provocar polêmicas. O aprendizado na leitura foi ainda mais facilitado quando um currículo estável foi criado. Os objetivos do primeiro curso eram ainda tornar os iniciantes capazes de entrar na leitura corrente instrutiva nas quais se fundamentavam as aquisições do segundo curso. Os métodos paravam então lá onde os livros de leitura começavam, como podemos ver na última página e no primeiro texto do *Méthode Cuissart* "Agora você sabe ler e você será logo capaz de ler sozinho belas histórias nos livros. Todo saber humano se encontra nos livros. Se você sabe ler, você pode se tornar um sábio [...]". O que era reunido no *Alphabet et premier livre de lecture courante* estava agora separado em dois produtos, relacionados a dois cursos diferentes.

As novas progressões de aprendizagem tinham se tornado possíveis pela chegada de novos instrumentos baratos (ardósia/lápis, papel/penas metálicas), permitindo a entrada simultânea na leitura e na escrita. Foi isso que permitiu, em alguns anos, o abandono da soletração na leitura, porque ela se fazia, a partir de então, na escrita, pela cópia de sílabas ou de palavras, letra por letra. O nome do método simultâneo (da leitura-escritura) foi rapidamente abandonado, porque tinha se tornado a norma. Sobreviveu somente o nome de "método silábico".[100] O ritmo da aprendizagem foi modificado, mas ninguém mais imaginava, como em 1830, que as crianças da escola pública poderiam aprender a ler com quatro ou cinco anos e em alguns meses, como as crianças dos meios privilegiados, instruídas pela mãe. Se certos industriais dos anos 1850 esperavam ainda poder empregar crianças alfabetizadas precocemente graças às creches, essas esperanças se revelaram vãs: o trabalho das crianças foi proibido para permitir uma escolarização geral, lenta e longa (cinco anos).

A questão dos métodos se encontrou assim, diretamente, com a do currículo escolar, em plena reorganização. Em 1870, a idade de entrada no curso elementar, para os alunos do primário, era de sete anos. Pauline Kergomard[101] não cessaria de lutar contra as professoras da escola maternal que se empenhavam em querer ensinar a ler e escrever crianças que mal sabiam falar, mas, ao mesmo tempo, foi ela que obteve, em 1885, a ligação entre a escola elementar e o curso "preparatório" – último ano da escola maternal. Foi nesse "curso", frequentado pelas crianças de seis anos, que os manuais criados ao longo do Segundo Império seriam utilizados de forma sistemática. Dessa forma, todas as crianças, mesmo as do meio rural (as escolas maternais não existiam no campo) poderiam ser "esclarecidas" um ano mais cedo (ou mesmo dois anos, quando entravam nas turmas infantis). O professor do curso elementar poderia consolidar as aprendizagens durante dois anos, antes da entrada no curso médio. Em relação ao plano Rapet, "o segundo curso" (o curso médio), que fazia da leitura

---

[100] Ele seria, bem cedo, oposto ao método global, no qual se faz reter, para começar, as "palavras inteiras" a partir da frase produzida pelas crianças, portanto, "conhecida previamente", como os textos das preces ou frases dos abecedários. Poder-se-ia dizer, portanto, que os métodos tradicionais em curso, da Antiguidade ao século XVII, seriam métodos "globais" porque eles faziam descobrir o princípio alfabético e o sistema de correspondências pelos textos sociais já conhecidos.

[101] Pauline Kergomard (1838-1925) foi a fundadora das escolas maternais, na França (N.R.).

corrente o meio de instrução, era então precedido agora de dois ou três anos de escolarização. No curso preparatório, tratava-se de ensinar a decifrar, segurar a pena e calcular. No curso elementar, o objetivo era a leitura corrente, combinada com cópias, ditados, conjugações, problemas e lições de História, Geografia e Ciências, que exercitavam também a leitura.

Foi a partir desse momento que a questão do "fracasso escolar" começou a se colocar para o pequeno grupo de alunos que resistiam de forma durável às primeiras aprendizagens[102] e não podiam ter acesso normalmente à leitura que sustentava todas as lições. Para a maioria dos outros alunos, a oralização coletiva das leituras, as páginas de cópias e de ditados e as lições recitadas construíam os saberes elementares da escolarização. Os republicanos, ao invés de se satisfazerem com os progressos alcançados em duas gerações, já viam seus limites: muitas leituras hesitantes, muitas lições decoradas e recitadas mecanicamente, muitos ditados repletos de armadilhas. Os professores deveriam não somente ensinar aos seus alunos a compreender reter aquilo que liam, mas também mostrar individualmente o que tinham compreendido. Mas como fazer, se a capacidade de repetir aquilo que foi lido não demonstra o que foi compreendido? O que é compreender um texto? Essas questões, que ninguém se colocava sob o Segundo Império, que conjugava sem problemas memória e inteligência, vão estar no centro das críticas feitas ao método silábico, a partir dos anos 1920. Essas questões atravessarão todo o século XX.

---

[102] O grupo de alunos em fracasso escolar, seja porque eram resistentes à escolarização, seja porque eram incapazes de aprender, ocasionou numerosas discussões científicas e políticas. O Ministério encarregou Binet e Simon de elaborar um teste para distinguir as crianças atrasadas das "anormais da escola". Em 1909, uma lei criou as classes especiais para escolarizar os alunos com dificuldades psicológicas (em internato) ou deficientes (em classes de aperfeiçoamento) ao invés de confiá-los aos médicos com os "anormais de asilo". VIAL, Monique. *Les anormaux et l'école: aux origines de l'éducation spéciale 1882-1909* Paris: Armand Colin, 1990.

CAPÍTULO 3

PROFESSORES E BIBLIOTECÁRIOS DA ÉPOCA DO PÓS-GUERRA AOS DIAS DE HOJE: MODELO DA TRANSMISSÃO E MODELO DA MEDIAÇÃO[1]

Acreditando-se nas declarações que são feitas em encontros oficiais ou em revistas profissionais, bibliotecários e professores desejam sempre "cada vez mais trabalhar juntos". Os próprios profissionais reconhecem no outro um parceiro precioso e necessário. Segundo uma dessas pesquisas[2] que se multiplicaram há uma quinzena de anos, 90% das escolas que oferecem as primeiras séries do ensino fundamental, 86% daquelas que ofertam as últimas séries do fundamental e o ensino médio, 90% das bibliotecas municipais acreditam que "a cooperação é em si mesma interessante". Entretanto, a mesma pesquisa revela que os professores, às vezes, conhecem muito mal os setores de literatura infantojuvenil das bibliotecas mais próximas, ignoram mesmo sua existência, tanto que é necessário sempre retomar ações em comum, manter as trocas de maneira voluntária e redigir verdadeiros guias de cooperação[3], visando aos fins comuns: criar hábitos de leitura duráveis nas crianças e nos jovens. Essas dificuldades persistentes

---

[1] Tradução de Ruth Silviano Brandão.
[2] PRIVAT, Jean Marie. *Bibliothèque, école: quelles coopérations?* Rapport d'enquête, Actes de l'université d'été la Grande Motte, octobre 1993, CRDP Créteil, collection Argos, 1994.
[3] Por exemplo, BONIFACE, Claire *et al. Guide de coopération Bibliothèque-École.* CRDP Créteil/FFCB, Collection Argos, 1996.

mostram que nenhuma necessidade natural leva as duas instituições a trabalharem conjunto, contrariamente ao que cada uma afirma. Pode-se dizer que, se os professores não vão mais à biblioteca municipal com seus alunos, é porque as Bibliotecas e os Centros de Documentação (BCD) das escolas que ofertam as primeiras séries do Ensino Fundamental e os Centros de Documentação e Informação (CDI) daquelas que oferecem as últimas séries do Fundamental e o ensino médio instalaram a biblioteca no coração dos estabelecimentos escolares. Para que buscar externamente o que se tem dentro dos muros escolares? A separação dos espaços não impediria uma proximidade de metas e de práticas: assim como os profissionais da leitura pública, também os profissionais da leitura escolar valorizam *a priori* todas as leituras e todos os tipos de texto, preconizam a familiaridade precoce com o livro, convocam todos os suportes, dos mais tradicionais aos mais inovadores (o papel e a tela, o escrito sozinho ou as combinações entre texto, imagem e voz), para desenvolver a leitura "por todos os meios". Uns e outros se referem tanto aos clássicos da leitura infantil como à criação contemporânea, que adquiriu uma visibilidade midiática e uma legitimidade literária que ela não tinha há trinta anos.[4] Hoje, como ontem, escritores "de verdade" escolheram escrever para jovens leitores. Em um percurso menos clássico, outros fizeram o caminho inverso, ao passar da condição de autores para crianças à, simplesmente, de autores. Outros, enfim, conseguiram sucesso midiático e reconhecimento literário, visando apenas ao entretenimento. A "mãe" de Harry Potter já viu suas "obras" dissecadas por semióticos, psicanalistas, sociólogos e pedagogos.

Desse modo, escolas e bibliotecas parecem compartilhar as mesmas referências, preconizar o mesmo modelo de leitura

---

[4] Sobre essa questão, ler a tese de Didier Delaporte, "*Les stratégies de légitimation dans le champs de la littérature de jeunesse depuis 1968*", Université de Metz, 2000.

aberto para a criação contemporânea? ser igualmente conscientes da variedade necessária dos textos, dos suportes e das maneiras de ler, mantendo-se atentas ao gosto subjetivo e ao interesse pessoal do leitor.

Estabelecer uma "lista de obras" para o programa do ensino fundamental

Ao acrescentar, nos programas de ensino de 2002, uma lista de obras de referência, o Ministério da Educação francês desencadeou um belo debate que deu visibilidade a posições menos consensuais.[6] A princípio, era de se esperar que os editores (e os autores) "mal representados" na lista se sentissem prejudicados. Entretanto, numerosos bibliotecários, cujos interesses pessoais não estavam ameaçados, tiveram também uma reação de rejeição ao que estava sendo proposto. Como especialistas da informação, do aconselhamento, da proposição e da sugestão, esses profissionais dificilmente poderiam admitir que um ministro "impusesse uma lista de obras para ler". É verdade que produção contemporânea traz tanto o melhor, como o pior, e sobretudo o medíocre, mas como uma lista tão curta não seria arbitrária e injusta? Quando aparecem a cada dia mais de dez títulos novos, fica-se então condenado a proibir a entrada na escola de certas autênticas obras-primas. É esse o objetivo procurado? É, aliás, a ideia mesmo de "lista" que é contestável, na medida em

---

[5] Nos programas de 2002, a entrada da literatura infantojuvenil nos três últimos anos do primeiro segmento do ensino fundamental dá uma grande vantagem para a criação contemporânea, pois as dez obras a serem estudadas a cada ano deviam comportar "ao menos oito obras pertencentes à literatura infantojuvenil contemporânea" e somente duas "clássicas". MEN. *Qu'apprend-on à l'école élémentaire? Les nouveaux programmes* CNDP-XO, 2002, p. 186.

[6] Nesta rápida revisão de argumentos, apoiamo-nos mais em palavras trocadas informalmente por ocasião de estágios, em encontros e reuniões do que em escritos profissionais, muito mais cheios de eufemismos e de prudência. Uma confirmação de sua "representatividade" estaria evidentemente por se fazer.

que é uma ideia de uma outra época, do tempo em que os professores não podiam sair dos caminhos conhecidos sem risco, e em que as antologias[7] se encarregavam de tornar assépticas as obras julgadas escandalosas, recortando cuidadosamente os pedaços escolhidos e excluindo as obras então contemporâneas, pois, por definição, os autores deviam estar mortos e enterrados. Adotar a ideia de uma lista das criações atuais acarreta riscos bem piores, já que aos preconceitos ideológicos ou estéticos somam-se as relações pessoais firmadas com os autores e os editores durante os colóquios, júris, jornadas, salões, feiras do livro "para o público infantojuvenil". Essas relações não podem deixar de influenciar as escolhas daqueles que decidem, não importando o grau de seriedade daqueles que participam das diferentes comissões. Após tantos estudos sociológicos sobre as práticas culturais,[8] como se pode ainda ousar transformar gostos subjetivos de um pequeno grupo em norma prescritível? Finalmente, uma lista pode combinar todos os defeitos: longa demais para estabelecer um programa ou curta demais para compor uma "biblioteca escolhida".

A posição tomada há mais de vinte anos pelos bibliotecários é então coerente e clara: como profissionais da área, extraem do "fluxo transbordante" das novidades tudo o que lhes parece interessante, fazem resumos e recomendações para evitar que os professores sejam prisioneiros das editoras e das livrarias. Os professores ficam então livres para fazer seus pedidos, assim como as crianças ficam livres para fazer seus empréstimos à BCD (Bibliotecas e Centros de Documentação) ou ao CDI (Centros de Documentação e Informação). O importante é efetivar, o mais rapidamente possível, o gesto da leitura autônoma, o único eficaz, pois garante aos jovens leitores o exercício de seus "direitos imprescritíveis",

---

[7] FRAISSE, E. *Les anthologies en France*. Paris: PUF, 1997, p. 215.

[8] Todos se inscrevem mais ou menos na linha de BOURDIEU, P. *La Distinction Critique sociale du jugement* Paris: Minuit, 1979.

para falar como Daniel Pennac[9] (ler o que se quer, como se quer, quando se quer, segundo seu ritmo etc.). A posição do Ministério da Educação deixa os bibliotecários céticos ou perplexos. Segundo eles, impondo-lhes um *corpus* que estará envelhecido em menos de três anos, o Ministério entra em um caminho sem saída, uma vez que terá dificuldades em melhorar a lista, não terá os meios de controlar se ela é realmente seguida e menos ainda o poder de sancionar os recalcitrantes e os franco-atiradores.

A posição do corpo docente não é tão clara quanto a dos bibliotecários (o que não significa que ela seja, no fundo, incoerente). Sobre a questão da literatura infantil nos programas, os professores manifestaram seus pontos de vista críticos, decepções e inquietações. Os argumentos "contra" eram às vezes os mesmos evocados acima, mas a maior decepção era não encontrarem na lista consultada livros de literatura infantil que já se tornaram "clássicos" na escola. A inquietação provinha principalmente do grande número de livros a serem digeridos rapidamente para saber o que deveria ser escolhido e do número excessivo de livros que deviam exigir que os alunos lessem ("dez livros por ano é mais de um por mês, é demais", "é um ritmo impossível de se sustentar no ano" etc.).

Ao descobrirem uma lista com um grande número de títulos desconhecidos, muitos professores das primeiras séries do ensino fundamental sentiram-se ultrapassados: daí acharem que se tratava de uma lista "esnobe e parisiense" que tendia a desqualificar de forma brusca o gosto medíocres de professores apegados a textos já fora de moda... Entretanto, acrescentavam-se argumentos "a favor", que aqui listamos desordenadamente: "boa ou má, uma lista fixa, ao menos, um quadro comum"; "de toda maneira, há muitos anos para testar os livros, serão feitas descobertas"; "na prática, será feita a triagem do que pode funcionar ou não, de acordo com as turmas"; "é verdade que hoje ninguém se apoia sobre

---

[9] Escritor contemporâneo francês, de grande sucesso editorial (N.R.).

o que os alunos já leram e nem eles mesmos se lembram"; "a lista é de tal forma heteróclita que cada professor recomeça do zero a cada ano"; "em minha escola, estamos escolhendo juntos os livros, é a primeira vez que se discute o que se lê"; "ler em voz alta e discutir em conjunto, isso eu faço há muito tempo sem me vangloriar, agora que se é 'obrigado', fico encantado com isso"; "é uma boa solução para crianças ainda incapazes de ler sozinhas obras longas demais, difíceis ou muito estranhas em relação a suas expectativas"; "as crianças que gostaram do que foi lido em voz alta para elas começaram a ler sozinhas, ao passo que se sentiram desencorajadas diante de um texto desconhecido" etc.

De fato, a publicação dos programas de 2002 teve uma função reveladora. Atrás da unanimidade dos discursos oficiais tomados globalmente e da variedade de gostos subjetivos, revelou-se a permanência da distância características das duas profissões. Às vezes surpreendendo seus colegas bibliotecários, os professores não se insurgiram contra a lista "liberticida", nela vendo antes uma garantia de equidade entre as escolas e um instrumento de trabalho cuja prática mostraria se era mais custoso do que útil. Essa disparidade de reações remete a posições originadas na formação inicial (formação intelectual anterior, preparação para os concursos de ingresso no magistério, discurso prescritivo dos formadores), assim como em práticas profissionais que a experiência consolida no decorrer dos anos.

O objetivo deste texto é examinar esse "nó", retomando a história: os modelos de leitura preconizados na escola e na biblioteca foram, por muito tempo, contraditórios.[10] Quando

---

[10] Este artigo retoma em parte outro trabalho: CHARTIER, Anne-Marie. Lire à l'école, lire en bibliothéque: deux modèles contradictoires de la lecture, In: *Cahiers de la recherche em Éducation* Université de Sherbrooke, v. 3, n. 3, 1996, p. 437-452; Lecture collectives et lectures personnelles dans l'espace scolaire, *La scolarisation de la littérature de jeunesse, Actes de colloque*, sous la direction de BAUDE, P. M. PETITJEAN, A.; PRIVAT, J. M. Université de Metz, coll. Didactique des textes, 1996, p. 201-226.

e como esse segundo modelo foi adotado na escola? A que práticas de leitura (obrigatória, controlada, acompanhada, livre) ele remete ao longo do tempo? Como se encontra a situação atual?

O modelo do leitor livre
na biblioteca pública moderna

O leitor-modelo sonhado pelos bibliotecários, aquele que gostariam de atender, os pioneiros franceses da leitura pública encontraram-no na Inglaterra e nos Estados Unidos, no fim do século XIX. É o cidadão, membro de um povo emancipado que, tendo aprendido a ler na escola, pode se dar a "única instrução que convém a homens livres [...] aquela que se dá a si mesmo. [...] O problema das bibliotecas é o da instrução de um povo, a instrução depois da escola, a mais importante. Ler é agir como um homem livre".[11]

O autor dessa proclamação, Eugène Morel, inaugurou, em 1925, a biblioteca para crianças da Rua Boutebrie, a primeira "Hora Alegre",[12] que sua sobrinha Marguerite Gruny coordenaria de 1928 a 1968. Ele dirigiu, então, à América

---

[11] MOREL, Eugène. *Bibliothèques,* v. 1, p. 7. In: SÉGUIN, Jean Pierre. *Un prophète en son pays, Eugène Morel (1869-1934) et la lecture publique,* Paris: Centre Georges Pompidou. Bibliothèque publique d'information, 1994, p. 81. Figura emblemática dessa revolução cultural e profissional, Eugène Morel publicou, em 1908, *Bibliothèques* e em 1910, *La Librairie publique,* dois livros que desencadearam polêmicas apaixonadas. O livro de Jean Pierre Séguin, *op.cit.,* apresenta um retrato e uma seleção de textos dos quais foram extraídas todas as citações deste texto.

[12] A primeira biblioteca infantil organizada segundo o modelo americano em 1925 em Paris oferecia um acervo rico e regularmente alimentado de novidades, livre acesso aos livros, uma iniciação à classificação, para que as crianças se orientassem sozinhas, em suas pesquisas, animações como a "hora do conto" e exposições organizadas sobre temas variados; ela era coordenada por Marguerite Gruny, Mathilde Leriche e Claire Huchet, que se tornariam suas incansáveis militantes. A partir desse modelo, nos anos 1930, numerosas cidades abriram uma "seção infantil" na biblioteca municipal ou subvencionaram outras "Horas Alegres", bibliotecas autônomas para a infância e a juventude.

uma oração inflamada: "O que lhe pedimos [América],é este zelo de apóstolo que têm aqueles e aquelas que, em seu país, criaram a biblioteca livre e, nela, há trinta anos, esta coisa única, a biblioteca para crianças!".[13] Um gesto material simbolizava essa liberdade do leitor: o livre acesso às estantes, sobre as quais se encontravam os livros e as revistas. Cada leitor podia folhear e descobrir publicações desconhecidas antes de escolher. Essa prática, que aproximava o *public library* (biblioteca pública) anglo-saxônica do grande estabelecimento comercial, rompia totalmente com a tradição francesa da época, a da biblioteca patrimonial,em que o bibliotecário, guardião de um tesouro de livros mortos, temia que se arruinassem as "suas" obras. Tanto por zelo profissional, como por rotina, ele acumulava obstáculos para o empréstimo:consultar um catálogo alfabético de autores (que supunha que o leitor soubesse exatamente quem ele queria ler), redigir uma ficha de solicitação e esperar que o livro chegasse por um guichê das profundezas da reserva, se ele já não estivesse emprestado ou na encadernação. Semelhante contraste se notava também no próprio conteúdo do acervo: a biblioteca americana comprava os jornais, as revistas e atualizava regularmente um acervo importante de livros de uso, destinados a ajudar cada um a resolver os mil e um problemas da vida cotidiana ou profissional (catálogos, manuais, listas telefônicas, cartas, coletâneas de leis, anuários, enciclopédias especializadas, guias de todo gênero). A biblioteca francesa centrada nas "letras e nas ciências" excluía os instrumentos impressos que serviriam àqueles que não liam por estudo ou diversão, sem perceber que assim fazendo, "tratava o povo como uma criança ou um burguês".[14] Severo em relação às bibliotecas que preferiam os livros aos leitores, Morel e seus seguidores não eram menos críticos em

---

[13] Texto publicado na *Revue des Bibliothèques*, v. 32, 1925, p. 82. Citado em Jean Paul Seguin, *op. cit*, p. 82.

[14] MOREL, Eugène. *Bibliothèques op. cit.*, citado por J. P. Séguin, *op. cit.* p. 81.

relação às obras filantrópicas, que faziam dos "bons livros" cuidadosamente escolhidos um instrumento de propaganda militante ou de moralização do povo. Mais do que o professor, sempre educador e sempre preso a uma ideologia, o bibliotecário deveria ser a figura que simbolizava uma sociedade democrática e laica: "O bibliotecário, como tal, não tem que se ocupar de política, nem de questões sociais ou religiosas. Nos conflitos de ideias, ele é neutro, mas de uma neutralidade positiva que permita às pessoas conscienciosas de todos os partidos, de todas as opiniões, de todas as crenças, de se documentar com exatidão".[15]

Esse discurso de deontologia laica vai ganhar lentamente, mas de maneira irreversível, todos os setores da profissão, na medida em que se entra numa era de abundância editorial e de escolarização prolongada. Esse era o discurso dos funcionários-bibliotecários (ou pessoas exercendo essa função) recrutados com a finalidade de garantir a estrutura da rede do território nacional, a partir das BCPs (Bibliotecas Centrais Públicas) instaladas nas cidades-polo de cada região, de onde se deslocavam os ônibus bibliotecas,[16] "que vão levar o pão do espírito em domicílio", como escreveu Guèhenno. Esse discurso também foi adotado pelas bibliotecas municipais, mesmo quando as orientações políticas das prefeituras (em particular das prefeituras comunistas da "cintura vermelha" de Paris) "avermelhavam culturalmente" as políticas de oferta de leitura.[17] Esse objetivo foi retomado

---

[15] SUSTRAC, Charles. De l'orientation des bibliothèques modernes, *Bulletin de l'ABF*, 5, 1907, p. 107.

[16] Dezessete novas cidades foram equipadas de Bibliotecas Centrais Públicas (BCP), de onde se deslocavam os "ônibus biblioteca", entre 1946 e 1948. Entretanto, desde os anos 1950, esses mecanismos pararam de funcionar, por falta de financiamento. Segundo uma pesquisa de 1957, feita com o apoio de associações de pais de alunos, somente 5% das crianças tinham acesso a um ônibus-biblioteca, ao passo que 50% liam regularmente um jornal (l'Education Nationale, 21 novembro 1957, p. 1).

[17] LAZAR, Marc. Les Batailles du livre du PCF (1950-1952), *XXe Siècle*, 10, avril-juin 1986.

pelos movimentos associativos como *Peuple et Culture*(Povo e Cultura), os CEMEAs (Centros de Treinamento aos Métodos de Educação Ativa), os "*Francas*" ou a Liga do Ensino[18] que, em certas regiões, emprestaria, durante muito tempo, seus militantes permanentes ao Estado ausente. Essa neutralidade aberta ganhou progressivamente os movimentos que ocorriam no âmbito dos partidos políticos ou das Igrejas. Assim, as "Bibliotecas para todos" (católicas) tornaram-se, logo depois do pós-guerra, a rede associativa mais densa.[19] Na medida em que sua influência crescia (em 1969, o empréstimo às crianças equivalia à metade do empréstimo das bibliotecas municipais), as militantes da Ação Católica Geral feminina que as coordenavam, "profissionalizaram-se",emancipando-se da tutela dos bispos e, em 1971, a "União Nacional Cultura e Biblioteca para Todos" tornou-se uma associação pela lei 1901, independente da Ação Católica. Num mundo que priorizava a televisão e o consumismo, "a leitura dos jovens" tornou-se uma causa nacional. Assim, nos anos que se seguiram ao pós-guerra, o setor militante adotou, pouco a pouco, os princípios e os objetivos defendidos pelos seguidores de Morel e outros pioneiros da leitura pública. O que era válido para a ação social (por exemplo, nas bibliotecas das empresas dirigidas por sindicalistas), era ainda mais válido para o setor educativo que se dirigia às crianças e aos jovens. Mas foi aí que o modelo da leitura "livre" encontrou a leitura da escola: quais as relações que passaram a se estabelecer entre esses dois mundos?

---

[18] A autora se refere, aqui, a uma série de associações, grupos e instituições ligadas ao ensino e/ou à leitura (N.R.).

[19] Em sua tese *Les bibliothèques pour enfants entre 1945 et 1975: modèles et modélisation d'une culture pour l'enfance*, Paris X-Nanterre, Janvier. 2003, tome 1, p. 185 e segs, H. Weis coloca em evidência a importância da rede católica e a "desconfessionalização" de suas coordenadoras que se encontrariam, mais tarde, no *Centre de recherche et d'informaton sur la Littérature de Jeunesse* (Centro de pesquisa e informação sobre a literatura infantojuvenil), com militantes vindos de outras áreas. Ela registra em 1954, 753 Bibliotecas para Todos e 2451 acervos.

Leituras prescritas e leitura livre: os dois modelos herdados do pós-guerra

As bibliotecas infantis, como a "Hora Alegre", não podiam, evidentemente, tratar as crianças como cidadãos emancipados ou adultos. As metas educativas obrigavam a uma triagem severa que eliminasse os produtos comerciais de baixo nível e os ilustrados[20] Entretanto, sustentando os ideais da leitura pública, o adulto responsável pelo acervo incitava seus jovens "clientes" a "se virarem" sozinhos, pedindo que definissem o que queriam; orientando-os na classificação e na capacidade de imaginar o conteúdo de um livro, folheando-o; suscitando regularmente sugestões de compra; enfim, educando-os para ter exigências, gostos e necessidades pessoais. Como lembra Marguerite Gruny, essas regras elementares decorriam dos objetivos da "Hora Alegre":

> Desenvolver na criança o amor pela leitura, esclarecê-las, oferecendo-lhes os melhores livros, tanto do ponto de vista moral, quanto do literário, estabelecendo entre eles uma espécie de gradação, apresentar à criança recursos variados, a fim de que ela possa satisfazer seus gostos e aptidões, assim firmando sua personalidade: preparar um público esclarecido para as bibliotecas de adultos.[21]

De que maneira os professores primários poderiam deixar de aderir a tal programa? Como as bibliotecas especializadas para crianças ainda eram a exceção (menos de 50 em 1954[22]),

---

[20] A autora se refere a um tipo de periódico em que há muitas ilustrações (ou fotos) acompanhadas de legendas. Manteremos a denominação ao longo do texto. A leitura dos ilustrados na escola e sua presença nas bibliotecas têm sido alvo de polêmica na França há várias décadas. Para um aprofundamento sobre o tema, ver particularmente a seção III de CHARTIER, Anne-Marie; HÉBRARD, Jean. Discursos sobre a leitura São Paulo: Ática, 1995. (N.R.).

[21] GRUNY, Marguerite. L'heure joyeuse. LEMAÎTRE, Henry. (Dir.). La lecture publique; mémoire et voeux du Congrès international d'Alger, Paris: Droz, 1931. p. 134.

[22] WEIS, Hélene. op. cit., p. 23-24. O volume 1 faz o balanço das pesquisas sobre as criações (secções infantis anexadas às Bibliotecas Municipais – BM – ou bibliotecas autônomas).

era urgente converter as escolas das 36.000 municípios da França às perspectivas da leitura pública. Somente a escola era capaz de tocar todas as gerações jovens, somente ela poderia, por meio das bibliotecas escolares, promover uma relação com o livro abrindo espaço para a novidade, a livre escolha, a discussão, a felicidade de ler sozinho, sem temer controles e sanções.

Ora, qual era, então, o modelo escolar de leitura? A memória dos professores coloca em oposição as leituras balbuciantes dos alunos da escola primária à leitura literária a qual os professores de francês iniciavam os alunos do então ensino secundário. A separação primário/secundário remete a duas ordens de ensino há muito separadas; uma, obrigatória e popular; outra, seletiva e socialmente elitista. É somente em se tratando do modelo de leitura pública que se podem notar as finalidades e modalidades comuns do ato de "ler na escola", seja primária seja secundária. Ora, que leitura preconizava a instituição escolar? Um de nossos mais ilustres acadêmicos começou assim seu livro *L'art de lire* (*A arte de ler*): "para aprender a ler, é preciso, inicialmente, ler muito lentamente, em seguida é preciso ler muito lentamente e sempre será preciso ler muito lentamente". A referência a Émile Faguet, aparentemente incongruente num prefácio de manual para o curso médio,[23] não é, entretanto, fortuita. Os autores apenas retomam as prescrições ministeriais que, desde Jules Ferry, não deixavam de criticar "aquele que só leu para si mesmo, em voz baixa, depressa; pensando ir mais depressa, ele devora, sim, mas não digere. É a leitura em comum que obriga a apreciar, a saborear o que se lê".[24] O modelo proposto, então, para as "leituras pessoais recreativas" dos livros de biblioteca valorizava também as leituras lentas e as

---

[23] DE LA VAULX, Henri; GALOPIN, Arnould; *Un Tour du Monde em aéroplane*, Livre de Lecture courante Paris: Albin Michel, s.d. (circ. 1912)

[24] BUISSON, Ferdinand. Catalogue des livres destinés aux lectures récréatives (octobre 1885-1888), *Mémoires et documents scolaires*, fasc. 23, Paris: Imprimerie Nationale, 1888, p. 6.

compartilhadas, as que já tinham se tornado hábito nas boas famílias burguesas e que seria necessário difundir nas famílias populares. Os republicanos sonhavam com os alunos da escola primária lendo, no serão, à luz da lâmpada, diante do círculo familiar admirado e interessado (seria a forma de fazer penetrar os conhecimentos da escola na orelha dos velhos através da voz fresca dos jovens). Na instituição escolar, em qualquer nível, não se terminava nunca de aprender a ler, ou seja, de aprender a compreender: aprender a "ler correntemente", depois "de forma expressiva", com seu mestre; aprender a ler (e a admirar) as antologias de literatura clássica com seu professor; compreender e guardar os saberes modernos que enchiam os manuais de história, de geografia ou de ciências. Quer se tratasse de textos que deviam ser "sentidos" mais do que aprendidos, a leitura de modelo magistral, a leitura expressiva dos alunos do primário tinha como única meta a "leitura explicada" inventada por Lanson[25] (que era também uma "leitura magistral"). Quando a instituição falava de leituras recreativas, ou seja, livros, não propunha um modelo qualitativamente diferente[26] daquele que impunha na sala de aula. Tratava-se sempre de que cada aluno pudesse compreender e memorizar os saberes, as experiências, as histórias, as lições de vida contidas nos grandes textos, mais difíceis de serem lidos sozinhos, que eram o *corpus* reconhecido das referências comuns, dos modelos universais, enfim, "os clássicos" franceses. Eram eles que eram oferecidos para ler e reler. Os pais tinham, evidentemente, o direito de fazerem seus filhos lerem "o que lhes agradasse".

---

[25] Gustave Lanson (1857-1934), considerado o fundador da história da literatura na França, participou da reforma de ensino de 1902 e é autor de uma proposta de explicação de textos (N.R.).

[26] Uma revista *La lecture en classe* (A leitura na sala de aula) foi lançada por Jules Steeg, em 1894, para ajudar os professores a valorizar essa leitura recreativa e "colocar nas mãos dos alunos das escolas os bons livros, livros úteis, atraentes, bem escritos, bem pensados, sugestivos, a literatura ao alcance dos alunos" (n. 1, 6 de janeiro, 1894, p. 20).

Entretanto, uma biblioteca escolar não podia seguir o modelo de uma biblioteca infantil burguesa. Tratava-se sempre de ler para se instruir se formar, deixando-se guiar pelos mestres que estavam lá para garantir o controle do sentido da leitura. Pouco importava então que esses livros fossem antigos e em pequeno número. A novidade não era vista como uma garantia de qualidade, e a quantidade de livros de uma biblioteca de sala de aula era considerada sempre grande demais para o apetite do mais ávido dos jovens leitores. Mesmo quando um aluno esgotasse o acervo, nada disso era importante, pois se afirmava que era possível reler indefinidamente as mesmas obras-primas sem se cansar.[27]

Mesmo quando as revistas pedagógicas faziam, desde o pós-guerra, reportagens entusiastas sobre as bibliotecas itinerantes e o apetite insaciável das crianças, a maioria dos professores não via a que ponto esses testemunhos poderiam colocar em causa o modelo escolar da leitura. Tais experiências mostravam, sobretudo, que havia "métodos ativos" para incentivar a leitura, métodos estimulantes e eficazes. Certamente, as coordenadoras da "Hora Alegre" eram severas em relação a um tipo de escola que, em seu esforço de aprendizagem, dificultava muitas vezes a formação do gosto pela leitura. O ritual das aulas de leituras não era feito para criar "o gosto de ler" (não se falava ainda de prazer): cada aluno abria seu livro, escutava a leitura de algumas linhas, respondia às questões feitas pelo professor e esperava sua vez de ler. Depois de uma meia hora, todas as palavras difíceis tinham sido explicadas e o texto lido e relido: não havia mais segredo para ninguém. Nem segredo, nem sabor, diria Marguerite Grunny. O armário-biblioteca oferecia histórias

---

[27] Os argumentos paralelos do "Discours des bibliothécaires" (Discurso dos bibliotecários) e do "Discours d'école" (Discurso de escola) são detalhados em CHARTIER, Anne Marie; HÉBRARD, Jean. *Discours sur la lecture* (1880-2000), Paris: BPI; Fayard, 2000, 2ème et 3ème parties. Parte desse livro foi publicado no Brasil com o título: *Discursos sobre a leitura* (1880-1980). São Paulo: Ática, 1995.

de "antes da guerra" em livros grossos demais e textos cinzentos demais. Entretanto, as novas pedagogias tinham o aval das autoridades e, sem serem militantes do movimento Freinet, muitos professores primários estavam prontos para modificar suas maneiras de trabalhar, se tivessem a oportunidade de ter uma biblioteca itinerante que depositasse, a cada mês, muitos livros novos na porta de suas escolas. Seu velho estoque podia ser renovado com os livros ilustrados do *Père Castor*[28] (*Pai Castor*) e com novos romances em que as crianças fazem mais bobagens do que B. A.[29] Arranjados nas caixas, ou em livre acesso nas estantes, podiam ser "lidos à vontade".

Entretanto, esses esforços para aproximar a leitura escolar do modelo proposto pelas bibliotecas infantis não conseguiram preencher a distância que os separava. As pequenas escolas rurais eram desesperadamente pobres, em relação às riquezas das bibliotecas das cidades; a cultura dos professores, em matéria de literatura infantil, era, muitas vezes, apenas uma cultura de infância e faltava tempo para se informarem a respeito das novidades; mas, sobretudo, as ambições dos professores continuavam modestas, não por derrotismo (o que pensavam, no fundo, os bibliotecários), mas por senso de realidade. Eles incentivavam a leitura pessoal dos bons alunos, que certamente continuariam os estudos; em relação aos outros, por outro lado, a demanda dos pais continuava sendo o certificado de estudos primários que exigia, principalmente, ditados e problemas. Aliás, quando uma turma lia livros inteiros, já podia ser considerada parte

---

[28] "Deveria ser possível adaptar melhor os livros aos interesses, às capacidades das crianças, apoiando-se sobre os dados das novas psicologias e pedagogias", escreve Paul Faucher, criador da célebre coleção "La mission éducative des álbuns du Père Castor" ("A missão educativa dos livros ilustrados do Pai Castor") (Conferência feita em Girenbad, perto de Zurique, em 8/3/1957), *L'École nouvelle française*, 87, p. 3-14.

[29] Os numerosos romances ou histórias em quadrinhos que tinham como heróis uma patrulha de jovens escoteiros tornaram populares os rituais de diferentes movimentos confessionais ou laicos (totens, broches, rito da promessa, e lógico, a necessária "Boa Ação" quotidiana chamada B.A.).

de uma minoria cultivada. Com efeito, as primeiras estatísticas dos anos 1950 revelavam que a metade dos franceses nunca lia livros. Na "Hora Alegre", nas bibliotecas associativas, as coisas eram vistas de outra maneira: as crianças que estavam lá vinham e voltavam de boa vontade, amavam a leitura e não tinham dificuldade de compreensão[30]. Nessas condições privilegiadas, podia-se ter a ilusão de que a bibliotecária fazia milagres, mas, na verdade, "pregava aos convertidos". Para essa pequena minoria, podia-se propor, sem problema, um ideal de abundância e se levar em consideração suas escolhas, pois o acervo passava por uma triagem severa e não podia chocar nenhuma família cultivada: nada de histórias em quadrinhos, nada de séries populares ou ideologicamente suspeitas.

A luta comum contra os ilustrados

Entretanto, uma cruzada comum contra a imprensa infantil aproximou professores e bibliotecários. O ilustrado se esconde no bolso, custa muito pouco, troca-se entre colegas, e oferece mais imagens do que textos. Tanto para professores quanto para bibliotecários, aí estava o obstáculo fundamental à leitura de livros. Todos os educadores condenavam seus conteúdos, pois, segundo eles, "apresentam de forma favorável o banditismo, o roubo, a preguiça"[31] e, pecado imperdoável, eram escritos numa língua vulgar e cheia de erros. Entretanto, é possível citar, nos anos 1950, grande número de ilustrados vindos de movimentos educativos, produzidos por sensibilidades políticas ou religiosas diversas, como *Coeurs*

---

[30] Os coordenadores das associações (laicas ou católicas), que se responsabilizavam por crianças cujos pais trabalhavam fora, tinham uma visão mais realista, e suas ambições estavam mais próximas das dos professores primários (que privilegiavam os jogos esportivos, as atividades coletivas, inclusive em relação à leitura dos ilustrados do "movimento", *Vaillant* para uns, *Coeur vaillant* para outros, que eram comentados com o adulto responsável).

[31] Charles Schmidt, inspetor geral dos arquivos e bibliotecas, revista *L'éducation nationale*, 3 dez. 1952, p. 19.

Vaillants (*Corações Valentes*) ou *Bayard*, para os católicos; *Vaillant* (Valente) para os comunistas. Tais jornais eram irretocáveis moralmente, escritos em bom francês, entretanto sua origem militante os tornava inaceitáveis num espaço laico, como a sala de aula e a biblioteca infantil "à francesa", na qual a única leitura válida era a dos livros. As leituras passageiras, de passatempo ou de atividade (a dos guias, catálogos, resumos e outros manuais especializados, cuja utilidade Morel descobrira numa biblioteca de bairro, em Londres) eram práticas sociais com as quais a escola e a biblioteca infantil não precisavam se preocupar. Nesse ponto, Marguerite Gruny se afastou das ideias de seu tio e adotou, em consequência de seus objetivos educativos, o ponto de vista cultural da escola. Seria preciso esperar uma circular de 1976, para que um professor pudesse ter o direito, "no quadro deontológico de sua ação", de introduzir a imprensa na escola. É que, em vinte anos, toda a relação com a leitura mudou. O que levou a essa mudança?

A crise da leitura em uma sociedade em mutação cultural

"Amanhã nossos alunos terão necessidade de consultar revistas, tratados, guias, anuários, bibliografias; mais frequentemente manuais de instrução, tabelas... Criemos o hábito, desde agora, de que se sirvam (sozinhos, evidentemente) de dicionários, quadros de conjugação de verbos, brochuras de documentação, atlas, índex, sumários".[32] O inspetor primário que assinou esse texto, André Mareiul, sem dúvida, não leu os escritos de Morel. Se ele propunha adotar, firmemente, outra concepção da leitura que era a mesma dos pioneiros da leitura pública, era para responder, no terreno da pedagogia, os desafios colocados para a escola nos anos

---

[32] MAREUIL, André. *L'éducation nationale* (A educação nacional), 21 février 1963, p. 19.

1960. O primeiro desafio foi lançado pela televisão. No momento em que se podia esperar, graças aos livros de bolso, a democratização do acesso à cultura, eis que a telinha (de TV) impunha uma presença, inicialmente aceita com benevolência, como uma "janela aberta para o mundo", e, em seguida, rapidamente denunciada como uma concorrência temível para a leitura. Por que as crianças continuariam a ler, quando os programas de televisão lhes ofereciam em casa, obras de ficção, documentários, informações sobre a atualidade, reportagens, que se podia partilhar sem esforço? Essa "escola paralela"[33] não estaria colocando em causa certos fundamentos de nossa civilização? Como a escola e as bibliotecas, depositárias da linguagem escrita, poderiam ainda interessar e instruir "filhos da imagem"?[34] A tomada de consciência dessa situação foi avivada pelos prognósticos de McLuhan que previa, com o fim da "galáxia Gutenberg", a morte do livro, ou antes, "da coisa impressa", para retomar a expressão de André Mareuil. Dentro de alguns anos, bibliotecários e professoresse encontravam, então, no mesmo campo dos jornalistas. Não se tratava mais de denunciar a imprensa, mas de adotá-la como uma mídia a ser defendida, pois ela contribuía, finalmente, com seus próprios meios, para promover e perpetuar o gesto essencial de leitura. Essa mutação foi empreendida simultaneamente no mundo da escola e da leitura pública, com a presença cada vez maior de um novo profissional, o documentalista. Enquanto as pessoas do livro achavam que pertenciam um mundo diferente do da imprensa, o documentalista reunia as informações provenientes de todos os suportes. Os documentos não existem obrigatoriamente para serem lidos, mas para se "consultar" (textos, mas também quadros, bancos de imagens, bancos de sons, filmes e vídeos). A era das midiatecas públicas começou ao mesmo

---

[33] PORCHER, Louis. *L'école parallèle* (*A escola paralela*). Paris: Larousse, 1974.
[34] DE LAUWE, Marie-José Chombard. *Enfants de l'image* (*Crianças da imagem*). Paris: Payot, 1979.

tempo em que nas escolas tiveram início a dos CDIs (Centros de Documentação e de Informação) e dos BCDs (Bibliotecas e Centros de Documentação). Na linguagem dos alunos, vai-se à "doc" e não mais à biblioteca. Em todo caso, se nenhum tipo de documento é *a priori* excluído do acervo, os textos impressos continuam a representar a sua maior parte, com livros, periódicos, revistas e jornais convivendo bem nas prateleiras, esperando a chegada das bases de dados consultáveis sobre a tela, graças aos CD-ROM e outros suportes. Assim, depois de provocar temor, a telinha tornou-se a primeira aliada do escrito, vindo mesmo a reforçar seu poder e a torná-lo "interativo", reunindo a leitura e a escrita, separadas há muito tempo, desde a invenção de Gutenberg.

Um segundo desafio, concomitante, vem do prolongamento massivo da obrigatoriedade escolar. A democratização dos estudos, tão esperada, efetuou-se entre 1959 (a obrigatoriedade escolar passou a ser até os 16 anos) e 1975 (o segundo segmento do ensino fundamental passou a ter uma estrutura única e acolher todos os alunos). Foram quinze anos de confusões, durante os quais o segundo segmento do ensino fundamental descobriu alunos desconhecidos, resistentes à explicação dos textos literários e mais incapazes ainda de enfrentarem sozinhos os instrumentos de uma escolarização longa. Anteriormente, a palavra do professor servia de guia e controle, agora era preciso que ela se calasse em favor de uma pedagogia da leitura silenciosa, autônoma, eficaz, rápida. A crise da escola tornou-se uma "crise da leitura", quando cada um se interrogava sobre as misteriosas razões que provocavam o fracasso de tantas crianças, particularmente as do meio popular, no momento das primeiras aprendizagens. Na verdade, a significação mesmo do verbo "ler" estava mudando de sentido. Para um professor dos anos 1950, um aluno que sabia dizer em voz alta uma narrativa curta, mostrando que a compreendia, era considerado como alguém que "sabia ler". Os critérios do ensino secundário são muito mais ambiciosos, pois ler é compreender sozinho todos os tipos de texto, literários, científicos, mas também funcionais. Vê-se por que André Mareuil pedia aos professores que habituassem os alunos, desde que possível, a "servir-se" (sozinhos, evidentemente) de dicionários, quadros de conjugação de verbos, atlas, índex, sumários". Essa exigência impunha-se progressivamente como norma comum. Para levar todos os alunos a tais desempenhos, antes dos onze anos, era preciso fazê-los ultrapassar rapidamente da decifração trabalhosa do texto a uma leitura silenciosa fluida. Os alunos que, ao final da classe de alfabetização não dominavam os "mecanismos", não podiam ser aceitos no ensino fundamental: as proporções dos reprovados revelados pelas estatísticas eram impressionantes[35] e todos os especialistas em patologias escolares se agitavam na cabeceira do paciente (a criança que ousava não saber ler aos sete ou oito anos), como outros especialistas se agitariam, vinte anos mais tarde, na cabeceira do adulto atacado pela doença vergonhosa das sociedades em crise de emprego, o analfabetismo funcional.

Uma terceira mutação se refere aos próprios conteúdos das transmissões escolares. Enquanto a formação das elites era tradicionalmente literária, realizando-se em torno das humanidades latinas e francesas, as transformações da sociedade francesa do pós-guerra passaram a exigir uma formação de maior número de quadros científicos e técnicos. A leitura lenta, com atenção tanto à língua quanto à mensagem, seguida de releituras para se meditar e saborear o texto, fora forjada na intimidade com as obras-primas da língua francesa portadoras de modelos éticos e estéticos de que um leitor atento só podia se impregnar. A nova leitura de que necessitavam os engenheiros e os administradores e também os cidadãos comuns das cidades urbanizadas é o oposto desse

---

[35] Em 1960, mais de 30% dos meninos foram reprovados na turma de alfabetização, menos da metade das crianças realizava sua escolaridade primária sem atrasar-se. Ministério da Educação, Études et documents (Estudos e documentos), n° 8, 1968.

modelo. Agora a questão era ler rápido, eficazmente, sem ter que reler, para se conhecer um dossiê, encontrar uma informação, verificar um dado, tomar uma decisão, seguir o processo de uma ação. A leitura de estudo e a reflexão ética não foram absolutamente excluídas dessa abordagem dos textos, mas parecia natural se dissociar o momento em que o leitor restituía as informações do texto (por um resumo que só mantinha o essencial, mas mostrava que o texto fora compreendido e seus argumentos memorizados) e o momento em que discutia livremente esses conteúdos e dava seu ponto de vista, mantendo um distanciamento.

A explicação literária tradicional, ao contrário, é um exercício que dilata o texto e nunca separa a prosa do leitor da do autor. Quando o resumo se transformou em uma prova de francês no exame final do ensino médio (*baccalauréat*),[36] prática considerada impossível em relação a textos literários (como "resumir" uma fala do *Cid*, de Corneille, ou um soneto das *Flores do Mal*, de Baudelaire), novos textos apareceram na aula de francês, tirados de artigos de jornais, de revistas científicas, de ensaios de ciências humanas. Da mesma maneira, passou-se a se preocupar, nas primeiras séries do ensino fundamental, em ensinar as crianças a ler textos funcionais (receitas de cozinha, instruções de montagem, instruções de exercícios, organogramas) e informativos (artigos de jornal, rubricas de dicionários, regulamentos, formulação de problemas), assim como narrativas ou descrições.

Assim, em alguns anos, todos os parâmetros da leitura foram alterados. O fracasso dos alunos, as novas exigências profissionais e, sobretudo, o temor de ver-se desmoronar o lugar da escrita na sociedade obrigaram a pensar de outro modo as finalidades da aprendizagem e as utilizações da escrita. Era preciso fazer tudo para promover todas as leituras

---

[36] "O candidato deve escolher entre três temas de composição francesa: um resumo ou uma análise, seguida de uma discussão; um comentário de texto; um ensaio literário" (Circular de 23 de novembro de 1972).

possíveis, aceitar como legítimos os suportes considerados antes os mais discutíveis. O discurso sustentado no início do século pelos pioneiros da leitura pública tornou-se o discurso comum dos professores e, pelo viés dos documentalistas, o das midiatecas. Ler passou a ser um gesto valorizado de modo incondicional, quaisquer que fossem os conteúdos ou os suportes dos textos.

A persistência de dois modelos: o distanciamento entre discursos e práticas

Essa unanimidade selou, no início dos anos 1980, uma aliança que parecia definitiva entre bibliotecários, documentalistas, jornalistas e professores, defensores dos mesmos valores e partidários de abordagens convergentes para levar a juventude a ler. O fundamento de tal acordo parecia mais provável por ser no terreno social, e não mais simplesmente no escolar, que se instalaram os novos desafios. No momento em que a crise da leitura na escola pareceu se abrandar um pouco, descobriu-se o analfabetismo funcional das sociedades contemporâneas, revelado pelas exigências crescentes de qualificação no mundo do trabalho, numa conjuntura de crise econômica, de aumento do desemprego e de precariedade social. Todo jovem "leitor fraco" foi, então, considerado como um desempregado em potencial, e os mediadores culturais deviam "fazer tudo" para prevenir ou curar essa nova doença dos tempos modernos. Se a concepção de leitura forjada pelos pioneiros da leitura pública se mostrou superior em todos os lugares, na escola e no espaço social, os bibliotecários foram pressionados a adotar procedimentos cada vez mais pedagógicos para ganhar novos leitores. O objetivo não era mais responder, da melhor maneira possível, a uma demanda preexistente, mas criar essa demanda por meio de uma oferta adequada, propiciar a entrada, com precaução, dos "leitores fracos" na rede de convívio que se desenvolvia em torno da biblioteca, de suscitar neles o desejo de leitura e acompanhá-los em suas pesquisas.[37] Os bibliotecários continuaram então a pensar a leitura sob um modelo consumista (a cada um segundo seus gostos e necessidades), dando uma nova pertinência às metáforas que tratavam, no início do século, a biblioteca como um grande estabelecimento comercial que devia "fazer publicidade", reabastecer seu estoque de novidades, ganhar cada vez mais novos clientes. Entretanto, somente adotando práticas escolares é que os bibliotecários podiam estender seu trabalho de estímulo à leitura a outras redes, externas à leitura pública. Saindo de sua área tradicional, a leitura escolhida, eles voltaram, mesmo sem querer, à pedagogia da leitura imposta. Ora, foi no terreno da leitura obrigatória (leitura de compreensão ou leitura rápida funcional, leitura de distração ou leitura de trabalho) que se revelaram os fracassos mais violentos e em que, por isso, se inventaram as pedagogias para prevenir e curar. Assistiu-se, assim, nos anos 1980, a uma investida dos bibliotecários a lugares de onde não vinha nenhuma demanda espontânea de leitura, como os conjuntos residenciais populares, os hospitais, as casernas, as prisões, as empresas, os centros de formação de adultos.[38] Ao mesmo tempo, habituaram-se a apresentar, muito didaticamente, aos que estavam chegando, o modo de utilizar seu local de trabalho. São testemunhos disso os módulos de iniciação organizados, a cada início do ano, para auxiliar os alunos das últimas séries do ensino fundamental e do ensino médio na descoberta do acervo e de sua classificação, a disponibilização de ajuda sistemática nas bibliotecas municipais e também universitárias, pois, segundo a opinião unânime de

---

[37] ROBINE, Nicole. *Les jeunes travailleurs et la lecture* (*Os jovens trabalhadores e a leitura*), Paris: La documentation française, 1984. BALLEY, Chantal; LADEFROUX, Raymonde; PETIT, Michèle. *De la bibliothèque au droit de cité. Parcours de jeunes* Paris: BPI, 1997.

[38] Ministério da Cultura, Direção do Livro e da leitura, Rapport sur l'extension de la lecture publique. Hôpitaux, prisons, entreprises, Isabelle Jan, mimeografado, 1983.

seus professores, os novos estudantes universitários[39] "não sabiam ler".

Entretanto, essa comunidade de objetivos e a convergência real dos discursos militantes em favor da leitura tornaram menos nítida uma diferença fundamental. O público escolar era um público cativo. Todos os discursos sobre o prazer de ler que deveria ser experimentado pelos alunos não faziam esquecer que ler era uma tarefa feita sob pressão, da educação infantil à universidade. Pesquisas recentes mostram, aliás, que o sucesso escolar pode estar separado do prazer de ler e vice-versa, e que o amor à leitura não é suficiente para fazer o bom aluno.[40] A construção de uma cultura comum, de referências compartilhadas, de conhecimentos capitalizados e mobilizados (na escola e fora dela) continuou, então, uma prioridade. Por outro lado, o público das bibliotecas continuou livre. Como lazer, a leitura concorre naturalmente com outras práticas culturais. Como instrumento de informação, ela nem sempre é mais eficaz do que outras mídias (audiovisuais) que podem eficazmente substituí-la. O terreno onde a escrita não parou de progredir, sobretudo desde a introdução dos instrumentos da informática, é o de vida profissional, cujas exigências são tão urgentes quanto às da escola. Compreende-se, então, que os mal-entendidos entre professores e bibliotecários, tão distanciados e tão próximos, podem se perpetuar. O discurso atual continua a sublinhar o triunfo da leitura "livre", a do cidadão emancipado de suas tutelas ou do cliente-rei, consumidor por livre vontade. Ele acredita que a abundância da oferta permite a coexistência pacífica de diferenças que manifestam as diversidades singulares,

---

[39] FRAISSE, Emmanuel. (sous la direction de). *Les Étudiants et la lecture* Paris: PUF, 1993.

[40] DE SINGLY, François. Les jeunes et la lecture, *Dossiers Education et Formations* 24 janvier, 1993 (Ministère de l'éducation nationale et de la culture, Direction de l'Évaluation et de la Prospective (DEP). BAUDELOT, Christian; CARTIER, Anne Marie; DETREZ, Christine. *Et pourtant ils lisent...*, Paris: Seuil, 1999, 250 p.

os pertencimentos a grupos, as identidades culturais, todas igualmente respeitáveis.

Esse discurso mascara uma realidade mais brutal, a do acesso desigual aos usos da escrita que a vida moderna torna necessários. Ora, contrariamente aos usos livres, as práticas obrigatórias não dependem de gostos ou de escolhas pessoais. Seu domínio é uma conquista difícil, nunca definitivamente assegurada, pois as exigências de nossa sociedade não cessam de crescer. A vida é mais fácil para aqueles que as manejam bem, difíceis para todos que hoje são considerados analfabetos funcionais. Mais de um século depois das leis de Jules Ferry sobre a obrigatoriedade escolar, a definição de um novo conceito de ler-escrever elementar é, novamente, um tema da atualidade.

Conclusão

Para concluir, pode-se voltar ao ponto de partida deste texto. As relações entre bibliotecários e professores têm, sem dúvida, tudo a ganhar com uma formulação mais clara de suas missões específicas. Profissionais da mediação, os primeiros devem pensar sua ação como uma oferta de serviço que acompanha, e, se possível, precede as demandas singulares de um público definitivamente heterogêneo. Essa lógica não é comercial (os usuários não são clientes) e a mais útil das bibliotecas nunca será rentável.[41]

Profissionais de transmissão, os segundos trabalham fora da lógica da oferta e da demanda: os alunos não são "usuários", mesmo que os pais se comportem cada vez mais como "consumidores de escola", para retomar a expressão de R. Ballion. O recurso ao modelo de leitura elaborado para a

---

[41] As discussões que ocorreram em 2000 sobre a gratuidade do empréstimo de livros e sobre a remuneração dos direitos autorais (o empréstimo de material áudio ou vídeo sempre foi pago) mostram que é necessário estar sempre redefinindo as modalidades, segundo as quais o mesmo serviço público possa ser garantido em conjunturas culturais e econômicas diferentes.

leitura pública os ajudou, no contexto de crise dos anos 1970-1980, a ampliar consideravelmente a concepção que tinham de sua missão. Resta que essa se efetue por meio de programas impostos a todos e no contexto de um trabalho coletivo. Focalizando-se demais na leitura de obras literárias, corre-se o risco de esquecer que a novidade dos programas é a de restabelecer, de forma explícita, a aprendizagem do ler-escrever em todas as disciplinas, certamente na literatura, mas também na História, na Geografia, na Matemática, na Ciências Experimentais e na Tecnologia.

CAPÍTULO 4

A LEITURA E SUA AQUISIÇÃO: MODELOS DE ENSINO, MODELOS DE APRENDIZAGEM[1]

Neste texto, em vez de nos interrogarmos sobre resultados apontados por pesquisas sobre a aprendizagem da leitura e de refletirmos sobre a maneira como os professores deveriam integrar esses dados em sua prática, decidimos partir do ponto de vista dos professores e das pressões a que são submetidos em sua vida profissional. Na França, a maioria dos professores trabalha com um livro didático (ou com vários). Ora, os estudos dos pesquisadores ou dos especialistas em didática, as orientações do Ministério da Educação ou dos formadores não consideram esse fato, para não favorecer (ou parecer favorecer) um editor em lugar de outro, ao escolher um determinado manual para dar exemplos nos estudos realizados. Para colocar de maneira concreta a questão das relações entre modelos de ensino e modelos de aprendizagem, nosso procedimento, neste texto, foi partir dos modelos de ensino, para então, no final, colocar as questões dos modelos de aprendizagem – construtivistas ou cognitivistas – que estão em concorrência hoje. As questões não serão colocadas de um ponto de vista científico, mas do ponto de vista pedagógico: o do valor de uso das teorias, na prática.

---

[1] Tradução de Ruth Silviano Brandão.

Os editores e os "métodos de leitura": produzir os instrumentos

Um método de leitura parte sempre de escolhas: os instrumentos elaborados para o trabalho cotidiano coletivo impõem conteúdos, uma progressão, exercícios e modalidades de avaliação. Essas escolhas são guiadas pela combinação de três fatores:

1. As pressões da realidade, que são exercidas pelos textos oficiais e pelo cotidiano da profissão, impõem, por diferentes razões, papéis prescritivos. Os programas e os textos oficiais definem as finalidades, e os conteúdos da aprendizagem no âmbito da escola e os professores os colocam em prática, por meio dos livros didáticos. Na França, eles não são impostos, mas escolhidos pelos professores e pela escola. Os manuais didáticos evoluem em função dos programas, mas não somente em decorrência desse fator. A edição escolar forjou hábitos de trabalho, dispositivos didáticos, expectativas e exigências. Cada autor de manuais deve levar esses dados em consideração, se quer ser editado e encontrar seu lugar no mercado. Essas pressões orientam a edição.

2. A conjuntura age tanto em favor das rupturas, como em favor das continuidades. Na França, a conjuntura dos anos 2000 faz prevalecer a renovação dos modelos. As mutações em curso na cultura escrita na virada do século XX para o século XXI, a chegada de pesquisadores especialistas na aquisição da leitura ao campo da edição escolar, a evolução dos objetivos das turmas de alfabetização integrados ao final da educação infantil e ao início do ensino fundamental estão modificando o processo de criação dos manuais de leitura. O modelo que pouco a pouco tinha se fixado depois das grandes reformas dos anos 1970 (com o início da participação dos linguistas nessa área) chegou ao fim de sua missão histórica. Deveríamos estar num período de tentativas e pesquisa de novos modelos, mas como estamos também num período de inquietações, em que professores e pais estão

inseguros, preocupados com uma eficácia imediata, as ousadias inovadoras não vão de vento em popa. Por causa disso, os editores procuram repetir as fórmulas já experimentadas, que sabem que funcionam e nas quais os professores confiam, em lugar de inventar novidades.

3. As orientações dos autores participam do espaço da invenção ou da perpetuação de tradições. Na criação de um livro didático, estão envolvidos, quer queiram ou não, a cultura da pesquisa científica do autor, seus valores pedagógicos e políticos, suas preferências culturais e estéticas, sua experiência com crianças e com a aprendizagem escolar, sua hierarquia das prioridades e urgências, quando se trata de textos para ler ou das escolhas de exercícios. De acordo com o público visado e a conjuntura, os autores e os editores priorizam aquilo que já é clássico em um manual (argumento de segurança) ou a sua originalidade (argumento de inovação). Entretanto, as opções didáticas e metodológicas são muito raramente justificadas. Elas são expostas como evidências compartilhadas, das quais decorrem as escolhas técnicas. Poder-se-ia esperar que o livro do professor explicitasse as escolhas e as rejeições dos autores, assim como suas prioridades, e fizesse que aqueles que o utilizassem percebessem as vantagens de um livro de leitura (o que ele possibilita) e suas limitações (o que ele restringe ou dificulta). Entretanto, é mais "vendável" dizer que um manual responde a tudo...

Modelos de ensino:
responder às prescrições do programa

Na França, a turma de alfabetização inscreve-se de forma institucional num ciclo de três anos, o das aprendizagens fundamentais. De certa forma, essa organização ratifica as conclusões dos psicólogos que estudam as crianças das sociedades ocidentais escolarizadas, que fazem do período de 5-8 anos o momento durante o qual as crianças entram no processo de aquisição da leitura e da escrita. A aprendizagem da leitura e da escrita é, então, concebida como um processo longo, que começa no último ano da educação infantil e continua no ensino fundamental. A turma de alfabetização deve levar em conta as aquisições precedentes, apoiando-se na cultura escolar dos alunos, devendo gerenciar uma transição entre a educação infantil e o ensino fundamental, adotando, por exemplo, modalidades de trabalho coletivo que facilitam a adaptação de cada um às exigências da escola das crianças maiores, enquanto a pedagogia clássica da educação infantil é o trabalho de oficina. Como a turma que a precede ou a que a segue, deve-se desenvolver uma pedagogia da língua oral, propiciar a descoberta dos usos e funções do escrito, enriquecer a cultura escrita das crianças (por meio dos livros ilustrados de histórias, documentos e outros suportes sociais do escrito), enfim, fazer as crianças escreverem (nos dois sentidos: aprender a escrever e a produzir textos).

Qual é a missão específica da turma de alfabetização nesse processo? Nela, os alunos aprendem de maneira sistemática o código alfabético. No último ano da educação infantil, eles já tiveram a oportunidade de fazer numerosas descobertas sobre a existência do código, seu funcionamento, suas regras de correspondência, lendo e escrevendo. Já encontraram e estocaram na memória um número importante de palavras que alguns deles sabem "reconhecer" sem erro, isto é, ler ou mesmo escrever. Essa iniciação (sistemática), entretanto, não é concebida como uma aprendizagem programada imposta a todos. O ensino do código alfabético, missão tradicional da turma de alfabetização, visa somente a facilitar a identificação das palavras que compõem os textos, para propiciar, no final, uma leitura quase imediata dessas palavras, sem cansaço. Esse processo permite passar de uma leitura de laboriosa decifração para uma leitura corrente, relacionando as palavras entre elas nas frases e nos textos, sem que a criança fique presa ao esforço de ler palavra por palavra, perdendo o sentido geral daquilo que lê. A missão específica das primeiras séries do ensino fundamental é treinar os alunos para essa leitura corrente; por um lado, consolidando e fixando automatismos de decifração ainda frágeis e, por outro, aumentando o número de palavras reconhecidas diretamente, que os alunos já "conhecem de cor", porque são lidas e escritas frequentemente.

Em decorrência desse fato, as prescrições oficiais tornaram, ao mesmo tempo, mais leve e mais pesada o papel da turma de alfabetização:

– mais leve, pois a turma de alfabetização não é mais "a" classe de alfabetização, aquela que o aluno tem que repetir ao final do ano, quando "não sabe ler". Os conhecimentos trazidos pelas crianças que chegam à turma são consideráveis, embora heterogêneos e desigualmente dominados por umas e outras. Depois da turma de alfabetização, os primeiros anos do ensino fundamental dão continuidade à aquisição do código, permitindo retomadas e consolidações.

– mais pesada, porque o objetivo da turma de alfabetização não pode mais se reduzir a esse centramento maciço e quase exclusivo no código, que dava frequentemente às crianças, mesmo quando tinham sucesso, uma representação extremamente deformada da atividade de leitura. Todas as críticas concernentes à leitura em voz alta, em que se silabava o texto, apontaram os efeitos perversos de um tempo de aprendizagem tão mobilizado pela oralização exata das palavras que não permitia a valorização do sentido do texto.

Hoje, todos os professores estão bem conscientes de que a turma de alfabetização deve articular o trabalho com o código e com a compreensão textual, tanto em sua recepção (ler textos), como em sua produção (escrever textos). Como na educação infantil, as crianças devem escutar textos longos, que ainda não podem ler sozinhas, mas podem compreender, memorizar e discutir. Devem exercitar-se em produzir textos, que não podem ainda escrever sem ajuda, em forma de ditado feito para o adulto. Durante muito tempo considerada como uma turma à parte, a turma de alfabetização assume hoje os mesmos objetivos culturais e intelectuais das turmas que a antecedem e a seguem, mesmo conservando sua especificidade simbólica (para as crianças, a primeira turma da "grande escola": aquela em que se aprende a ler).

Modelos de ensino: utilizar ou não um livro didático na turma de alfabetização?

Apesar das críticas recorrentes em relação aos livros didáticos, os professores continuam a utilizar maciçamente os métodos de leitura. Uma minoria de professores experientes o dispensam explicitamente, particularmente os militantes Freinet, adeptos do método natural; outros acabaram por elaborar um método próprio, ao longo do tempo, ou, mais exatamente, instrumentos pedagógicos (como repertório de atividades, estoque de exercícios, corpus de textos de referência) aos quais sabem recorrer a seu gosto, de acordo com uma programação flexível, em função de projetos escolares que modificam a cada ano. Entretanto, a esmagadora maioria dos professores, mesmo os mais experientes, utiliza um livro de leitura, alguns deles de maneira muito duradoura (o que explica a longa permanência de certos manuais nas salas de aula, às vezes por mais de trinta anos), outros experimentam regularmente novidades, até que o desgaste do material os leve a pedir livros novos (de quatro a cinco anos).

No entanto, as modalidades de utilização mudaram. Enquanto o manual era, antigamente, o único livro das turmas de alfabetização, hoje muitos professores utilizam outros suportes adicionais. Os fichários e os cadernos de exercício que acompanham o manual se multiplicaram, e os professores os utilizam como lhes convém. Eles também fotocopiam baterias de exercícios provenientes com frequência de outros métodos de leitura, mantendo, entretanto, o uso cotidiano de um determinado livro didático. No decorrer do ano, são numerosos os que utilizam livros de literatura infantil, para que seus alunos leiam textos "autênticos".

Quais seriam as razões desses usos pragmáticos? Dois argumentos repetem-se regularmente para justificar o apego ao livro didático. O primeiro é que essa opção dá segurança às crianças e suas famílias. Chegar à escola das crianças maiores e conhecer "seu livro de leitura" faz parte das mais fortes expectativas das crianças. Os manuais são quase sempre organizados em torno de um ou dois heróis, colocados em imagem, com talento, pelos ilustradores. O apego afetivo aos personagens e aos lugares cujos nomes as crianças aprendem rapidamente a ler de cor e a respeito dos quais descobrem, pouco a pouco, as suas características e aventuras, acompanha as etapas de aprendizagem texto a texto. Para os pais, o manual é um mediador entre a escola e a família. É mais fácil ajudar seu filho ou falar com ele sobre a escola abrindo o livro que circula de um lugar para outro, do que reconstituindo as atividades a partir dos cadernos, por exemplo. O livro (a ilustração, os textos, a apresentação dos exercícios de análise e de construção do código) dá a cada um a imagem de um trabalho que está em desenvolvimento e que ainda continuará, permitindo também que os pais vejam o progresso de seu filho quando ele relê em casa o texto trabalhado em classe.

O segundo argumento é o de comodidade e de conforto para o professor. O livro didático é cômodo porque se trata de um material pronto para o uso, que organiza durante o ano as diferentes relações grafema-fonema e inventa pequenos textos a partir dos quais se vai trabalhar. O estoque de palavras que aparece a cada dia combina palavras novas com as já vistas, expurgando-se cuidadosamente as palavras-armadilha (as irregulares e as de ortografia rara). A apresentação impressa, regular (texto na página esquerda, exercícios de leitura na página direita, por exemplo) induz rapidamente uma rotina de trabalho que economiza muito tempo e permite às crianças anteciparem as tarefas a serem realizadas. O livro também traz conforto porque a energia economizada na preparação permite ao professor ter uma disponibilidade bem maior para as crianças durante o tempo da aula. Quando o professor prepara e realiza uma aula, parte de sua atenção é tomada, durante a atividade, pela condução e avaliação de sua preparação (distribuição e verificação do material, tomada de consciência a respeito de uma instrução mal formulada, modificação imediata de uma etapa do trabalho etc.). Por outro lado, quando se trabalha valendo-se de um suporte preparado por outros, claramente avaliado, rotineiro, é possível ficar mais atento ao desempenho e às dificuldades individuais. A utilização do mesmo manual por anos seguidos aumenta esse conforto, o que permite ao professor antecipar os momentos de dificuldade para cada criança e comparar intuitivamente prognóstico e diagnóstico.

Já as críticas feitas ao manual são o inverso de suas vantagens: a progressão dos conhecimentos avança de forma imutável: certas crianças "patinam" em sua aprendizagem, enquanto outras "patinam" por impaciência. As crianças que "perderam pé" em certo momento do percurso provavelmente teriam necessidade de retomadas individuais, difíceis de serem feitas em um ensino muito coletivo. No livro didático, os exercícios parecem limitados e estão frequentemente desarticulados das atividades de escrita e de produção de textos. Os textos a serem lidos são pobres em sua construção e pouco podem enriquecer a linguagem oral. Eles são compreendidos, evidentemente, por causa da simplicidade dos referentes geralmente esclarecidos pela ilustração e porque não há nenhum problema real de compreensão. Do ponto de vista do conteúdo, são mais simples do que os textos dos livros de histórias lidos pelo professor na educação infantil. Por fim, a vida na sala de aula apresenta ocasiões de aprendizagens informais, fora da progressão, que não podem ser integradas com facilidade ao uso do livro didático. É por isso que os professores introduzem exercícios suplementares vindos de outros lugares ou de outras leituras paralelas (fichas de leitura, livros, documentários etc.). Essas práticas, mais frequentemente feitas por jovens professores, proporcionam tanto trabalho quanto satisfação (preparar exercícios para explorar um livro, descobrir na prática que há problemas imprevistos etc.).

Os professores e os problemas do fracasso precoce em leitura

As escolhas pedagógicas dos professores não se realizam apenas fundamentadas em considerações técnicas, mas também em princípios, isto é, por adesão a valores. Esses não se fundam cientificamente, mas em normas éticas relacionadas a concepções de educação e do trabalho do professor. A dificuldade não está em enunciar essas normas, com as quais todos parecem estar de acordo, mas em transformá-las em regras de ação prática que permitam que se faça realmente aquilo que se diz pretender fazer. Todo mundo sabe que a aprendizagem do ler e do escrever é fundamental numa sociedade em que a escrita é um instrumento de trabalho e de poder e todos desejam que a escola seja um fator fundamental nos processos de aquisição dessas habilidades, particularmente para as crianças vindas de meio popular que podem, mais frequentemente que outras, fracassar no momento dessa aprendizagem.

Qual o papel dos instrumentos do trabalho pedagógico nesse processo? Quando se observam as avaliações de leitura realizadas com crianças de 8 anos, percebe-se que as dificuldades são de dois tipos: por um lado, um pequeno número de crianças tem dificuldades em identificar as palavras, não tendo fixado ainda as regras de decodificação. O que é interessante verificar é que a leitura das palavras aparece como uma competência escolar, uma das menos dependentes dos contextos sociais. Ela é quase tão bem-sucedida em escolas das Zonas de Educação Prioritárias (ZEPs)[2] como em outros

---

[2] Na França, zonas, geralmente localizadas em áreas com população composta prioritariamente por imigrantes, nas quais a ação educacional é intensificada para combater o fracasso escolar (N.R.).

locais, o que leva a pensar que as crianças que fracassam nesse aspecto têm necessidade de um cuidado específico. Entretanto, para uma importante minoria ("estatisticamente" de origem popular), a dificuldade reside na compreensão das frases e dos textos: a leitura a que tiveram acesso não lhes permite (ainda) integrar facilmente as palavras numa unidade-frase e as frases numa unidade-texto.

Quais seriam as razões para que isso ocorra? A decodificação, ainda trabalhosa, absorve toda a energia dessas crianças? Elas encontram palavras novas demais ou com sentido incerto nos textos que lhes são dados? Os alunos e alunas se encontram muito longe dos conteúdos evocados pelos textos? Sabe-se que, se quisermos inverter as estatísticas habituais, basta dar textos sobre futebol: os meninos tornam-se, então, melhores leitores do que as meninas... A luta contra o fracasso escolar em leitura – se não se quer permanecer nas boas intenções – deve se interrogar sobre os instrumentos de trabalho. Um método de leitura não pode pretender transformar magicamente o fracasso em sucesso. Por outro lado, pode, por suas escolhas didáticas, ratificar uma situação que todos criticam, contribuindo até mesmo para reforçá-la. Assim, organizado em torno de um livro ou de um fichário, um método leva a escolhas de pedagogia coletiva ou de pedagogia diferenciada. O que pensar sobre isso?

Didática e pedagogia: as escolhas induzidas pelos instrumentos de trabalho e sua prática na sala de aula

Os manuais de leitura programam, geralmente, uma pedagogia coletiva, através de uma progressão única, cuja vantagem é fazer da turma uma comunidade de trabalho. Todos leem os mesmos textos, fazem os mesmos exercícios que se tornam a experiência compartilhada do grupo e constitui a sua memória. Pode-se, então, lembrar em sala de aula o que foi feito "por todo mundo", mesmo que nem todos tenham alcançado os objetivos. Os textos lidos em voz alta são compartilhados, e as crianças que têm dificuldade em lê-los sozinhas sabem exatamente o que aconteceu ao herói da história no episódio do dia. Para ser eficaz (e suportável para a maioria dos alunos), essa pedagogia visa a um nível de desempenho médio e supõe idealmente que a turma "avança". Na realidade, os professores percebem os limites dessa ficção e não sabem o que fazer com as crianças que "perdem o pé". É preciso esperar? Dar a elas outra coisa para fazer? Como colocar em prática uma "pedagogia diferenciada" que lhes permita progredir a partir de seu nível real? Imaginar que os alunos que tiveram dificuldades poderiam ter um atendimento, mais tarde, à parte ou em pequenos grupos, com ajuda particular, permanece no terreno das boas intenções. Quando ocorreriam tais recuperações? Seria imediatamente, no tempo da sala de aula, que se deveria agir; entretanto, o professor nem sempre está disponível nesse momento.

Fichários de leitura diferenciada estão atualmente disponíveis para que se vá nessa direção. Eles propõem baterias de exercícios com dificuldades hierarquizadas, adaptados a níveis diferentes. Essa solução tecnicamente sedutora é uma faca de dois gumes. Em primeiro lugar, a turma perde suas referências comuns: as correções de exercício, feitas individualmente, não permitem à turma saber o que fazem "os outros". Além disso, em se tratando de aprendizagem de leitura, as fichas de trabalho autônomo são frequentemente uma armadilha: por definição, aqueles que têm dificuldade para ler não são "autônomos" e esperam quase sempre o final da atividade, sem estarem certos de ter compreendido o exercício (mesmo quando, com a ajuda do vizinho de grupo, marcam as respostas corretas). Enfim, pode-se ficar inseguro com os resultados a longo prazo da divisão dos alunos em grupo, de acordo com o nível (rápido, médio, lento: modelo frequente nas turmas norte-americanas), aos quais os professores dão atividades escolares "adaptadas". As distâncias entre grupo se fixam e quase sempre aumentam.

Um método de leitura não pode, por si só, nem criar uma comunidade de classe nem uma pedagogia diferenciada. Por outro lado, ele pode tornar, por suas escolhas didáticas, tanto uma quanto outra, muito difíceis. As duas precauções que se podem exigir de um método são, por um lado, prever instrumentos que favoreçam um compartilhamento de textos de referência da classe, condição necessária (mas não suficiente) de uma cultura comum que integre os leitores mais fracos (textos lidos pelo professor, parlendas aprendidas de cor); por outro lado, conceber tarefas individuais que os alunos melhores possam fazer sozinhos, liberando o professor para uma trabalho mais próximo com os outros.

Exemplo de um instrumento "clássico" fora da progressão: as parlendas

Entre os textos de referência que constituem a cultura comum de quase todas as turmas de crianças pequenas, as parlendas, as poesias e as canções têm lugar especial. Elas foram compostas para ser memorizadas e frequentemente fazem parte da cultura familiar. Têm estruturas rítmicas variadas, algumas são curtas, outras longas, e as crianças podem aprender facilmente uma nova a cada semana. Como integrá-las na aprendizagem da leitura? Pode-se pensar que elas não são adequadas nesse caso, pois as crianças conhecem seu texto antes de ler. Na verdade, elas têm papel essencial para fixar as relações entre grafemas e fonemas estudados e, por outro lado, para despertar o interesse dos alunos sobre a maneira como é "codificado", na escrita, palavra por palavra, um texto que conhecem literalmente e não apenas semanticamente.

Para os alunos que estão quase lendo, elas oferecem um grande prazer do qual seria pena privá-los: quando veem os textos impressos, descobrem que podem lê-los tão depressa quanto o professor e que ler, "quando se têm todas as palavras na cabeça", é realmente fácil. Por outro lado, as parlendas são um oral-escrito essencial para os que têm necessidade de progredir na escuta da língua escrita escolar (crianças estrangeiras, crianças com dificuldades auditivas e articulatórias) e para as que chegam na turma de alfabetização sem ter adquirido o princípio alfabético.

Descobrindo por escrito um texto que conhecem de cor, as crianças devem aprender a colocar em correspondência a cadeia oral e o texto escrito: descobrir cada palavra do texto impresso, com os brancos que separam a frase em unidades diferentes da linguagem oral. É preciso encontrar nas palavras a regularidade das correspondências fonografêmicas (ou seja, vê-se de que maneira o oral é codificado pelo escrito).

Como elas não são indefinidamente repetidas, as crianças logo deverão recorrer ao suporte impresso para redizê-las sem erro, tal como se recorre a uma partitura musical para tocar uma peça que já soubemos de cor, mas que esquecemos um pouco: elas permitem a todas as crianças, mesmo às mais lentas, a experiência gratificante do "reconhecimento direto das palavras", mesmo que ainda não tenham chegado a isso no seu processo normal de leitura. Por essa razão, deve-se ajudá-las a compreender "como isso funciona" e a perseverar.

O que causa admiração é que esse instrumento presente em todas as classes é geralmente subutilizado pelos professores numa perspectiva de aprendizagem e só é integrado nos manuais de forma anedótica. Por quê? Para os professores, "ler de cor não é ler" e eles temem que as crianças construam uma falsa representação do ato de ler. Entretanto, nunca se fez essa crítica aos partidários dos métodos naturais que fazem as crianças lerem a frase que enunciaram, que também já era conhecida antes de ser lida. O que se teme é o "ler de cor", que deixou má lembrança no inconsciente escolar (aprendizagem mecânica, memorização literal, quando se repete sem compreender, como um papagaio). Os professores têm evidentemente razão de dizer que "ler um texto conhecido não é ler", mas poderíamos dizer que "ler em voz alta" ou "ler decifrando sílaba por sílaba" também não é ler. Entretanto, sabe-se o quanto essas atividades são essenciais para as crianças. Nesse caso, vê-se como o modelo de ensino fica paralisado pela representação que se faz do (bom) modelo de aprendizagem.

As prioridades didáticas dos métodos atuais e as margens de liberdade do professor

É o professor que conduz a turma, organiza as atividades, ajuda os alunos e julga seus resultados. Isso significa que ele não pode apenas ser aquele que executa um programa, pois o sucesso de seus alunos depende da margem de iniciativa em que ele cria sua maneira de dar aula. O professor não tem de lidar com "sujeitos cognitivos em desenvolvimento", mas com um grupo de crianças, cada uma com sua história singular. Para cada uma delas, a entrada no ensino fundamental é uma aventura emocional e social, atravessada por esperanças e temores, desejos e frustrações, prazeres e decepções, antes de ser "uma experiência intelectual". As pesquisas sobre aquisição da leitura e da escrita esclarecem pouco sobre o enorme investimento de energia que a aprendizagem da leitura exige de cada criança. Não há dúvida de que a qualidade afetiva das relações com o professor é essencial para sustentar tal mobilização durante esse tempo. Todo professor sabe que a vida da turma, o convívio ou a competição entre as crianças, a confiança ou a desconfiança dos pais em relação ao seu trabalho, a solidariedade ou a indiferença dos colegas pesam muito no sucesso ou no fracasso, pois disso depende a confiança em si mesmo e nas crianças.

O professor, então, tem sempre de administrar pressões contraditórias: deve "fazer a turma progredir", isto é, considerá-la como um grupo que pressiona necessariamente seus membros a adotar comportamentos normalizados, enquanto os pais muitas vezes sonham com uma classe que siga o modelo das "aulas particulares".O professor deve, ao mesmo tempo, estar atento à maneira como cada criança se beneficia ou não das atividades coletivas, a uma prioridade (evitar a qualquer preço que uma criança fique rejeitada, à margem do grupo e das aprendizagens) e a uma preocupação (tornar as situações escolares "mais eficazes", em relação aos resultados intelectuais, mas não somente isso). Essas pressões favorecem uma concepção "tecnicizada" de seu trabalho, inteiramente mobilizada pela forma, e não pelo conteúdo das leituras, no momento em que seria essencial, entretanto, que ele aparecesse como o mediador cultural autorizado, o leitor experiente, com o qual a classe deveria se identificar. Esse desvio tecnicista é encorajado pela incursão da pesquisa na pedagogia da leitura: material concebido por psicólogos (hoje, construtivistas ou cognitivistas), segundo critérios linguísticos ou cognitivos científicos, torna-se rapidamente objeto intocável. Refugiar-se atrás do método é, então, um reflexo defensivo para o professor pouco seguro de sua competência; reflexo protetor, mas desqualificador. Como os instrumentos utilizados no dia a dia podem dar ao professor uma posição de "leitor-de-referência", mestre e não servidor do método? O professor deve se apropriar de seus "instrumentos de trabalho" de maneira pessoal, ao menos de três modos: lendo em voz alta textos que vão, como na educação infantil, fazer trabalhar a compreensão textual, ao longo de um diálogo coletivo; selecionando, entre as atividades propostas, aquelas que atendem as suas prioridades; relacionando as atividades de leitura e escrita a seus projetos de classe e ao trabalho das outras disciplinas.

Assim, para satisfazer às prescrições oficiais, às demandas dos professores e às evoluções das aprendizagens, um dispositivo pedagógico, seja ele elaborado pelo professor seja ele elaborado pelo editor, é sempre um misto de pressões contraditórias. É preciso, ao mesmo tempo, de:

- um leque de atividades e de exercícios que se repetem regularmente, para permitir que as crianças possam antecipar suas tarefas, elaborar estratégias eficazes, tornar eficientes os gestos de trabalho. Entretanto, esse leque deve ser suficientemente variado para permitir ao professor escolher e modular suas exigências, em função do momento do ano, do nível de sua turma e da heterogeneidade de seus alunos;

- uma progressão com retomadas em espiral, de maneira a permitir a certas crianças estabelecer-se com firmeza no momento em que outras vão rever e consolidar aquisições já feitas;
- conteúdos de leitura que permitam às crianças compreender textos mais longos, mais ricos, mais complicados do que os que descobriram na educação infantil;
- pistas de trabalho para integrar a leitura e a escrita às outras disciplinas (ciências, artes plásticas etc.). É aí que o professor pode introduzir autênticos suportes de leituras variadas (revista, documentário, livros ilustrados etc.) que não foram criados para ensinar a ler. Um método deve ser compatível com uma pedagogia de projetos.

Preparar um material didático (de modo artesanal, para si mesmo ou para um grupo de colegas, ou de modo comercial numa editora) visa a economizar tempo e energia, ou seja, liberar e fazer crescer o investimento do professor no trabalho de sala de aula. Vê-se bem que há uma contradição potencial entre os dois primeiros objetivos e os dois últimos, uns enfatizando o trabalho com a "leitura-código" (com textos muito simples, às vezes "pobres", fáceis de compreender); outros, o enriquecimento cultural e o uso social da leitura.

Modelos teóricos da leitura em concorrência hoje

Nos anos 1970-1980, os métodos de ensino foram questionados pelos modelos, vindos dos Estados Unidos, que descreviam o ato de ler de um leitor experiente. A leitura visual que permite ler mais depressa do que a voz e selecionar a informação varrendo a página, tornou-se o objetivo a ser atingido precocemente. A leitura oralizada foi então criticada como inútil ou até mesmo nociva na aprendizagem, pelo fato de induzir uma falsa representação do ato de ler e de fixar em numerosas crianças reflexos de subvocalização, barrando a entrada na leitura rápida, ideovisual (isto é, relacionando a imagem escrita ao sentido da palavra, sem mediação "sonora"). Numerosos exercícios inéditos apareceram então em certas coletâneas didáticas, levando as crianças a reconhecer as palavras diretamente (fixando seu olhar no meio da palavra), a tomar consciência de sua rapidez de leitura (ou de sua lentidão), a se exercitarem em procedimentos seletivos de acesso à informação nos textos. Na verdade, essas abordagens se relacionavam mais com as turmas mais adiantadas do que com as de alfabetização. Por outro lado, a teoria ideovisual do ato de ler sem dúvida reforçou na educação infantil a "pedagogia das etiquetas", reconhecidas globalmente, sem análise.

Nos Estados Unidos, fonolinguistas e psicólogos cognitivistas combateram a teoria ideovisual da leitura e preconizaram a volta de uma abordagem fônica. Para eles, a leitura rápida visual adulta não poderia servir de modelo para a aprendizagem inicial, pois, mesmo no caso de leitores experientes, a mediação fonológica continua presente (ler uma palavra, mesmo mentalmente, ativa a "imagem sonora" dessa palavra, sem subvocalização). O reconhecimento direto de palavras, "globalmente" (fotografando-as mentalmente, como se memoriza um rosto) só pode levar, segundo eles, a um impasse: sobrecarrega-se indevidamente a memória da criança, habituando-a a "adivinhar" o sentido da palavra no contexto, correndo o risco de assim se enganar. É preciso, então, oralizar para fixar de início o domínio progressivo das correspondências grafema-fonema, descobertas nas palavras regulares, generalizadas para outras palavras (o que produz erros, se as palavras são irregulares) e, em seguida, moduladas, apoiando-se sobre regras mais complexas (o ch de chuva), levando-se em conta frequências da língua, das famílias de palavras (chuva/chuveiro) e do léxico adquirido por escrito e oralmente.

Na França, esse debate esteve muito presente nos espaços de formação de professores, mas quase não teve influência nos manuais, como várias pesquisas mostraram. Os métodos de leitura permaneceram "fônicos[3]", com raras exceções, seja no método silábico, seja no método global, ainda seja no método natural. As divergências relacionavam-se, sobretudo, com o que era priorizado como unidade central do trabalho pedagógico a partir da qual se fazia a análise. Para o método silábico, a unidade era a palavra; para o método global ou natural, a unidade era a frase (ou o texto) e era preciso que as crianças descobrissem as palavras, antes de analisar seus elementos constituintes. O "método global" de Decroly só é "ideovisual" em suas primeiras etapas, levando muito depressa à análise. Por outro lado, o método das palavras inteiras ("*global method*" ou "*whole word method*"), ideovisual sem decomposição, foi utilizado nos Estados Unidos e na Inglaterra até os anos 1960, antes da volta aos métodos fônicos.

Hoje há um consenso sobre a necessidade de mobilizar a atenção dos iniciantes sobre as relações grafofonêmicas. As crianças devem descobrir o "princípio alfabético", isto é, o fato de que o escrito codifica, não as unidades-palavras, mas os sons da língua oral, o que é mais difícil de imaginar pelo fato de as regras de transcodificação não serem regulares em francês.[4] As crianças devem, em seguida, fixar na memória as regularidades das correspondências; entretanto, nenhum estudo descreve a eficácia comparada de diversas progressões, nem o papel das regras induzidas a partir de sílabas ou de palavras conhecidas de cor. Por outro lado, há um debate sobre a questão de saber se a consciência fônica (a capacidade de discriminar os fonemas oralmente) se constrói na aprendizagem da leitura ou se pode precedê-la e facilitá-la.

---

[3] Ou seja, utilizando sistematicamente a oralização. A autora não está se referindo, aqui, ao que veio a ser conhecido como o método fônico (N.R.).

[4] É o mesmo caso da língua portuguesa (N.R.).

Há igualmente uma discussão sobre o papel da sílaba (e as relações entre sílabas orais e escritas) na aprendizagem. Enfim, o trabalho dos cognitivistas especialistas do código deixa intacta a questão da compreensão não literal (além da relação palavra a palavra). Como fazer coexistir, na mesma atividade de aprendizagem, identificação de palavras e compreensão do texto, que não focalizam as mesmas unidades e não se validam da mesma maneira?

A evolução recente dos métodos franceses para a leitura das palavras e a decodificação

A parte dos métodos que se ocupa do código e da identificação das palavras é classicamente "fônica[5]". Não se obriga mais a criança a memorizar ou reconhecer as palavras "globalmente", apenas: a cada vez que reconhece "diretamente" uma palavra, a criança deve ser também capaz de dizer de que modo a reconheceu, que elementos lhe serviram de índice. O professor focaliza assim a atenção sobre os elementos constituintes observados (letra inicial, vogal, pernas do *p* ou do *q*, hífen, acentos etc.). Não se procura mais produzir uma "soletração fonética" exaustiva (como nos métodos fonografêmicos dos anos 1970), mas fixar prioritariamente as correspondências regulares frequentes (entre arquifonema e arquigrafema).

Mesmo quando isso não é explicitado, a maior parte dos métodos lida sempre com várias entradas paralelamente:

- grafofonêmica (correspondência grafema-fonema em exercícios de decodificações clássicos) e
- fonografêmica (quando se pede que as crianças leiam textos que já escutaram muito, a ponto de sabê-los de cor).

Os exercícios sobre o nome das crianças da turma ou o dos heróis dos livros permitem que os alunos tomem consciência

---

[5] Ver a nota 3 (N.R.).

do princípio alfabético (o escrito codifica o oral, e as "letras" codificam "sons") e que memorizemas correspondênciasregulares (descobrirse um determinadosom é ouvido em tal palavra etc.). Todos os métodos fazem também memorizar "as palavrinhas" que é preciso saber escrever de cor, os artigos e os pronomes, as preposições, os advérbios (eu, tu, ele, ela, sobre, por, ao; aqui, lá, sim, não, ainda, mais, muito etc.).

Um trabalho mais ou menos sistemático é feito com as variantes tipográficas das letras (hoje se dá de novo o direito de designá-las por seu nome – A, Bê, Cê – e não somente como fonemas): o professor deve fixar as equivalências entre minúsculo-maiúsculo,escrito-cursivo, para fixar a unidade do grafema tão claramente como a unidade fonêmica. Enfim, todos os métodos favorecem (ou dizem favorecer) as atividades de produção escrita (apoiando-se no ditado ao adulto e na cópia das palavras), numa perspectiva da transcodificação ortográfica (e não "fonética").Nesse nível, as atividades de compreensão de frases (verdadeiro/falso) dos cadernos de exercícios são atividades de compreensão literal, possível por meio da leitura palavra por palavra.

Modelos de aprendizagem
e métodos de ensino da leitura

É necessário distinguir entre as teorias que criam modelos para o ato de ler (do leitor experiente ou do leitor adulto "fraco") e as teorias que criam modelos para a aquisição da leitura. Trata-se, aqui, mais de aquisição do que de aprendizagem, pois os modelos tentam explicar tanto como leem os seres humanos quanto as máquinas (que podem transformar textos em voz). Os cognitivistas trabalham com simulações de aprendizagem por computador, e modelos "conexionistas" foram elaborados para explicar como uma máquina "aprende", isto é, como enriquece e modifica seu programa de tratamentoda informação, na medida em que é ensinada sobre seus "erros de leitura". Uma das grandes questões é saber se os processos que conduzem progressivamente a uma leitura corrente são vinculados aos que conduzem à escrita. Se por um lado nos trabalhos que investigam a aquisição da língua oral é a capacidade de falar que é estudada, quando se trata da língua escrita, numerosos modelos tratam da leitura, independentemente da capacidade de escrever. Os modelos, exatamente porque são modelos, fazem abstração dos dados contextuais da aprendizagem, aqueles que guiam as ações do professor. No entanto, entre teorias da leitura, modelos científicos da aprendizagem e escolhas pedagógicas, a relação é espontaneamente concebida como descendente (a pesquisa alimenta a pedagogia), com riscos de aplicacionismo (a pesquisa produz pedagogia).

Essa relação pesquisa-pedagogia manifesta-se nos conteúdos (o que se deve ensinar?) e nas formas (como fazer para ensinar?). As inovações didáticas procuram, assim, fundamentar-se em saberes científicos ignorados pela tradição (por exemplo, na forte correlação percebida entre consciência fonológica precoce e aprendizagem do código alfabético), e tais saberes podem logo se transformarem propostas pedagógicas (treinar sistematicamente a consciência fonológica das crianças através de exercícios apropriados) que, supõe-se, vão tornar mais eficaz o processo de alfabetização. O treinamento em uma situação criada pelo psicólogo, em que estão presentes ele, como pesquisador, e a criança pesquisada, com fins de experimentação, torna-se, assim, um modelo para uma pedagogia coletiva. A turma deve manifestar, em sua organização e suas escolhas, uma adaptação às modalidades de aquisição descritas pelos estudiosos do assunto. Assim, quando hoje se olham certos cadernos de exercícios, as fichas de treinamento e os protocolos de avaliação, vê-se uma concepção de aprendizagem fragmentada em múltiplas habilidades parciais, raramente hierarquizadas. Nesse material, podemos perceber a presença dos protocolos das novas pesquisas, reciclados em exercícios, ao lado das antigas práticas: depois da voga dos exercícios fonológicos, houve a voga das atividades metafonológicas e metassintáticas. As situações destinadas a diagnosticar a "clareza cognitiva" dos alunos produziram, assim, seu lote de exercícios, bem como as "oficinas de escritas inventadas". Quando um pedagogo encontra uma situação de exercício cômoda (fácil de fazer funcionar coletivamente, num tempo curto e fácil de ser avaliada), ela é rapidamente copiada por outros tipos de material didático. Dessa maneira, pode-se dizer que a pesquisa faz evoluir a prática dos professores, fornecendo-lhes baterias de exercícios renovados. O erro seria acreditar que a execução do exercício por si só produz aprendizagem: o professor deve fazer trabalhar juntas crianças que não "escolheram" aprender a ler e a escrever, ao passo que as pesquisas em psicologia da aquisição estão centradas no "aprendiz". Criar condições para um trabalho coletivo, com uma multiplicidade de aprendizagens (não só da leitura), numa situação de pressão institucional continua sendo responsabilidade do professor.

Diferenças entre modelos de aprendizagem cognitivistas e construtivistas

Pode-se perguntar se a oposição entre cognitivistas e construtivistas não teria, em parte, sua fonte nas duas metodologias do trabalho científico por eles utilizadas: os primeiros aplicam exercícios, em situações com protocolos muito controlados, e analisam os efeitos do treinamento na grande tradição da psicologia experimental; os segundos observam as crianças em "situações ecológicas" (como manipulam um material, respondem a uma instrução, avaliam a própria ação), recolhem esses dados e descrevem processos longitudinais de desenvolvimento, na grande tradição da psicologia genética (Wallon, Piaget, Vygotsky). Em relação à leitura, as duas abordagens concordam quanto à importância da descoberta e do domínio do código, mas não têm o mesmo ponto de vista em relação a sua aquisição. Para os cognitivistas, a criança descobre as regras da combinatória quando, em situações lúdicas e interativas, é levada a percebê-las claramente. Essas regras são adquiridas progressivamente por meio de exercícios sistemáticos; as crianças chegam, assim, à identificação automática das palavras graças ao treinamento. Para os construtivistas, por outro lado, um ensino direto só é eficaz se a criança pode "entendê-lo", o que nem sempre ocorre. As crianças têm representações do escrito e seu funcionamento que podem levá-las a não integrar as novas informações que lhes são dadas. Elas (re)constroem regras de correspondência parciais, de maneira localizada, servindo-se de material que domina bem (seu nome, por exemplo), modificando, em seguida, as representações errôneas que forjaram para si mesmas, em situações-problema, que o professor deve programar astuciosamente. Para os construtivistas, um método que programa uma progressão *a priori* traz o risco de provocar o fracasso de muitas crianças. Por outro lado, quando conduz atividades de escrita espontânea (que manifestam o nível que as crianças estão em relação à sua "construção do código"), o professor tem elementos para acompanhar (e não pré-programar) de maneira mais flexível as etapas de entrada na leitura.

Escolhas de ensino e modelos de aprendizagem

Por trás da oposição entre as abordagens dos cognitivistas e a dos construtivistas podem ser reconhecidos dois grandes modelos de ensino: de um lado, o ensino centrado no professor, que define as progressões, distribui exercícios e avalia os resultados no final da atividade; de outro, as novas pedagogias, com métodos ativos, oficinas livres, situações-problema etc. Essa oposição é evidentemente uma caricatura, pois Freinet foi um dos primeiros educadores a introduzir protocolos de "ensino programado" (fichas autocorretivas, planos de trabalho ou cartazes diretamente inspirados na psicologia experimental behaviorista). Na verdade, há, no tempo da aula, momentos para as atividades de descoberta e outros para exercícios de reforço e reinvestimento, que demandam diferentes estratégias de trabalho. Além disso, o mesmo exercício pode ser aplicado a uma criança como simples exercício de reforço e, para outra, como um exercício de aprendizagem. Não se pode, então, aceitar a simplificação de se considerar a coexistência de modalidades heterogêneas de trabalho como um signo de incoerência pedagógica.

Por outro lado, vê-se que o modelo cognitivista produz facilmente material pedagógico comercializável, enquanto o modelo construtivista, mais centrado nas produções das crianças e nas interações aluno-professor, não pode tão facilmente se difundir como material para pronta utilização. Pode-se, então, dizer que o modelo construtivista predomina nos discursos (nos textos oficiais, assim como nos espaços de formação de professores, valoriza-se a pedagogia de projetos, as interações, a diversidade etc.), enquanto o modelo cognitivista tem vantagem na prática (através do material didático).

Cognitivistas e construtivistas trouxeram elementos importantes para se evitar que haja exigências prematuras na programação do processo de alfabetização e mostraram como certos "erros" das crianças fazem parte da dinâmica da aprendizagem. Os construtivistas observaram, por exemplo, que muitas crianças, em uma etapa de sua construção do código, pensam que cada letra codifica uma sílaba (que é, para elas, uma unidade sonora fácil de registrar). Do mesmo modo, os cognitivistas notaram que as crianças cometem, em determinado momento, erros de regularização: tendo fixado uma correspondência regular, fazem-na funcionar além de sua validade (por exemplo, no momento em que sabem ler "*femme*" convenientemente, passam a ler /fém/ numa etapa ulterior, a partir da referência do valor do e diante de uma letra dupla, não admitindo que haja exceções).[6] O professor deve

---

[6] Mantivemos o exemplo em francês, na medida em que, na língua portuguesa, esses "erros de regularização" quase não ocorrem na oralização das palavras. Eles são frequentes na escrita: a criança tende, por exemplo, a escrever ursso depois que se apropria da norma de que, para o fonema /s/, grafa-se ss (N.R.).

saber reconhecer esses "bons" erros como indícios de aquisições em curso e levá-los em conta, mas sem incluí-los em sua progressão de aprendizagem e muito menos ensiná-los, sob o pretexto de que eles seriam etapas necessárias. Os modelos científicos do processo de aprendizagem não permitem, assim, definir diretamente uma progressão de ensino.

Para um professor, os modelos científicos de aprendizagem são menos importantes do que suas escolhas de ensino em uma situação coletiva. Em tese, todos os professores acham que um ensino direto é eficaz; entretanto, nem todos os alunos conseguem fazer bem o mesmo exercício, ao mesmo tempo. Pode-se tentar reduzir essa defasagem temporal, buscando refazer individualmente novos exercícios do mesmo tipo ou tentando compreender qual é a dificuldade dos alunos. A vantagem de uma "pedagogia de situações-problema" é tornar visível para o professor o que o ensino direto mascara (presta-se atenção em como a criança hesita, engana-se, tem sucesso). Da mesma maneira, o trabalho em duplas ou em pequenos grupos propicia que cada aluno mostre e diga o que faz e, ao mesmo tempo, veja e compreenda o que faz outra criança. Essas situações permitem interações criança-criança e adulto-criança no momento em que ocorrem, o que pode produzir bons efeitos se o adulto souber intervir de maneira pertinente, quando a situação de interlocução não for suficiente para garantir a aprendizagem. Por outro lado, como o professor não pode interagir com todas as crianças, são necessárias retomadas coletivas que permitam encerrar a atividade e legitimá-la. Sem isso, as situações de "conflito cognitivo" (por exemplo, quando as regras de codificação-decodificação são questionadas em função das "exceções") estimulam a curiosidade de uns, mas desestabilizam (não intelectualmente, mas em termos escolares) os que esperam uma direção do professor: na incerteza, eles esperam ou perdem o interesse pela tarefa. As situações que permitem as interações sempre tomam tempo, e pretender tratá-las de forma econômica penaliza quem elas objetivam, prioritariamente, ajudar. Afinal, deve-se levar em conta que o essencial do trabalho quando se constrói um método é fazer escolhas sobre as temporalidades das aprendizagens.

Conceber uma progressão para um ano escolar

A maior dificuldade que um método enfrenta é a distribuição das atividades no tempo. Há o tempo curto do dia, o tempo cíclico da semana, os períodos escolares interrompidos pelas férias, o tempo longo do ano escolar. Como não se pode fazer tudo ao mesmo tempo, é preciso decidir a ordem das atividades, de maneira que "as crianças se organizem". Fixam-se, então, protocolos de trabalho que, uma vez estabilizados, vão permitir a cada atividade pontual apresentar sua novidade, no dia a dia de um quadro permanente. Pode-se fazer essa afirmação em relação a todas as atividades escolares.

A especificidade da turma de alfabetização é um fenômeno que todos os professores conhecem e que não tem equivalente: em um dado momento, para a criança, a "maionese fica no ponto" e assiste-se a uma mudança qualitativa que modifica todas as relações que estabelece com a escrita. Habilidades localizadas, aparentemente independentes umas das outras, transformam-se em "competência geral". Mesmo depois de anos de trabalho em turmas de alfabetização, os professores nunca se habituam completamente a esse pequeno milagre, que esperam com ansiedade, pois ele permanece sempre, em parte, imprevisível. As coisas seriam simples se todas as crianças efetuassem ao mesmo tempo – ou quase –, ao final de um trimestre de aulas, essa "entrada na leitura", como consequência previsível e programável dos exercícios feitos anteriormente.

Com efeito, para as Instruções Oficiais de 1923, três meses de treinamento intensivo de decifração pareciam um tempo suficiente para passar para a leitura corrente; constata-se sempre, empiricamente, que muitas crianças já "sabem ler" no Natal, depois de um trimestre de trabalho. Muitas crianças, mas não todas: como fazer com que crianças, que não se encontram no mesmo "ponto" de aprendizagem, trabalhem juntas? É preciso prever, em determinados momentos, atividades separadas para umas e outras? Muitas turmas, mas não todas: como conceber um manual utilizável fora dessa ficção estatística, que é a "turma normal", já que em certas turmas há, no máximo, apenas uma ou duas crianças que já são capazes de ler no Natal?

Um instrumento pedagógico destinado a um uso coletivo cotidiano não pode ser concebido a partir do modelo de uma situação de aquisição experimental. Nenhuma progressão resulta necessariamente de referenciais científicos (qualquer que seja a teoria de referência), ao passo que um método de leitura é, por definição, um método de ensino, que deve determinar uma progressão *a priori* Ele parte da hipótese de que o ensino direto é eficaz, senão ele se autodestrói! Mas o método deve fazer escolhas compatíveis com a percepção que os professores têm das dinâmicas de aprendizagem. Por exemplo, quando os métodos silábicos das décadas de 1920 a 1940 transformaram-se em métodos mistos, depois da Segunda Guerra Mundial, uma etapa de "leitura global" (memorização do nome dos heróis, pequenas frases etc.) foi sistematicamente introduzida, para deixar às crianças um tempo de reter o estoque de palavras com que fariam as primeiras análises. Esse é ainda o procedimento clássico de numerosos métodos nos anos 1970-1980. Ora, pesquisas mostraram que essa etapa, prevista para durar duas ou três semanas, foi reduzida para alguns dias por numerosos professores, tanto pela recusa da "abordagem global", quanto, sobretudo, porque as crianças saídas da educação infantil já tinham saberes sobre o código alfabético que tornavam essa etapa pertinente na progressão didática e psicológica, mas inadequada à realidade pedagógica.

---

[7] O ano letivo na França, assim como em vários outros países europeus, tem início em setembro (N.R.).

Todos os métodos comerciais da atualidade dividem a abordagem dos 36 fonemas da língua francesa nas 36 semanas (teóricas) do ano. A ordem do aparecimento dos fonemas varia; entretanto, há constantes: as vogais surgem rapidamente, e a escolha das consoantes depende de sua frequência na língua oral e da simplicidade das grafias. Espera-se o terceiro trimestre, quando a maioria das crianças já sabe ler, para reorganizar o que se aprendeu por fragmentos, para fazer uma revisão das letras que mudam de valor (*g/j*, *g/gu*, *c/s/* etc.) e para abordar as grafias complexas. Certos métodos apresentam, então, dois ou três fonemas "fáceis" por semana, em certos períodos, um só "difícil" (/*s*/, por exemplo) em outros, deixando ao professor o cuidado de modular o ritmo, se necessário. Os morfemas (terminações das palavras, desinências verbais) são apresentados no desenrolar dos textos, e certos manuais propõem algumas retomadas sistemáticas.

Entretanto, a focalização em um "som vedete", ligado à sua grafia mais frequente, não impede a apresentação de textos em que se encontram grafias-fonias não estudadas: mesmo que o som /*ch*/ tenha sido programado explicitamente para janeiro ou março, um texto de outubro pode falar de *chapéu* ou *chuva*. As crianças vão ler as palavras com a ajuda do professor e reconhecê-las; supõe-se que essa impregnação prepara o terreno para o estudo explícito que se fará posteriormente. A liberdade que se dá sobre esse ponto varia segundo os autores dos métodos. Certos métodos visam à economia lexical que permite um avanço rápido numa decifração exaustivamente bem-sucedida; outros apresentam logo maior estoque de palavras às crianças, contando com reconhecimentos feitos de forma "global" ou levando-as a memorizar ou decifrar, mesmo que pouco. No primeiro caso, o avanço é fácil e gratificante para as crianças, mas as dificuldades multiplicam-se após cerca de dois meses de trabalho, quando a representação simplista da correspondência estável letra-som não se sustenta e deve ser recomposta de outra maneira. No segundo caso, o avanço é mais lento, mas o estudo das grafias múltiplas para um som ou valores múltiplos para uma grafia pode se apoiar sobre uma familiaridade anterior em relação às palavras. Na verdade, não se dispõe de pesquisas sobre os efeitos práticos dessas variáveis didáticas.

Os livros didáticos são, então, organizados de maneira mais ou menos linear, em torno dos fonemas estudados, com um crescimento progressivo do léxico, na medida em que o estoque de palavras tende a se capitalizar ao longo do tempo. Os textos introduzem palavras novas à proporção que elas se tornam "decodificáveis" e reutilizam as palavras já conhecidas. O esquema de base é mais ou menos o mesmo a cada sequência: descoberta de um texto, com a ajuda de uma ilustração que fixe uma situação, uma ação e personagens. Retira-se daí uma frase e palavras, em torno das quais se trabalha durante a aula. Exercícios permitem reconhecer e depois "manipular" frases, palavras, sílabas, fonemas. Verifica-se a "compreensão" em exercícios de interpretação literal, o que, evidentemente, tem seus limites: marcar com um x no verdadeiro ou no falso, diante de palavras que remetem ao texto, por exemplo, faz com que uma criança que responda ao acaso acerte na metade dos casos. Os exercícios de escrita (palavras para escrever de cor, frase para ser copiada) reforçam as aquisições visadas. As variantes incidem sobre a quantidade e a diversidade dos exercícios, sobre o lugar atribuído à escrita (atividades gráficas e cópias) e sobre a produção de texto (a partir de imagens, de textos para completar). Outro ponto que difere um método de outro se relaciona ao ritmo e às modalidades das retomadas, organizadas geralmente em torno dos cinco períodos do ano[8]: elas podem ser concebidas como simples revisões; como momentos de reinvestimento dos saberes adquiridos em outras atividades; como modelo de testes de avaliação.

---

[8] Na França, o ano letivo é organizado em cinco períodos (N.R.).

Como trabalhar a compreensão de textos na escola?

Desde o momento em que os programas escolares franceses de 1985 declararam que "ler é compreender", não há método de leitura que não se considere centrado na compreensão. Todas as fichas de leitura comportam questões de compreensão, e as avaliações nacionais têm familiarizado, pouco a pouco, os professores com a distinção entre compreensão literal e compreensão "fina".

Avalia-se a compreensão literal pela capacidade de: encontrar uma informação tal como ela foi descrita no texto; decidir se informações foram ou não dadas pelo texto; encontrar o texto sob outra formulação. Avalia-se a compreensão "fina", que se relaciona com o que os psicólogos chamam de compreensão inferencial, pela capacidade de: relacionar duas informações que estão separadas no texto; deduzir uma informação de uma outra, que estaria implícita; guardar na memória uma informação que se antecipa como essencial para o que vem em seguida; escolher, entre vários títulos para uma passagem, aquele que é o mais pertinente etc.

Entretanto, quando o leitor se encontra diante de textos longos, em particular as ficções romanescas (que não se podem ler de uma só vez), em que não quer perder o fio condutor, deve pôr de lado as informações secundárias para guardar o "essencial" na memória; essa maneira de ler, fazendo triagem, que aquele que ama os romances grandes faz sem pensar, é uma longa aprendizagem. A ancoragem do texto na memória é facilitada pelo reconhecimento de elementos já conhecidos ou vividos pelo leitor (a projeção nos personagens, as situações, o reconhecimento dos lugares etc.). Do mesmo modo, um leitor não pode compreender um texto jornalístico ou científico sem relacioná-lo com saberes anteriores (a atualidade da véspera, que dá pertinência às novidades do dia, o conhecimento já dominado sobre um assunto científico, para "saber o que o texto diz e que eu sei/não sei"). Dessa confrontação entre os elementos do texto e a memória do leitor nascem novas relações, permitindo outras hipóteses interpretativas. Tudo o que o leitor fantasia em torno de um texto faz, assim, parte do processo de "compreensão", mesmo quando esse encadeamento de "pensamentos" provocados pelo texto vai de encontro ao que está escrito.

As dificuldades para compreender os textos podem, então, ser provenientes de múltiplos fatores: o leitor tem dificuldades para representar para si mesmo a situação evocada, por causa de sua ignorância preexistente; ignorância dos conteúdos, mas também ignorância dos códigos do registro textual (por exemplo, texto em verso); o texto tem palavras novas em excesso ou palavras conhecidas mas utilizadas em um sentido desconhecido (2% de palavras desconhecidas bastam para tornar um texto difícil); o leitor tem dificuldades em constituir em unidades de sentido os blocos de palavras que constituem as frases e as frases que constituem o texto (serve-se mal da pontuação, das marcas gramaticais, dos conectores); não consegue "extrair as ideias principais" nem estabelecer a coerência do conjunto, mesmo conseguindo seguir o fio do texto. A compreensão raramente se refere a "tudo" ou "nada". O leitor compreende quase sempre "alguma coisa", mas conforme o caso, tem maior ou menor percepção dos limites de sua própria compreensão. Ele pode achar que o texto é muito entediante, inutilmente complicado, em vez de pensar que não o compreende.

Os problemas de compreensão textual se colocam igualmente quando se escuta alguém ler, mas de forma diferente: a leitura em voz alta feita por um leitor experiente opera um pré-recorte da frase em bloco de significação, permitindo, por procedimentos de ênfase, hierarquizar as informações, fazer "sentir" o que está implícito, manter o suspense. Por outro lado, ela impõe um ritmo e impede toda modulação que apresse a leitura ou que se volte atrás, segundo o capricho do leitor. Para as crianças da educação infantil, a escuta coletiva de livros ilustrados permite, dessa maneira, introduzi-las na compreensão textual "fina" e discutir sobre a interpretação dos conteúdos, familiarizando-as com o léxico e a sintaxe do escrito. Permite também verificar que um texto lido é estável, qualquer que seja o leitor (enquanto as palavras das histórias contadas modificam-se).

O trabalho com a compreensão nas turmas de alfabetização

O que acontece com a compreensão nas turmas de alfabetização? O que os livros didáticos querem dizer quando falam em "construir o sentido"? Eles empregam frequentemente essa expressão quando tratam da descoberta de um quadro de referência contextual antes da leitura. De fato, os manuais são ilustrados, e as imagens que o professor utiliza para levar os alunos a falarem sobre o assunto, no início dos trabalhos, permitem a apreensão dos "índices" do texto: os lugares a que se refere, os personagens, suas ações e expressões, além de "tecer hipóteses" sobre a situação apresentada. O texto a ser lido é, então, perfeitamente balizado por essa atividade anterior de pré-compreensão que será confirmada, em seguida. Com efeito, há redundância entre o texto e a imagem. Nos métodos mais elaborados, as ilustrações tornam-se, no transcorrer do ano, mais elípticas (a leitura deve trazer cada vez mais informações não perceptíveis nas imagens).

A expressão "construir sentido" tem outro uso no momento da leitura: trata-se de garantir que a criança transcodifique bem as palavras escritas (fazendo relações com as palavras do uso oral cuja significação conhece), religando-as entre elas numa frase que é uma unidade de sentido. O verbo "compreender" é, então, utilizado em duas acepções: de um lado, para se referir à eficácia da decodificação ("compreendeu-se a palavra" quando é possível "dizê-la em voz alta" e saber o que ela evoca) e, de outro, para guardar na memória o sentido da frase ("compreendeu-se a frase" quando é possível responder a questão no sentido literal). Ora, nesses dois casos, a unidade é a frase (eu "compreendo" a palavra "roda", quando sei se se trata de "uma roda" ou de "ela roda"), mesmo quando se esquece às vezes o fato de que os substantivos próprios ou nomes de objetos com os quais se trabalha têm referentes imediatos, e não ambíguos.

Mede-se o deslocamento das atividades de compreensão no momento em que as crianças saem da educação infantil e ingressam na turma de alfabetização. Como, inicialmente, os textos a serem lidos são, por sua construção, escritos num léxico reduzido e bem conhecidos oralmente, com frases sintaticamente muito simples e situações com as quais a criança tem intimidade, o essencial do esforço incide sobre a leitura corrente de frases que as crianças já leram anteriormente palavra por palavra. Aparentemente, isso não é suficiente para evitar problemas de compreensão de pequenos textos, a julgar pelos resultados das avaliações realizadas com crianças mais velhas.

Como compreender esse paradoxo? Pode-se pensar que é necessário, ainda, reforçar os "mecanismos de base" ou criar a hipótese de que é necessário continuar e não abandonar as atividades de compreensão textual em sentido forte, fazendo as crianças ouvirem histórias que devem compreender e discutir, mas não ler. Os objetivos de tais atividades são claros. Como na educação infantil, o que importa é enriquecer o léxico oral de palavras tiradas do registro do escrito e não da conversação (léxico passivo e ativo, pois as palavras são retomadas nas reformulações e discussões que se seguem à leitura) e familiarizar as crianças com formas enunciativas do escrito, sintáticas, estilísticas, retóricas. Como na educação infantil, trata-se de discutir em conjunto questões que os textos apresentam (problemas morais, psicológicos, sociais), ao mesmo tempo em que se levantam os problemas de interpretação do texto. Pode-se ir além do que se faz na educação infantil? Pode-se introduzir a leitura de textos longos (o que exige esforço de memória para guardar a informação necessária e encadeá-la às seguintes) e habituar as crianças a "extrair as ideias principais", o que se pode fazer com a ajuda do adulto, em interlocução com ela.

A questão da leitura em voz alta

A leitura silenciosa é a prática social de nosso século. Chegar a ela é, então, o objetivo visado pela escola, desde o início do ensino fundamental. No entanto, não se começa uma aprendizagem pelo seu fim. Na verdade, o que foi criticado em relação à leitura escolar em voz alta era o ritual de ler apenas pequenos trechos do texto, uma criança de cada vez. Realmente, enquanto um aluno lia em voz alta, os outros o controlavam, lendo em silêncio. Para os alunos com dificuldades, ler diante dos outros era, às vezes, um suplício e, para os bons leitores, escutar de novo aquilo que ele já tinha lido, era um tédio, um tempo perdido. Entretanto, a oralização é o meio mais eficaz para que o professor possa ver os procedimentos de leitura de uma criança, no momento em que ela faz sua leitura e não somente depois de ter lido: as divisões erradas das frases, as hesitações em certas palavras, os erros sistemáticos de decodificação dão boas indicações sobre as dificuldades apresentadas pelo texto para diferentes crianças, em todos os níveis (compreensão textual, conhecimento do léxico, domínio do código etc.).

Os estudos dos anos 1970 mostravam, aliás, a forte correlação entre a capacidade de leitura em voz alta e a compreensão. Somente com as fichas de leitura silenciosa, o professor tem poucas informações sobre a leitura da criança, e muitas delas habituam-se a compreender "mais ou menos", sem perceber o que não compreenderam ou compreenderam mal, e sem que o professor saiba de onde vem o problema, ou mesmo sem se dar conta dele.

O que hoje está reabilitado é a leitura feita pelo professor, pois ela "ensina a compreender". A leitura oral bem feita coloca em relevo o que é importante, produz modulações de efeito, cuida da pontuação, pronuncia corretamente os nomes próprios, as palavras difíceis e propicia o acesso a textos longos e complexos demais, para os alunos abordarem sozinhos. Uma vez compartilhados, explicados, discutidos, os textos podem ser relidos individualmente de várias maneiras, em silêncio por uns, em voz alta por outros. As crianças com dificuldades são as que têm mais necessidades de reler em voz alta, o que deve ser realizado em pequenos grupos, com a ajuda do professor.

Os pais que, muitas vezes, param de ler para suas crianças, quando elas chegam à turma de alfabetização devem continuar a fazê-lo, enquanto elas desejarem. Sabe-se que uma criança que lê em voz alta com facilidade lerá silenciosamente sem problemas e que falar em voz alta as palavras do texto ajuda a memorizá-las e a compreender seu sentido. Não se deve, assim, nunca proibir uma criança de subvocalizar, se isso a ajuda. Por outro lado, assim como, em um dado momento, deve-se encorajar as crianças pequenas a "pensar", isto é, a se calar e "falar apenas em sua cabeça", pode-se também encorajar as crianças a ler "com os olhos sem falar", isto é, a "ler em sua cabeça", como os adultos.

Conclusão: expectativas das crianças e imaginários da aprendizagem

Quando imaginam ou escolhem instrumentos de trabalho, os professores raramente partem de considerações científicas ou técnicas sobre a aprendizagem. Entretanto, estão sempre obrigados a levar em conta, de forma mais ou menos intuitiva, essa realidade social e cultural que são as expectativas das crianças. A grande questão colocada para o corpo docente (e não apenas para cada professor em particular) é saber como atingir, de forma prioritária, aqueles que têm da escola e da aprendizagem as representações mais incertas e mais defasadas. Todas as crianças sabem que saber ler faz parte das obrigações da escola, mas algumas pensam que essas aprendizagens lhe serão dadas com certeza, já que fazem parte dos instrumentos escolares (elas têm esse direito). Enquanto seus companheiros se comportam ativamente, com alegria ou ansiedade, elas ficam esperando: é o professor que sabe e que dirá. Pensam que é preciso ser dócil em relação a ele, sensível a suas mudanças de humor, atento a seus elogios ou repreensões. Pode-se, dessa maneira, prestar atenção ao professor, mas ouvir muito pouco o que ele diz.

Outras crianças descobrem com a prática que a obrigação de saber ler é algo inquietante em relação à qual os pais não param de fazer cobranças ("Como você está na leitura? Na escrita? Mostre o que você sabe fazer"). O professor também realiza cobranças. Na atualidade, quando se vive o tempo das avaliações permanentes, das pesquisas, dos registros, das curvas estatísticas, cada criança vê sua aprendizagem controlada como uma doença: curva dos resultados que mostra a temperatura, descrição dos sintomas, diagnósticos prudentes de evolução: é grave? Vou ficar curado logo? Desde as primeiras dificuldades, as crianças acham-se presas num fogo cruzado: fala-se com elas como se estivessem atacadas de uma espécie de doença (a leitura vem ou não, como um vírus) e, ao mesmo tempo, como se fossem responsáveis por sua cura ("é preciso se esforçar", "você deve conseguir"). É preciso perseverar, mas em quê?

Como mobilizar as crianças das turmas de alfabetização para entrarem no processo de leitura, de forma diferente dessa pressão social difusa, ansiosa, que produz, de fato, rejeição e denegação por parte de certas crianças? Pode-se mobilizar meninos e meninas para uma realidade que é inelutável? Como tornar desejável o que é obrigatório? Para "motivar" as crianças, o discurso e as práticas apoiam-se espontaneamente em "valores" do tempo: a sedução do produto, a facilidade do que é "pronto para consumir", o sucesso instantâneo que gratifica. Ora, a aprendizagem da leitura corre o risco de mergulhá-las no oposto dessas aparências. Como fazer para que esses alunos e alunas percebam que o processo de entrada no mundo da escrita é também ambivalente e complexo?

Se as exigências colocadas para as crianças forem muito altas, muitas delas se sentirão imediatamente incapazes de responder às demandas e ficarão tentadas a se colocar em posição defensiva. Tem-se razão, então, de desejar que todas as crianças, diariamente, vivam a experiência de ser capazes de compreender as instruções, de aplicá-las, de fazer progressos. Essa atitude pedagógica, que sabemos bem fundamentada, comporta um verdadeiro risco nas turmas em que a maior parte das crianças vem de famílias distanciadas da cultura escolar, sejam ou não de origem francesa. Para não provocar o fracasso dos alunos, muitos professores diminuem sensivelmente o nível das exigências: o léxico utilizado é reduzido e a sintaxe elementar, para evitar que as crianças tenham dificuldade de compreensão. As atividades que dão segurança, como as tarefas de execução parcelada e rotineira, são privilegiadas. E, como sabem que os horizontes de experiência desses alunos e alunas são limitados ao meio urbano imediato, preferem não abordar experiências ou realidade culturais que lhes são muito estranhas.

Para que a entrada no mundo da escrita se torne uma atividade social realmente desejável, seria preciso que as crianças soubessem que esse é um passo importante, arriscado, às vezes mesmo um pouco perigoso, e não somente útil e agradável. Seria preciso que percebessem, mesmo que de modo confuso, o que está em jogo nessa iniciação, que é social e escolar, e não familiar ou doméstica. Seria preciso que percebessem que estão entrando em um mundo escrito, estruturado há milênios: mundo que inventou escritas, alfabetos – o nosso alfabeto –; que nele inscreveu a história da humanidade, com todas as consequências daí decorrentes; que criou a língua do governo sobre os homens e as coisas, do poder sobre os outros e sobre si mesmo. Seria preciso que os professores encontrassem coragem e palavras adequadas para falar às crianças sobre a verdade da aprendizagem:

que é um esforço, uma prova, um trabalho paciente, e não uma brincadeira, um jogo, uma diversão. As crianças deveriam compreender que se tentará, certamente, que essa conquista seja a mais agradável possível, mas que nenhum professor fará com que uma criança leia sem que ela deseje; que ninguém, felizmente, pode forçar uma pessoa, qualquer que seja, a ler, se ela decidiu que não quer que isso ocorra. Seria necessário que os meninos e as meninas compreendessem que o difícil é justamente o mais apaixonante; que o professor pode participar do esforço e compartilhar o orgulho, mas não pode "obrigá-los a aprender"; que o sucesso final não apaga nunca as cicatrizes da aprendizagem (gloriosas, mas dolorosas). Finalmente, deveriam entender o pior, que é também o melhor: nunca se termina de aprender a ler e a escrever.

Capítulo 5

A AÇÃO DOCENTE: ENTRE SABERES PRÁTICOS E SABERES TEÓRICOS[1]

Introdução

Este texto focaliza as relações entre teoria e prática na vida profissional dos professores. Apresento, inicialmente, dois modelos antagônicos dessas relações; em seguida, o estudo de caso a partir do qual discuto esses dois modelos: durante um ano, observei como uma professora conduzia sua pedagogia da escrita com crianças de 5 e 6 anos. Na última parte, retomo os modelos apresentados inicialmente para fazer algumas observações com base em minhas constatações e delinear algumas perspectivas relativas à pesquisa e à formação.

Dois modelos de relação teoria-prática

Os saberes forjados pelos pesquisadores – qualquer que seja a disciplina – raramente incluem as expectativas dos que atuam no cotidiano escolar, como apontam muitas pesquisas. Ao se defrontarem com textos acadêmicos, os professores privilegiam as informações diretamente utilizáveis, o "como fazer" mais do que o "porquê" fazer, os protocolos de ação mais do que as explicações ou os modelos. O trabalho

---

[1] Tradução de Flávia Sarti e Teresa Van Acker.

pedagógico nutre-se frequentemente da troca de "receitas", reunidas graças aos encontros e aos acasos. As receitas que foram validadas pelos colegas com quem podem discutir espontaneamente e que são suficientemente flexíveis para autorizar variações pessoais são adotadas mais facilmente do que aquelas que são expostas nas publicações didáticas. Os professores que falam sobre seu ofício situam sua ação no terreno da moral (altruísta ou idealista) e do testemunho pessoal, mais do que em relação à avaliação objetiva da eficácia dessa ação ou a saberes considerados como teóricos.

Podemos ilustrar a pertinência desse modelo geral já antigo,[2] analisando o comportamento de professores das séries iniciais do ensino fundamental em relação à questão que, segundo as publicações, está se tornando central nos debates sobre a escola: o ensino da escrita. Nos anos 1970-1980, a leitura era o centro de todos os debates: debates entre discursos teóricos – ou com pretensões teóricas –; debates entre discursos inovadores, discursos acadêmicos e discursos militantes; debates entre práticas e discursos. A escrita ocupará, no futuro, essa posição? Podemos acreditar nisso observando o crescimento das publicações sobre a produção do escrito, sobre os problemas ligados ao planejamento, à gestão do texto e a sua revisão, mas também sobre os problemas postos pelos códigos gráficos ou ortográficos. Os professores das séries iniciais, porém, geralmente ignoram as informações validadas cientificamente, elaboradas pelos pesquisadores distantes do campo, publicadas segundo as regras em vigor nas revistas especializadas, mas não diretamente utilizáveis na sala de aula. Entre as inovações didáticas, eles buscam inicialmente aquelas que sejam capazes de entusiasmar as crianças e de combater o fracasso escolar. É o que M. Huberman designa como "roupagem da ideologia

---

[2] HUBERMAN, Michel. Repertoire, recettes e vie de classe: comment les enseignants utilisent l'information. *Éducations et recherche*, v. 5, n. 2, 1983, p. 157-177.

altruísta". Os protocolos de pesquisa dos quais esperamos milagres transformam-se assim em exercícios escolares, e as teorias tornam-se bandeiras para legitimar práticas nas quais os pesquisadores absolutamente não se reconhecem.

Outros pesquisadores propõem uma separação clara entre o mundo dos saberes teóricos e o dos saberes da ação.[3] Para abordar a questão dos saberes profissionais, seria necessário romper com o modelo rigoroso, mas não pertinente, da pesquisa aplicada. Interrogando os professores experientes sobre as teorias às quais eles se referem, conseguiríamos apenas que produzissem discursos que não passariam de artefatos ou, o que é pior, os deixaríamos mudos. Nesse sentido, para atingir o que Donald Schön chama de "saberes na ação" (*knowings in action*), "é necessário que se tenha acesso, sob uma forma ou outra, aos dados diretos ou imediatos tirados da observação da ação".[4] As pesquisas realmente resultantes do "pensamento e da ação dos professores"[5] permitiriam compreender como se aprende e se pratica um ofício (graças ao êxito, ao fracasso, à transferência, à interação entre novato e experiente) e como se melhora a eficácia do ensino. Se as práticas não sabem utilizar as teorias forjadas fora delas, elas poderiam, ao contrário, produzir sua própria teorização. Assim, quando os pesquisadores conduzem um trabalho reflexivo sobre os "saberes na ação", eles podem dar aos professores o domínio explícito do que sabem fazer de modo somente implícito. As narrativas de práticas, as análises em situação de pesquisa-ação, o visionamento de gravações seriam então, ao mesmo tempo, excelentes

---

[3] BARBIER, Jean-Marie (Org.). *Savoirs théoriques et savoirs d'action* Paris: PUF, 1995.

[4] SHÖN, Donald. *Le praticien réflexif.* À la recherche du savoir caché dans l'agir professionnel, Montreal, Éditions Logiques, co. Formations de Maîtres, 1994 e "A la recherche d'une nouvelle épistémologie de la pratique et de ce qu'elle implique pour l'éducation des adultes". In: BARBIER, Jen-Marie. *op. cit.*, p. 202-222.

[5] BARBIER, Jean-Marie. *Idem*, p. 221.

meios para melhorar a ação dos profissionais da escola e formar aqueles que se destinam a esse ofício.

Esse segundo modelo toma emprestado muitos de seus conceitos do mundo do trabalho, da formação dos adultos nas empresas. Ele legitima o ponto de vista dos atores em campo, idealizadores, inventores e não somente executores. Invertendo o esquema mais frequente da colaboração entre pesquisadores e professores, traz uma garantia aos processos de pesquisa-ação. No que se refere ao nosso caso – o ensino da escrita na escola primária contemporânea–, um tal quadro teórico permitiria interpretar as inovações sobre a produção dos escritos inventados ontem ou hoje pelos movimentos pedagógicos militantes: as invenções de Freinet, ensinando seus alunos a escrever com a imprensa, o jornal de classe e a correspondência escolar; ou ainda dispositivos mais recentes, como as oficinas de escrita, a utilização das escritas sociais, os projetos de publicação (romance coletivo, livros de poesia, textos documentários)[6]. Essas inovações são difundidas graças aos contatos entre colegas, muito mais do que por alguma imposição institucional.

Esquematizando os pontos de vista, podemos então opor dois modelos para abordar as relações entre as práticas de ensino e os discursos acadêmicos que poderiam lhes servir de referência. O primeiro deles postula que uma boa difusão de todos os saberes é necessária para orientar as escolhas didáticas e as práticas pedagógicas, mas ele vem, até hoje, regularmente constatando seus limites e até mesmo seus fracassos. No segundo modelo, a formação dos professores se faz por "ver fazer e ouvir dizer" e não podemos contar, para melhorá-la, com saberes teóricos, sem dúvida, rigorosos, mas não pertinentes para o trabalho na sala de aula. Como pensar a formação dos professores entre esses dois modelos? A questão é urgente porque a pesquisa pedagógica, durante

---

[6] Grupo de pesquisa d'Ecouen. (Dir.) Jolibert, Josette. *Former des enfants producteurs de textes*. Paris, Hachette, 1994. Tradução brasileira: *Formando crianças produtoras de textos*. Porto Alegre: Artmed, 1994.

muito tempo assumida pelos militantes da prática, dissemina-se cada vez mais nas formas universitárias. Ao mesmo tempo em que as pesquisas se tornam mais "científicas", os pesquisadores se afastam dos que atuam na prática; além disso, para áreas como a da leitura e da escrita, a massa de saberes acessíveis cresceu desmedidamente tornando-se internacional. Como fazer a seleção do que deve ser difundido? E como saber se os dados constituídos a partir de um sistema escolar permanecem válidos em outro país?

Os próximos anos talvez nos forneçam meios para decidir entre os dois modelos. Com efeito, se os obstáculos para a recepção dos saberes provêm do baixo nível de formação dos professores, as coisas podem mudar muito rapidamente. Na França, os professores das séries iniciais são atualmente recrutados após três anos de universidade. Eles estão muito melhor preparados para adquirir saberes teóricos, mas ninguém pode dizer ainda que, por essa razão, eles serão melhores professores. Ao contrário, os teóricos dos saberes da ação não creem que uma melhor qualificação acadêmica produzirá uma melhoria das práticas: eles sabem que a aquisição do saber-fazer profissional impõe problemas para os engenheiros ou para os médicos, do mesmo modo que para os empregados e para os técnicos. Para eles, a eficácia de uma formação estaria relacionada não aos saberes nela difundidos, mas ao lugar assumido pela reflexão sobre as práticas.

Com o objetivo de verificar a validade concreta desses modelos, realizei uma pesquisa de estudo de caso. Apoiando-me sobre os modelos dos "saberes da ação", busquei saber como uma professora das séries iniciais poderia "teorizar reflexivamente" sua prática profissional em relação à aprendizagem da escrita no último ano da educação infantil. Durante a pesquisa, tentei ver como ela havia constituído suas referências e atualizava sua informação. Escolhi observar seletivamente seu trabalho sobre a escrita por razões de conjuntura e de método. Com efeito, enquanto a questão da escrita ocupa cada vez mais os especialistas em metodologia, as atividades tradicionalmente propostas às crianças do último ano da educação infantil, entre 5 e 6 anos, não são mais unanimidade hoje, mesmo que outra tradição ainda não tenha se imposto. Além do mais, investigar a escrita oferece uma segurança de método. As produções escritas constituem facilmente um *corpus* de vestígios aos quais pode-se retornar para solicitar explicações e comentários, observar evoluções individuais ou fazer comparações entre as crianças, sem recorrer ao gravador, ao vídeo ou a outro material semelhante.

Teorizar uma prática pedagógica

Antes dessa experiência, eu nunca tinha entrado na turma de Florence Janssens e ignorava totalmente qual era sua pedagogia da escrita. Eu não a tinha escolhido para ilustrar um procedimento específico. Ela leciona há quinze anos, é professora formadora,[7] tem uma boa reputação junto aos estudantes dos cursos de formação e trabalha em uma Zona de Educação Prioritária[8] com alunos de um meio muito desfavorecido, que não foram familiarizados com a escrita em suas famílias. Florence viu em minha proposta uma boa maneira para, depois, apresentar sua ação aos estudantes que realizavam estágio em sua turma. Ela sabia que, naquele ano, teria um grupo de crianças extremamente difíceis e não tinha nenhuma intenção de lançar-se a inovações. As práticas que observei eram, pois, suas práticas habituais.

O trabalho foi desenvolvido ao longo do ano letivo 1995-1996. Este texto sintetiza brevemente as informações reunidas no decorrer das observações e das discussões durante o ano e ao longo do trabalho em comum realizado em junho-julho para

---

[7] Professora que recebe estagiários do Institut National de Formation de Maitres (N.T.).

[8] Na França, zonas em que a ação educacional é intensificada para combater o fracasso escolar (N.T.).

redigir um relatório final.⁹ Na verdade, Florence não teve dificuldades para expor os dispositivos estáveis e ritualizados dos quais ela se valia para iniciar as crianças na escrita. Ela foi prolixa sobre as oficinas de aprendizagem orientadas, que dependem de uma progressão construída, e um pouco menos sobre as atividades livres ou ocasionais. Por outro lado, ela teve maiores dificuldades para me explicar como intervinha junto aos alunos durante as atividades. Descreverei, então, sucessivamente as oficinas de aprendizagem, as oficinas de produção livre e suas interações com as crianças ao longo do trabalho, antes de apresentar os seus quadros de referência.

As oficinas de aprendizagem

Duas oficinas de aprendizagem, com quinze minutos de duração, ocorriam diariamente. Florence, logo no início do ano, havia me apresentado um planejamento dessas oficinas com uma progressão que seria efetivamente seguida. Na oficina de grafismo, as atividades tradicionalmente propostas exercitavam a coordenação oculomanual, a destreza do gesto e a estabilidade dos traços, nos grafismos decorativos ou nos exercícios de reprodução de formas. Na oficina de escrita dirigida, que ocorria no mesmo momento que a de grafismo, ela colocava um pequeno grupo de nível homogêneo para escrever, sempre sob sua direção. Essa segunda oficina teve início em janeiro,[10] quando o restante da sala, ocupado

---

[9] Essa pesquisa converteu-se em objeto de duas comunicações, uma de Florence Janssens, outra de Anne-Marie Chartier, no simpósio "*Au-delà de la méthode clinique: considérations théoriques et pratiques à propos des interactions élèves-maîtres.*" ("Para além do método clínico: considerações teóricas e práticas a propósito das interações alunos-professores"), organizado por Laurence Rieben e Marcel Crahay, no âmbito da conferência internacional The Growing Mind. Centennial of Jean Piaget's Birth, Genebra, 14-16 de setembro de 1996.

[10] O ano letivo francês tem início no mês de setembro. As atividades realizadas em janeiro integram, portanto, o segundo trimestre letivo (N.T.).

com os exercícios gráficos, era capaz de trabalhar sem a professora. Na oficina de escrita, tratava-se de reproduzir palavras ou uma frase (jamais letras ou sílabas) relacionada com a vida da turma, que ela escrevia no quadro diante das crianças. A escrita era realizada com letra bastão e, embora as exigências fossem rígidas, eram muito progressivas (orientar-se pelo ponto de partida do traço, seguir uma trajetória, respeitar a ordem das letras, controlar sua forma e seu tamanho, e para aqueles que tinham chegado à escrita cursiva, seu encadeamento). Ao final das oficinas, as crianças eram reunidas, e cada uma delas apresentava seu trabalho ao grupo. Florence lembrava, ou fazia lembrar, a instrução e solicitava a cada um que dissesse "como tinha feito". Ela procedia do mesmo modo à tarde, ao final da oficina de pintura e de desenho. Procurava fazer de tal maneira que cada criança assumisse a palavra ao menos uma vez no dia.

As oficinas de produção livre

Ao lado dessas oficinas bastante direcionadas, existiam outras atividades nas quais as crianças podiam utilizar livremente ferramentas (computador) ou material escrito (letras impressas sobre etiquetas ou fichas). Florence havia suprimido os "cantos das brincadeiras" habituais (cozinha, bonecas, garagem) para substituí-los por cantos de "leitura-escrita" (biblioteca, imprensa, quebra-cabeças etc.). As crianças podiam digitar, servir-se de letras plásticas, decalcar seus nomes, copiar os textos afixados na sala e, após alguns meses, refazer, por iniciativa própria, uma frase trabalhada na oficina de escrita. Assim, algumas crianças escreveram "Feliz Dias das Mães" mais de dez vezes por ocasião do Dia das Mães. A professora acompanhava o bom andamento das atividades, examinava as produções que as crianças lhe apresentavam e as comentava com elas.

No ano anterior, ela havia realizado de maneira ocasional uma oficina de escrita manuscrita livre, em que as crianças procuravam escrever textos inventados por elas "do melhor jeito que podiam". Todas as produções finalizadas deveriam ser "lidas" para o adulto, que então escrevia o texto "lido" abaixo da produção da criança. Esse tempo de ditado era uma ocasião de interações interessantes, mas exigia um adulto muito disponível; fiz este papel muitas vezes durante o tempo em que estive na turma. Essa oficina revelou a grande heterogeneidade do grupo: certas crianças já tratavam a escrita como uma codificação do oral, procurando organizar as correspondências entre o que era dito e o que era escrito, enquanto outras ainda estavam traçando sequências de signos evocativos, a partir dos quais reinventavam um texto diferente a cada releitura.

Quando listava as atividades de escrita, Florence só retinha aquelas nas quais as crianças faziam uso de um instrumento de escrita. Desse modo, ela deixava de lado a produção de texto coletiva que se encontrava inserida nas atividades de linguagem e de leitura. Preparados para um trabalho oral, os textos elaborados eram ditados à professora que escrevia diante das crianças. Essa atividade permitia um trabalho de reformulação importante e a realização de vários exercícios (encontrar palavras, observações sobre a pontuação, as correspondências grafema-fonema etc.).

As interações ao longo ou logo após a atividade

Durante as oficinas ou quando examinava as produções finalizadas, a professora não parava de falar com cada criança. Em sua percepção, esse era o ponto mais importante para a condução da aprendizagem. O que ela dizia, o que perguntava? Ela me respondia: "Isso depende." Depende de quê? Eu tive que voltar a essa questão muitas vezes para lhe fazer explicitar os indícios que regulavam sua maneira de fazer. Compreendi, enfim, suas regras de ação quando ela comentou, exercício por exercício e na ordem cronológica, o conjunto de produções de algumas crianças selecionadas para uma observação mais minuciosa e sobre as quais eu dispunha de vestígios do que havia ocorrido. Mas a dificuldade de explicitação vinha dela ou de mim mesma? Ela teria sido compreendida mais rapidamente por um colega? Entretanto, uma vez ditas, as coisas pareciam muito claras.

Como ela fazia? No início do ano, utilizava as oficinas da manhã para instaurar bons hábitos escolares: é necessário escutar as instruções, concentrar-se na atividade, realizá-la até o final, aplicar-se, julgar se soube fazê-la ou não etc. As atividades de grafismo e de escrita serviam, portanto, para "aprender a prestar atenção". As discussões com as crianças referiam-se aos aspectos mais materiais (Você está bem acomodado? Como você posicionou a sua folha, pegou o lápis? Você se lembra do que deve fazer?). Logo que uma criança se lançava espontaneamente na tarefa (e esse momento variava muito segundo a criança), a discussão passava a versar sobre a qualidade do gesto e do traço (Você acredita que terminou ou ainda não? Você conseguiu? Mostre-me mais uma vez como você fez). Esses julgamentos, encorajamentos e exigências eram, então, regulados em função do progresso que ela constatava (ou não) entre o que uma criança tinha feito ontem e o que ela se mostrava capaz de fazer hoje. Como a professora tinha uma excelente memória de cada criança, quase nunca precisava consultar as produções anteriores para fazer as comparações.

Mas essa estratégia estava ligada a uma outra referente à verbalização sistemática do protocolo de execução. No início da progressão (outubro para a oficina de grafismo, janeiro para a oficina de escrita), era ela que nomeava as formas ou as letras, depois descrevia em voz alta o gesto a executar, no decorrer de sua execução. Mais tarde, ela incitava as crianças a descreverem elas mesmas seus gestos, em voz baixa e depois mentalmente. No balanço das atividades, ao final da oficina, cada criança devia apresentar seu trabalho diante do grupo dizendo novamente o que tinha feito e como, com o auxílio da professora (para fazer o triângulo, por onde você começou? Mostre-nos; para escrever "mamãe", como você fez?). Segundo ela, essas verbalizações ajudavam, muito eficazmente, as crianças a ficar concentradas e a memorizarem seus gestos, com a condição de que o ritual fosse instalado de uma maneira muito perseverante. Ela havia percebido que na oficina de escrita, somente quando as crianças não estavam totalmente absorvidas pela atividade de execução e começavam a ter uma escrita mais fluente, é que elas faziam observação sobre o código ("Para bolo, é necessário o /o/") ou sobre a mensagem ("Minha mamãe também fez um bolo").

Esses dois tipos de intervenção eram conduzidos simultaneamente, o que fazia com que sua decodificação fosse particularmente difícil para um observador externo. Como cada criança progredia no seu ritmo, a orientação de Florence variava de uma criança para outra. O observador tinha, então, a sensação de que ela reagia de improviso, sem nenhuma regra, ou em função de considerações relacionais ou afetivas (que também existiam).

Verbalizar os quadros de referência da ação

Florence tinha consciência de que diferentes atividades referiam-se a uma grande variedade de modelos. Ela me apresentava as oficinas da manhã, sublinhando seu caráter "tradicional": aquisição de habilidades motoras finas, imitação de modelos, utilização da letra de fôrma (enquanto os textos oficiais propunham a cursiva). Argumentava sobre sua posição, sabendo-se na contracorrente e temendo talvez o julgamento da formadora que eu era, já que ela não praticava a escrita cursiva, proposta pelos textos oficiais, porque a julgava prematura para alunos como os seus. Justificava a importância dessa progressão grafomotora, evocando os professores da turma de alfabetização. Esses, dizia ela, queixavam-se dos automatismos viciados (girar o "o" ao contrário, traçar as letras de baixo para cima) que eram adquiridos definitivamente quando as crianças podiam escrever livremente na educação infantil, sem que o professor acompanhasse suficientemente seus primeiros gestos. Ela considerava que uma escrita com problemas cansava e transformava-se, no ensino fundamental, em um verdadeiro obstáculo para a escolarização.

Por outro lado, a prática do ditado para o professor, retomada dos trabalhos de Laurence Lentin, a oficina de escrita livre retomada dos protocolos de pesquisa de Emília Ferreiro, referiam-se a outros modelos teóricos, que consideravam a escrita em sua dimensão de saber da linguagem e de código simbólico. Enfim, as atividades lúdicas ofereciam indícios acerca do interesse e do desinteresse das crianças, de seu progresso ou de sua resistência diante da escrita, fosse ela tratada como código simbólico, ferramenta funcional ou material lúdico para o imaginário. Florence assumia o ecletismo desses modelos facilmente, pois cada oficina correspondia a uma dimensão particular da escrita, trabalhada sem interfaces com as outras. Eles não se mostravam contraditórios (não se desfazia agora o que se tinha construído antes, fazia-se outra coisa). As oficinas revelavam-se como dispositivos em coexistência pacífica, ainda que relacionadas a aspectos de pesquisas constituídos em diferentes momentos da história recente.

A questão era saber se ocorria, na mente das crianças, a integração progressiva de diferentes características da escrita, abordadas de maneira desconexa. A professora procurava produzir essas relações nos momentos de trocas individuais, por meio de suas observações, suas respostas às perguntas, suas questões. Desse modo, ela não podia se limitar somente às atividades de escrita; pouco a pouco, fazia referências ao conjunto de atividades realizadas pela turma, relacionando a oficina de grafismo à de expressão plástica e a de escrita à leitura ou à linguagem oral. O que a orientava era um conjunto de saberes gerais (empíricos ou teóricos) sobre a relação das crianças com a aprendizagem, com a autodisciplina, sobre o papel que ela atribuía à memória ou à atenção; eram também posicionamentos axiológicos (o que ela pensava sobre as finalidades da educação infantil, sobre seu papel docente, sobre as imposições que tinha ou não o direito de fazer); era, acima de tudo, uma multiplicidade de saberes particulares a respeito de cada criança (o que sabia de sua situação familiar, de seu comportamento na turma, de seus resultados anteriores). Enfim, qualquer situação de escrita, por deixar pistas por vezes imediatamente perceptíveis e duradouras (o que não é o caso da fala ou da leitura), era uma "boa forma" sobre a qual ela podia inserir outras aprendizagens (autoavaliação, mas também aquisições de linguagem, descrição da ação, leitura etc). A cada instante da aula, a professora selecionava, dessa maneira, os indícios "salientes" do conjunto de informações de que ela dispunha. Ela respondia a eles intuitivamente, de acordo com o que considerava ser uma ordem de urgência e/ou de importância; de acordo também com o período de tempo disponível para cada criança, em função do que se passava no grupo.

"Quando se puxa um fio do novelo, tudo vem", dizia Florence. Na prática, as oficinas construíam aprendizagens parciais da escrita. Ao contrário, as relações professor-aluno colocavam (potencialmente) cada atividade em relação funcional com (quase) tudo o que se passava na aula. Era por isso que ela se sentia incapaz de formular em um discurso organizado uma realidade que "vai para todos os lados", apenas repetia laconicamente que "tudo está em tudo". Relacionar todas as partes entre si é um dado básico da experiência pedagógica ou é, ao contrário, um sinal da competência adquirida? Os jovens estagiários a quem ela confiava sua turma estavam geralmente tão sobrecarregados com as tarefas de organização que nem chegavam a se propor objetivos tão complexos. Esse era, aliás, um dos problemas que lhe colocava seu papel de professor-formador: como garantir a transmissão de uma prática profissional? Por enquanto, a questão está posta. Por outro lado, podemos voltar à pertinência dos dois modelos da relação teoria-prática.

O saber-fazer profissional entre ações e discursos

Coerência pragmática e coerência teórica

O trabalho de explicitação feito pela professora em resposta às minhas observações e questões parece confirmar a pertinência do modelo dos "saberes da ação" e invalidar um outro modelo. Na verdade, o que poderia aparecer, de um ponto de vista teórico, como a coexistência heteróclita de atividades evidenciando modelos incompatíveis (tratar a escrita como gesto motor/ como código simbólico/ como saber de linguagem específico), aparece, do ponto de vista dos "saberes da ação", como um sistema dotado de uma forte coerência pragmática (não importa o que se possa pensar sobre essa organização). O que a verbalização permitiu realçar foi a representação estratégica que a professora tinha das diferentes etapas da sua ação: quando ela cuidava das atividades, rituais ou ocasionais, coletivas ou individuais, dirigidas ou livres, com ou sem progressão anual. Florence sabia aonde ia e essa segurança lhe possibilitava assumir uma grande calma diante dos múltiplos incidentes que cruzavam o cotidiano, mas que não a faziam se desviar de seu caminho. Esse projeto foi construído progressivamente, por meio de ajustes sucessivos e se ele era muito complexo para poder ser diretamente objetivado em discursos (para isso fazia-se necessário o auxílio de um "pesquisador"), ele oferecia, ao profissional, regras de ação operatórias para responder a cada situação.

O ponto importante não está contudo aí: ao auxiliar o professor a teorizar o que ele faz, o pesquisador fez com que ele tomasse consciência de sua própria competência? Ele lhe ofereceu a oportunidade de perceber reflexivamente uma prática da qual ele não tinha uma representação? Ou ele simplesmente produziu um novo modo de representação, em um registro que é o da pesquisa? No presente caso, sou obrigada a constatar que é a segunda hipótese a correta. Florence já era perfeitamente consciente daquilo que eu denomino como "sua estratégia". Ela sabia falar sobre isso claramente, comentando situações pontuais, ou fazendo referências às diferentes tramas temporais de sua experiência (o tempo anual de sua progressão e aquele do progresso de cada aluno; o tempo da organização ritual, diária ou semanal; o tempo das interações, no momento em que se dão ou nos momentos seguintes etc.). Por outro lado, não tendo eu mesma na memória essas diferentes tramas temporais, não podia "ouvir" o que ela me dizia. A dificuldade essencial da verbalização não era, pois, a de encontrar as palavras para dizer, mas sim a de objetivar uma massa de informações para um terceiro, não tendo os mesmos critérios de seleção que ela, ao passo que quando um profissional fala a outro profissional, ele sabe de quais informações (práticas) seu interlocutor necessita. Além disso, era preciso chegar a um único texto recapitulativo. Ora, as modalidades normais da verbalização seguem a interação de questões e respostas; passar do diálogo para o monólogo fazia passar de um gênero discursivo a outro. Esse trabalho fez com que ela aprendesse alguma coisa sobre sua prática? A esta questão, Florence respondia: "Não realmente, exceto, agora, que está mais claro". Ela modificou sua maneira de agir naquele ano? "Eu me dei conta que exagerei ao pensar que a escrita cursiva era tão difícil. Este ano, eu a iniciei mais cedo". Sua recusa pela cursiva era, entretanto, muito solidamente argumentada e eu não havia emitido nenhuma opinião acerca da questão. Para que, então, lhe serviu esse trabalho? Para compreender um pouco o que era uma pesquisa e a dispor de um material para seu trabalho de formadora. Com efeito, ela se servia do texto que apresentava as oficinas, fazia com que os estagiários o lessem mesmo sem poder, por enquanto, constatar seus efeitos práticos: "A exceção é que isso me faz ganhar tempo, eu não preciso sempre repetir a mesma coisa".

Práticas profissionais e explicitações discursivas

Assim, no que se refere ao trabalho de teorização, o verdadeiro problema encontrado não foi o de fazer falar das práticas mudas, ou de representar o saber-fazer cego; foi partir de saberes em ação e em palavras para transformá-los em saberes da escrita. Em vez de opor os dois modelos, gostaria de ressaltar, para questioná-lo, seu pressuposto comum. Para os dois modelos, existem dois mundos face a face, o da prática e o da teoria. O mundo dos que atuam na prática encontraria sua coerência no encadeamento dos gestos profissionais e o mundo dos teóricos teria, como sua, uma prática discursiva teorizada ou teorizante. Ora, essa ruptura entre o fazer e o dizer é uma ficção teórica. O que aparece, ao contrário, através do estudo de caso descrito, é que existem discursos que fazem parte integrante da prática (de práticas de ensino, como de práticas científicas de pesquisa). Por que eles são tão regularmente esquecidos? O mal-entendido provém, parece-me, do fato de os pesquisadores não reconhecerem outro discurso que não a escrita teórica, monológica, objetivante, tendo abolido as marcas de sua enunciação. Ora, os que atuam na prática falam, mas eles o fazem em redes de trocas dialógicas permanentes, subjetivas, infindáveis, entrecruzadas. Se as práticas são mudas, quando elas estão desvinculadas de seus atores, os que atuam na prática, por sua vez, não são mudos. Os pesquisadores que produzemos textos "teóricos", por sua vez, esquecem que suas construções acadêmicas, sejam elas de pesquisa "pura", "aplicada" ou de "pesquisa-ação", são o resultado de práticas profissionais específicas; como praticantes da pesquisa científica, eles próprios estão presos em redes de trocas institucionais, redes sociais de trabalho, de poder e de conflitos que lhes permitem articular seus saberes e seu saber-fazer, seus discursos e seus gestos profissionais. Eles encontram as mesmas dificuldades para se fazer compreender por pessoas de outro meio que os professores quando falam de suas práticas para não especialistas.

No campo das práticas de escolarização, uma digressão pela história permite mensurar os maiores inconvenientes de uma abordagem que, por meio da oposição teoria-prática, opõe o mundo dos pesquisadores ao dos que atuam na prática. Na escola primária, o quase confisco das formas discursivas da prática pelos profissionais designados como "pesquisadores" é bem recente. Ela tem início, na França, nos anos 1970, no momento em que a universidade começa a investir nesses domínios pela via da matemática, da linguística e da psicologia. Nos anos anteriores, era no espaço profissional propriamente dito que se desenvolviam os discursos que diziam o que eram e o que deveriam ser as práticas. Poderiam ser discursos militantes (Freinet pode ser considerado como o mais perfeito paradigma) ou discursos hierárquicos (os de inspetores primários e de inspetores gerais em particular). Vemos, então, o que está em jogo. Quando um professor elabora um projeto, testa um novo dispositivo, fala sobre o que ele faz, sobre o que ele diz a seus alunos, a seus colegas e a si mesmo, encontra-se forçosamente em relação com os discursos profissionais que se encontram em torno dele. Suas declarações podem estar em consonância ou em resistência, em busca de conformidade ou de recusa crítica, mas elas são sempre alimentadas por outros discursos que as precedem. Quem são os "fazedores de discursos profissionais" na escola? Junto a quem os que atuam na prática constituíram seu modo de dizer, ao mesmo tempo em que eles constituíam seu modo de fazer? O estudo de caso parece reforçar o modelo dos saberes em ato. Na verdade, ele nos levou também a pesquisar, nos discursos de explicitação que o professor tem sobre o que faz, referências implícitas das quais se poderia encontrar a origem. O que nos ensina o estudo de caso nessa direção?

Itinerário de formação: esquecimento de leituras, memória de encontros e de experiências

Em uma conjuntura em que se impõem as referências acadêmicas, em que a formação torna-se universitária, os professores instalam-se no seu território e colocam à frente aquilo que lhes pertence: a prática em sala de aula. Para retomar o caso aqui focalizado, Florence se apresentou a mim (que estou do lado da pesquisa e dos saberes teóricos) como uma "praticante sem teoria", tendo aprendido o essencial na prática: começou como substituta em 1980, antes de seus anos de escola normal, entre 1982 e 1985. Desses anos de formação, ela diz lembrar-se, sobretudo, de seus estágios e das pessoas que a ajudaram (sua inspetora da Educação Infantil e duas professoras).

Se eu comparo o que ela disse sobre seu itinerário com outros testemunhos publicados,[11] encontro o mesmo foco sobre "o vivido na sala de aula", a mesma vontade de eficácia, apoiando-se sobre a experiência e os encontros. As questões em debate (como os métodos de leitura), os saberes livrescos de referência (a psicologia da infância, a linguística) são abordados através do filtro das trocas entre colegas, tendo sempre em vista as práticas de sala de aula. Em uma pesquisa de 1985,[12] verificou-se que os professores da Educação

---

[11] A revista *Perspectives Documentaires en Éducation* publica regularmente testemunhos de professores intitulados "*Chemins de praticiens*" ("Caminhos de práticos"). Todos os testemunhos de professores das séries iniciais insistem sobre a importância das equipes de trabalho que encontraram (grupos de militantes pedagógicos, atividades educativas extraescolares, equipes de pesquisa coordenadas pelo INRP, associações profissionais etc). O único testemunho divergente é o de um antigo professor alfabetizador que se tornou docente universitário em Ciências da Educação e que centra sua perplexidade pedagógica sobre o debate teórico em curso nos anos 1970.

[12] OUZOULIAS, Raymond. Les instituteurs et les canaux d'information pédagogiques. *Perspectives documentaires em Sciences de l'Éducation*, n. 6, INRP, 1985, p. 77-94. Florence Janssens iniciou sua carreira em uma época em que existiam inspetoras especializadas para a educação infantil, o que não é o caso hoje.

Infantil, mais do que os da escola fundamental, confiam nas trocas com os pares, nos estágios profissionais e nos encontros pedagógicos, para avançar em suas reflexões. Naquele momento, 83% lia uma revista profissional regular ou ocasionalmente. Florence fez parte da associação das professoras da Educação Infantil, foi assinante por muito tempo da revista *Éducation enfantine* (*Educação infantil*), que ainda assina, de tempos em tempos, para "ter ideias", "saber o que se passa". As revistas fornecem assim, permanentemente, um modo de atualizar as maneiras de falar sobre o que se faz (o que não quer dizer forçosamente mudar o que se faz). Como se explica que os conteúdos das revistas sejam tão pouco evocados nas entrevistas?

Apesar de não ter sido capaz de citar de memória nenhum livro que a tivesse marcado, o discurso de Florence revela que ela leu e guardou dessas leituras muito mais do que acredita, já que se pôde perceber pistas de referências escondidas em suas práticas pedagógicas. Por exemplo, um levantamento exaustivo da revista *Éducation enfantine* permitiu-me identificar suas fontes de informação. Ela não guardou nada das sugestões dos anos 1981-1982 (iniciar a escrita por ideogramas ou por fonogramas), mas, em compensação, os princípios das oficinas de grafismo e de escrita guiada foram expostos ao longo de 1985-1986. Talvez se manifeste também ali a lembrança dos estudos de especialização em psicomotricidade que ela teve que abandonar. Quando eu citei o nome de Liliane Lurçat, ela se lembrou de ter efetivamente lido ao menos um livro dessa autora. Ela evidentemente conhecia Laurence Lentin e já tinha ouvido falar de Emilia Ferreiro antes de eu lhe ter dado um de seus artigos para ler, mas essas leituras e decerto outras das quais eu não a fiz lembrar, nunca foram feitas para se tornarem "referências livrescas". Os livros, as revistas, os instrumentos didáticos eram tratados como leituras de uso, ou seja, como caixas de ferramentas para as aulas, ou como textos para compreender e pensar, sem que fosse necessário memorizar seus títulos e nomes dos autores.[13] Desse modo, as origens das informações tomadas desses livros e artigos são esquecidas, e o professor que delas fez sua produção pode facilmente pensar que elas surgiram "da prática". Do mesmo modo, se ela guardou viva a memória de certas pessoas (Florence disse sobre sua inspetora: "Foi ela que me formou"), não pôde restituir os conteúdos das trocas, que, entretanto, foram tão importantes.

Todas as informações interessantes, tenham sido elas ouvidas ou lidas, foram escolhidas e retrabalhadas como saberes para a ação, antes de tornarem-se saberes em ação. Cada um reformula, ininterruptamente, fragmentos de discursos pedagógicos na medida das ações que realiza, das situações pedagógicas que experimenta e dos procedimentos de trabalho que põe em uso. Ora, ocorre que os colegas de trabalho falam a mesma linguagem mesmo que cada um tenha digerido as coisas a sua maneira. Podemos, assim, analisar as famosas "receitas", cujo valor de uso garante o valor de troca, como sinal típico desse oral-prático que baliza as zonas de trocas possíveis: podemos trocar receitas se, e somente se, reconhecemos um campo comum de exercício, ao passo que, com qualquer colega, podemos sempre trocar ideias sobre a escola "em geral". O discurso oral ligado às práticas permite, desse modo, que os professores se identifiquem como um corpo de praticantes, embora cada um trabalhe sozinho em sua sala de aula.

Conclusão

Antes de concluir sobre algumas propostas, farei três observações a propósito do estudo de caso:

---

[13] Sobre leitura/informação das quais não se memoriza as fontes, ver CHARTIER, Anne-Marie; DEBAYLE, Jocelyne; JACHIMOWICZ, Marie Paul. Lectures pratiquées et lectures déclarées. Réflexions autour d'une enquête des étudiants em IUFM, *Les étudiants et la lecture*, organizado por Emmanuel Fraisse. Paris: PUF, 1993, p. 73-98.

- Primeiramente, eu não vejo o que uma boa informação científica sobre a escrita poderia acrescentar à prática de Florence Janssens. Ela considerava em suas oficinas tudo o que atualmente podemos considerar, dado o estado da pesquisa sobre o tema. Ao contrário, a força de sua proposta é conservar muitos caminhos, por precaução, revelando, com isso, que ela não confunde coerência teórica com coerência pragmática, nem a lógica da pesquisa com a do ensino. Esse modo de ensinar a escrita lhe confere bons resultados? Eu não sei nada a esse respeito. Avaliar a eficácia de Florence seria outra pesquisa. Ela julga que seus resultados são melhores do que antes, mesmo que o nível final mostre-se inferior ao esperado. Certos colegas obtêm talvez, por outros meios, melhores desempenhos com o mesmo público. Por falta de estudos comparados sobre procedimentos, ela confia em sua experiência e eu penso que ela tem razão.

- Entretanto, e esta é minha segunda observação, ela elaborou esse programa, sem formação em linguística, sem passar horas na biblioteca, sem preocupar-se com debates teóricos sobre o gesto gráfico ou a psicogênese da escrita. As informações, múltiplas, que ela assimilou de maneira suficiente para fazer com que as crianças trabalhassem, provinham de fontes orais tanto quanto de fontes escritas. Ao adaptar um novo exercício, ao experimentar uma nova oficina, ela testava, ao mesmo tempo, o que iria reter e o que ia deixar de lado do discurso que lhe tinha servido de "passaporte" (o curso do formador ouvido durante o estágio, a introdução lida da revista apresentando a ficha técnica, a conversa com o colega que propôs uma "receita"). Ela transformou o discurso de origem em discurso para a sua prática. Assim, as pesquisas podem produzir efeitos nas salas de aula, pelas vias cotidianas da transmissão, sem que o professor tenha recebido uma formação particular, sem que ele fizesse parte de uma equipe de pesquisa, mesmo que ser mestre-formador ofereça a oportunidade de contatos com o instituto de formação de professores. Uma boa gestão dessas trocas informais poderia, em certos casos, ser suficiente para atualizar os saberes úteis.

- Por outro lado, e é o meu último ponto, o domínio de tal saber prático não é suficiente para torná-lo transmissível a outros. O interesse de Florence por esta pesquisa provinha também de dificuldades que ela encontrava em seu trabalho de professora-formadora. Os estudantes são geralmente tão incapazes quanto eu fui para perceber de imediato a lógica de suas ações. De acordo com ela, eles raramente sabiam aproveitar o que viam, distinguiam mal o essencial do anedótico, confundiam com frequência as atividades livres com jogo e "não escutavam" o que ela dizia sobre a condução das atividades. Em situação de formação inicial, o caso é frequente. Com efeito, os iniciantes que realizam o estágio junto a bons profissionais não percebem a complexidade da realização do trabalho, mas somente a desenvoltura presente na condução da turma. Nesse sentido, a verbalização dos "saberes em ação", seguida de sua redação, foi um processo de teorização eficaz, não para melhorar as performances da professora diante dos alunos, mas a da professora-formadora em face dos estagiários iniciantes. Resta ver como podemos transformar esse auxílio à observação em um auxílio à ação, quando os estagiários ministram, eles mesmos, as aulas e acham-se assoberbados por uma multiplicidade de tarefas.

Não se pode, evidentemente, formular conclusões gerais valendo-se de um caso particular. Por outro lado, eu delimitei, por ocasião deste trabalho, um novo objeto de estudo, uma metodologia para estudá-lo e algumas perspectivas sobre a formação.

- O objeto de estudo é o discurso profissional, considerado do ponto de vista de seu valor de uso prático. A consideração de um tal objeto permitiria talvez superar impasses onde se encerra a oposição teoria-prática, confiando aos teóricos a tarefa de produzir conhecimentos verdadeiros e aos que atuam na prática a tarefa de ser eficazes. Ora, a maioria de nossas palavras e de nossos atos não se relaciona a nenhuma dessas duas categorias.

- Investigações metódicas poderiam ser conduzidas em três direções, buscando descrever: 1) quando e como são utilizados os discursos prescritivos da instituição (programas, textos oficiais); 2) como falamos das ferramentas de trabalho das quais nos servimos, quer sejam produtos de tipo comercial (manuais, arquivos) quer sejam produtos de tipo artesanal (preparativos, planos de aula, receitas pedagógicas, inovações); 3) enfim, como tratamos os saberes teóricos de referência (conteúdos disciplinares, saberes didáticos, conhecimentos gerais sobre a escola e a aprendizagem), em particular nos locais de formação.

- Se minhas hipóteses estão corretas, deveríamos constatar que os modos de se apropriar desses diferentes registros de discursos são muito contrastados, quando se é novato, ainda preso a uma lógica estudantil ou quando se é experiente, já voltado para uma lógica de uso prático. Haveria talvez aí um modo de fornecer elementos úteis para hierarquizar diferentemente as urgências e especificar as formas de trabalho na formação inicial e na formação continuada.

Capítulo 6

A ESCRITA DAS PRÁTICAS: RETICÊNCIAS E RESISTÊNCIAS DOS PROFISSIONAIS[1]

Escrever sobre as práticas: uma conjuntura favorável

As práticas profissionais vão de vento em popa. Durante muito tempo relegadas a segundo plano, em consonância com o esquema teoria-prática,[2] tornaram-se um objeto de estudo prioritário.[3] As pesquisas tratam, atualmente, de

---

[1] Tradução de Ruth Silviano Brandão.
[2] Era a abordagem clássica nos anos 1970-1980. A articulação entre teoria (científica) e prática (ética) ou práxis (política) constituía um modelo geral de referência. Por exemplo, FERRY, G. *Le trajet de formation. Les enseignants entre théorie et pratique.* Paris: Dunod, 1983.
[3] A revista *Recherche et Formation* [Pesquisa e Formação] n. 12, 1992, dá uma boa imagem desse investimento da década, em particular os números 16, 1994, Les professions de l'éducation. Recherches et pratiques en formation [As profissões da educação. Pesquisas e práticas em formação]; 18, 1995, Recherches sur les institutions et pratiques de formation [Pesquisas sobre instituições e práticas de formação]; 23, 1996, Pratiques de formation initiale et continue des enseignants [Práticas de formação inicial e continuada dos professores]; 24, 1997, Conscience éthique et pratiques professionnelles [Consciência ética e práticas profissionais; 25, 1997, L'identité enseignante, entre formation et activité professionnelle [Identidade do professor, entre formação e atividade profissional; 27, 1998, Les savoirs de la pratique, un enjeu pour la recherche et la formation [Os saberes da prática, uma estratégia para a pesquisa e a formação]; 35, 2000, Formes et dispositifs de la professionnalisation[Formas e dispositivos da profissionalização]; 36, 2001, Le praticien réflexif: la diffusion d´un modèle de formation [O profissional reflexivo: a difusão de um modelo de formação; 38, 2001,

descrevê-las tanto de fora, para mostrar suas forças e fraquezas e contribuir para o crescimento de sua eficácia, quanto do interior, em que aqueles que atuam na prática explicitam sua experiência, para transmiti-la a seus pares ou aos novatos e/ou para melhorar seu próprio desempenho. Tratando-se da escola, as análises conduzidas por terceiros têm, sobretudo, finalidades avaliativas ou didáticas. Em contraposição, aquelas em que são os atores que põem em jogo sua própria prática apresentam, sobretudo, uma perspectiva formativa – o "professor reflexivo" relata sua maneira de trabalhar; o novato analisa seus sucessos ou seus fracassos, com ou sem a ajuda de uma "conversa de explicitação"; o profissional dá testemunho de seu percurso ou daquilo que viveu, escrevendo sobre um trajeto ou "história de vida" etc. Para aqueles que têm o papel decisório numa instituição, as práticas tornaram-se um dos horizontes de referência da formação profissional, ao lado dos saberes acadêmicos e didáticos: a questão principal, hoje, é saber como integrá-las nos concursos para professor.

Outros escritos visam, mais simplesmente, a informar sobre novas práticas difíceis de delimitar (por exemplo, as iniciativas dos projetos específicos das Zonas de Educação Prioritárias – ZEP)[4] ou funções em processo de redefinição (por exemplo, tarefas de profissionais externos ou de auxiliares nas escolas; projetos interdisciplinares no ensino médio envolvendo professores de disciplinas diferentes). Entretanto, não se pode esquecer que essas

---

La fabrication de l'enseignant professionnel. La raison du savoir [A fabricação do professor profissional. A razão do saber]; 39, 2002, Analyse des pratiques: approches psychologique et clinique [Análise das práticas: abordagens psicológica e clínica]; 40, 2002, Les savoirs entre pratique, formation et recherche [Os saberes entre prática, formação e pesquisa]; 41, 2002, Les dynamiques identitaires. Questions pour la recherche et la formation. [As dinâmicas identitárias. Questões para a pesquisa e a formação].

[4] Na França, zonas em que a ação educacional é intensificada para combater o fracasso escolar (N.R.).

descrições informativas visam sempre a avaliar as transformações em curso: é necessário estimulá-las? Orientá-las de maneira diferente? A inovação produz o efeito esperado? Mesmo a descrição mais neutra implica sempre um julgamento. Nas revistas profissionais ou militantes, nos textos emanados de uma hierarquia ou na "literatura cinzenta"[5] das equipes pedagógicas, os "afazeres comuns" da turma foram sempre descritos bem menos do que as práticas excepcionais ou marginais, aquelas que rompem as rotinas (preparar uma festa, uma exposição, uma viagem) ou inovam (introduzir o texto livre, a correspondência escolar ou a imprensa, para ficar nos exemplos clássicos) (CHARTIER, 1993, 1995, 1998)[6].

Acredita-se que certos aspectos do ato de ensinar são conhecidos de todo mundo; seria, então, supérfluo apresentá-los. Por outro lado, quando falta o saber normalmente compartilhado por todos os ex-alunos de um país, quando a turma de que fala um artigo está fora do sistema (num hospital ou num campo de refugiados), ou distante no espaço (no Japão) ou no tempo (no século XVIII), o leitor francês contemporâneo tem a necessidade de que sejam explicitadas as práticas a que se remete a análise. Na falta dessa explicitação, ele deduz, com base em seus referentes habituais, situações

---

[5] A expressão "literatura cinzenta" refere-se ao material impresso ou mimeografado que não está disponível para ser adquirido através dos canais normais de vendas e que é difícil de identificar e obter. Em razão de seu conteúdo e apresentação material, essas publicações não podem ser consideradas nem como livros nem como periódicos. Trata-se, por exemplo, de relatórios de estudos ou de pesquisa, publicações de empresas, sindicatos, partidos políticos etc. (N.R.).

[6] CHARTIER A. M. (1993) Les "faire" ordinaires de la classe: un enjeu pour la recherche et pour la formation. In: GRAFMEYER, Yves (Org.). *Milieux et liens sociaux*. Lyon: *Éditions du Programme pluriannuel en Sciences Humaines Rhône-Alpes*, 1993, p. 177-193. CHARTIER A. M. *Enseigner en ZEP: l'épreuve de la réalité ZEP, patience et passions*. Académie de Versailles, CRDP, 1995, p. 146-159. CHARTIER A. M. L'expertise enseignante entre savoirs pratiques et savoirs théoriques. In: *Recherche et formation,* les savoirs de la pratique. Un enjeu pour la recherche et pour la formation. n. 27, dez. 1998, INRP, p. 67-82.

invariantes,[7] frequentemente de forma equivocada. Por exemplo, "esquecerá"que em 1830 os alunos só aprendiam a escrever depois de aprender a ler; que o professor da época de Jules Ferry não se dirigia a um público misto; que o manual de leitura era concebido e imposto pelas autoridades na Alemanha, no México, no Marrocos etc. Os pesquisadores devem, então, explicitar as práticas profissionais, quando elas são seus objetos de pesquisa (particularmente nas Ciências da Educação), mas, também, quando são o quadro de referência que o leitor deve conhecer para evitar os equívocos de leitura (em História, Sociologia, Antropologia etc.).[8] Em psicologia, as publicações norte-americanas sobre aprendizagem da leitura e suas dificuldades – que constituem boa parte da produção internacional – pressupõem, quase sempre, que as variáveis locais (escolarização a partir de cinco anos, língua inglesa, aprendizagem familiar do alfabeto, leitura de livros ilustrados etc.) são conhecidas por todos e, logo, "universais".

Essas investigações sobre as práticas não se reduzem somente a estratégias profissionais. Os postulados epistemológicos de certas disciplinas, como a Sociologia, foram postos em questão, e suas orientações, transformadas. Com efeito, essa "virada pragmática" reabilitou o papel central da ação e

---

[7] Os estudos comparativos insistem na dificuldade e na necessidade de constituir indicadores internacionais pertinentes. Ver, por exemplo, NÓVOA, Antonio. *Histoire et comparaison. Essais sur l'éducation* (em particular Chap. III. Analyse socio-historique des politiques éducatives européennes, p. 85-119), Lisboa: Educa, 1998; FRIBOULET, J-J; LEICHTI, V.; MEYER-BISCH, P. (Orgs.). *Les indicateurs du droit à l'éducation. La mesure du droit culturel, facteur du développement* Commission nationale suisse pour l'UNESCO. Berne et Université de Fribourg. Fribourg, 2000.

[8] Foi o que fez GALAN, Christian (*L'enseignement de la lecture au Japon*. Toulouse: PUM, 2001.) quando descreveu as sessões de aula no Japão, pois sem "representação" da língua japonesa e das práticas escolares usuais, nenhum leitor ocidental pode captar o que está em jogo nas reformas, as escolhas dos manuais e os debates pedagógicos entre 1870 e hoje. O XII Colóquio de história da educação na Espanha (2003) abordou essa questão sob o ângulo etno-histórico, em particular para combinar os testemunhos e documentos históricos sobre as escolas republicana, franquista e pós-franquista.

o ponto de vista dos atores, que não são mais considerados simples agentes. Os relatos de experiência podem ser analisados como procedimentos de justificação, que contribuem, de modo central, e não marginal, para as construções identitárias. Por meio deles, os indivíduos falam das relações de força que estruturam o mundo do trabalho e suas posições nas redes de concorrência, de solidariedade ou de conflito.⁹

A escrita das práticas pelos que nela atuam

Escrever sobre as práticas, entretanto, ainda não é escrever as práticas. O que isso significa para os profissionais que atuam na prática? Na formação inicial, as memórias profissionais e os relatórios de estágio entraram fortemente nos dispositivos de avaliação da formação.¹⁰ Numerosos profissionais experientes foram levados a colocar por escrito suas práticas. O que os levou a isso foi, com frequência, a realização de um trabalho universitário (monografia de conclusão de curso, tese de doutorado) ou um trabalho profissional (memorial para se tornar formador ou inspetor na área). A dificuldade é a de transformar o testemunho subjetivo e singular em material de trabalho intelectual. A escrita exigida pelo quadro acadêmico traça uma fronteira entre o relato de experiência,

---

⁹ Encontra-se no *Espace-Temps* (1992) uma discussão sobre a "virada pragmática" que as obras de Boltanski e Thévenot (*Justesse et justice dans le travail*. Paris: PUF , 1987. *De la justification; les économies de la grandeur.* Paris: Gallimard, 1991.) tornaram pública.

¹⁰ Os memoriais não concernem somente à "profissionalização" dos professores (LANG, V. *La professionnalisation des enseignants*. Paris: PUF, 1999. Capítulo IV), mas também a outras profissões (da saúde, dos serviços sociais, etc.), como lembra Michele Guigue-Durning (GUIGUE-DURNING, M. *Les mémoires en formation. Entre engagement professionnel et construction de savoirs*. Paris: L'Harmattan, 1995.). Entretanto, as publicações multiplicaram-se a partir da criação dos Institutos Universitário de Formação de Mestres (IUFM), como mostram as bibliografias dos números especiais das revistas sobre o assunto *Recherche et Formation* [Pesquisa e Formação] 12, 1992; *Les Sciences de l'éducation pour l'ère nouvelle* [As ciências da educação para a nova era], v. 34, 4, 2001).

ainda próximo da vivência subjetiva, e a análise da prática, mais distanciada. Ao lado dessas escritas institucionais, encontram-se outras mais engajadas, como as propostas militantes das revistas pedagógicas[11] (relatos de experiência, análises de inovações), ou mais singulares, como as que solicita a revista do INRP,[12] *Perspectives documentaires en éducation*.[13] Na seção "*Chemin de praticiens*",[14] professores, conselheiros pedagógicos, diretores, inspetores etc. aceitam colocar por escrito o que marcou suas carreiras.[15] Entretanto, uma leitura desses textos[16] mostra que a maior parte deles consegue relatar bem suas "vivências profissionais", suas experiências, seus encontros, suas bifurcações, as missões de que foram encarregados, o que provocou entusiasmo e dúvidas, não falando (ou falando pouco) de suas práticas. A prática é uma espécie de horizonte de referência, sempre evocado, raramente descrito. As alusões que a ela se fazem só são claras para quem "já sabe" do que se trata. Por que

---

[11] Revistas como os *Cahiers pédagogiques* [Cadernos pedagógicos], *Les Actes de Lecture* (Atas de leitura) caracterizam-se pelo engajamento coletivo da revista num projeto que orienta a escolha das contribuições, mesmo que todos os profissionais que escrevem na revista não sejam militantes.

[12] Institut National de Recherche Pédagogique.

[13] Perspectivas documentais em educação.

[14] Caminho de práticos.

[15] Os pesquisadores, eles próprios, têm direito a um "itinerário de pesquisa". Sem superestimar essa distância lexical, notamos que ela ratifica a oposição clássica entre teóricos e os que atuam na prática, entre aqueles que fixam objetivos e definem seus percursos, contra aqueles que "seguem" um caminho, bifurcando-o ao longo dos encontros e acontecimentos. A redação da revista oferece, aliás, explicitamente, a todos os "profissionais-testemunhos" que desejam, uma ajuda para a escrita.

[16] Realizada em cerca de trinta números, a partir do n. 15 de 1988, no qual Jean Hassenforder definiu as "questões-guia propostas para a escrita desses textos": – em que sua prática de ensino evoluiu no decorrer dos últimos anos? Em que etapas? Em função de quais modificações pessoais e de quais influências? – em que os saberes sobre o ensino, a educação, a didática, as contribuições das ciências da educação e a pesquisa pedagógica contribuíram para essa evolução? [...]– em que as questões que vocês se colocam hoje sobre suas práticas de ensino pedem um esclarecimento da pesquisa pedagógica? (p. 56).

esses profissionais são tão alusivos? Por que pensam que seus leitores são bem informados? Explicitar suas tarefas ou funções seria muito tedioso? Ou muito complicado? Ou insignificante?

Por outro lado, contrariamente ao que se possa supor diante da abundância dessa produção, muitas experiências permitiram-nos observar que o projeto de escrever as práticas, longe de captar esse assentimento geral que caracteriza (hoje) os pesquisadores e responsáveis pelas instituições, provoca nos profissionais reações ambivalentes. Eles legitimam, com boa vontade, esse projeto, "em teoria"; estão mesmo convencidos de serem mais competentes do que ninguém para fazê-lo: quem pode falar de prática melhor do que aqueles que nela atuam? Entretanto, quando se trata de realizar esse tipo de trabalho, recorrentemente eles se esquivam, alternando-se os "não tenho tempo e, aliás, não sou capaz" com "para que isso serve"? "Não se aprende nada lendo as práticas dos outros". São as resistências ou reticências para escrever as práticas que procuramos entender.[17] Tentamos fazê-lo por meio de um estudo de caso que nos serviu de material empírico para analisar concretamente essas dificuldades.

Estudo de caso: uma pesquisa sobre as "práticas de integração" na ZEP

Em maio de 1990, o reitor da Academia de Versalhes[18] constituiu um *Observatoire des pratiques de intégration* (OPI)[19]

---

[17] Essas alternâncias entre "seria genial escrever, mas não estou à altura" e "eu poderia fazê-lo, mas é tão fútil" fazem parte das angústias dos escritores perfeitamente descritas por Marcel Proust. Não são, então, específicas dos professores e resultam da identidade singular dos atores, de sua relação pessoal ou social com a escrita. No quadro deste texto, procuramos delimitar as reticências imputáveis aos dados da vida profissional, mesmo sabendo que motivos pessoais e profissionais sempre interferem.

[18] As "academias" são, na hierarquia do Ministério da Educação, na França, as instâncias administrativas que gerenciam, nas diferentes regiões, a política educativa definida pelo governo. Cada uma das 30 academias tem sob sua responsabilidade todo o serviço público de educação de sua região, da educação infantil à universidade (N.R.).

[19] Observatório das práticas de integração.

em algumas áreas situadas em Zonas de Educação Prioritárias, para permitir um aumento de informações "sensíveis, reais, localizadas sobre o que fazem os que nela trabalham", para valorizar e, se fosse o caso, difundir as que provaram sua eficácia. A perspectiva era clara: para o reitor, os dados objetivos quantificados (dados estatísticos sobre a composição social dos bairros, os fluxos de alunos, as taxas de reprovação ou de orientação etc.) não eram suficientes para esclarecer a diversidade de áreas, corriam o risco de perpetuar um tratamento macrossocial dos problemas, de legitimar uma visão hierárquica, de cima para baixo, dos instrumentos a ser utilizados e dos dispositivos a serem instituídos. Por razões de eficácia, ele pensava que os que atuavam diretamente nessas escolas eram frequentemente melhores no caso de captar as variáveis qualitativas e de definir urgências de ação, invisíveis nos organogramas. O termo "práticas de integração", que permanece vago,[20] englobava todas as iniciativas postas em prática, de maneira pontual ou durável, para ajudar os alunos e lutar contra as desigualdades escolares e sociais verificadas. Ele deveria, então, ser definido, não *a priori*, mas *a posteriori*, a partir daquilo que os atores da prática colocassem empiricamente sob esse termo, conteúdo que deveria ser precisado ou questionado durante o desenvolvimento da pesquisa:

> Este observatório é importante na medida em que o acompanhamento das condições sociais e pedagógicas de integração pode levar a uma interrogação sobre a própria natureza da integração" (Relatório de 15 de março de 1990).

Conduzindo a pesquisa, os profissionais se encontraram, então, em uma situação de autoformação.

---

[20] "A integração, no sentido mais amplo da palavra, é missão fundamental da educação, quando ela é nacional. E devemos dar a maior importância a tudo o que se inicia nesses lugares particularmente difíceis e inovadores que são os ZEP". (Carta de M. Alliot, reitor da Academia de Versalhes, ao Diretor do CEFISEM (Centres de Formation et d'Information pour la Scolarisation des Enfants de Migrants) (recepção da relação de etapa, 15 de abril de 1991).

Essa demanda institucional, na medida em que reconhecia o lugar dos atores e os deixava livres para decidir sobre o que queriam escolher, sobre o que deveriam testemunhar e inquirir, suscitou, imediatamente, o interesse e pareceu bem aceita nos diversos lugares da academia. Para sua realização, preparou-se um dispositivo leve que privilegiava as abordagens monográficas sobre alguns lugares. A equipe acadêmica do CEFISEM[21] encarregou-se de providenciar no calendário reuniões, coleta de testemunhos e de documentos escritos para o relatório de etapa. Três especialistas externos[22] deveriam trazer uma "ajuda metodológica" e uma certa "vigilância científica".

Um ano mais tarde o relatório foi entregue.[23] O leque de práticas que abrangia era amplo. Partindo de objetivos explicitamente visados pelos projetos, os colegas que trabalhavam nas ZEP ou nos diversos CEFISEM fizeram entrevistas para conhecer melhor o ponto de vista de famílias, de alunos, de ex-alunos e de parceiros da educação nacional. As intuições empíricas sobre as quais se fundaram suas ações foram, conforme os casos, confirmadas, complexificadas ou nuançadas. Por exemplo, em dois lugares, as relações escola-famílias-bairros foram abordadas por meio de 25 entrevistas em casas de famílias que representavam os diferentes perfis

---

[21] Os CEFISEM têm, segundo o Ministério da Educação, a missão de formar e informar todos os profissionais que participam da educação de crianças provenientes da imigração (N.R.).

[22] Catherine Wihtol de Wendel, Gilles Verbunt e Anne-Marie Chartier, que, na época, eram, respectivamente: pesquisadora no Centre d'Etudes et de Recherches Internationales (CERI/CNRS), diretor de *Recherche et Formation* (*Pesquisa e Formação*), formadora na Escola Normal de Versalhes. Por diversos motivos, estavam interessados nesta pesquisa de campo sobre práticas selecionadas por profissionais. Este texto que retoma certas partes do relatório que então redigi, compromete somente a mim mesma e não meus dois colegas.

[23] *Enquête sur les pratiques d'intégration dans l'Academie de Versailles*, Rapport au Recteur [Pesquisa sobre as práticas de integração na academia de Versalhes. Relatório ao Reitor], sob a direção de CHARTIER, A. M., VERBUNT, G., WITHOL DE WENDEN, C., jun. 1991, 250 p., xerografado.

da população e de 15 entrevistas em instituições que agiam nos bairros (polícia, trabalhadores sociais, associações, animadores esportivos, adjuntos ao prefeito, agências de emprego, médicos de PMI[24] etc.). Em outro local, a professora de uma classe de adaptação para alunos não francófonos fez entrevistas com seus ex-alunos, buscando compreender como haviam se "integrado" na escola e que lembranças tinham dessa estrutura especializada. Em um outro lugar, o entrevistador questionou-se sobre o "papel integrador" das práticas esportivas paraescolares, registrando os depoimentos dos profissionais externos com quem trabalhava regularmente e interrogando uma amostra de alunos do ensino fundamental (por meio de questionários discutidos e preenchidos em sua presença). O futuro daqueles jovens de 16 a 25 anos, egressos do ensino médio profissionalizante, foi esclarecido pelos próprios adolescentes e, em certos casos, pelos serviços sociais, médicos, educativos e judiciários que os conheciam. Do mesmo modo, interrogou-se sobre a maneira como a escola integrava ou fracassava em integrar as crianças provenientes de famílias em situação precária.

Entretanto, o relatório sublinhava, de início, que

> o ponto central das dificuldades não estava do lado das finalidades do trabalho, mas do meio "naturalmente" escolhido para atingi-las: não o trabalho de pesquisa, mas o trabalho de redação do relatório de pesquisa.[25]

A necessidade de escrever as práticas levantou dificuldades e resistências imprevistas, a ponto de as modalidades imaginadas no início do processo terem sido abandonadas ou modificadas.

---

[24] O Serviço de Proteção Materna e Infantil. (*Protection Maternelle et Infantile* – PMI) dispensa às futuras mães e crianças de menos de 6 anos cuidados médicos de prevenção e acompanhamento psicossocial (N.R.).

[25] Relatório, *op. cit.* p. 5.

Informar-se para agir ou para "prestar contas"

Enquanto as primeiras reuniões tinham permitido escolher os lugares e os temas de investigação, o início da pesquisa fez rapidamente aparecerem dificuldades de método e de realização que levaram a interrogações sobre os objetivos da operação e seus fracassos. Entre as dificuldades de método, destaca-se o fato de os profissionais terem o hábito de se informar para agir, mas não de se informar para escrever. Com efeito, os que estão na prática não cessam de regular suas ações em função das informações que constroem empiricamente, "na prática", mas não têm a necessidade de um protocolo explícito de coleta de dados, e nem ainda de constituir com base neles uma memória escrita sistemática.

De fato, as informações são recolhidas na ação e são integradas à continuidade do trabalho sem serem tematizadas. É o que aparece nos relatos de ação, sob a forma de "então, foi preciso levar em consideração que...", tratando-se de parceiros (pais, inspetor, políticos, colegas ou alunos) ou acontecimentos (resultados de eleições, processos em curso, incidentes na cidade que foram objeto de matérias de jornais etc.). Ao lado dos dados estruturais bem conhecidos das pesquisas sociológicas (a composição social ou étnica do bairro, a distribuição da habitação, a realidade do desemprego, as taxas de repetência etc.), as pressões da "realidade" com as quais devem se harmonizar os que atuam na prática se relacionam à singularidade dos indivíduos e à irreversibilidade das ocorrências.

Aqueles que atuam na prática em geral não se perguntam "como se informar, antes de agir", pois uma ação apoia-se sempre num saber anterior (partilhado com os pares, mesmo que seja de forma desigual) e que, na e pela ação, novas informações são construídas. Pela mesma razão, não se lembram, constantemente, dos motivos que os conduziram a começar, modificar ou abandonar um projeto: é o que "finalmente" se fez que fica na memória. Quando as ações são conduzidas em equipe, as discussões que acompanham as tomadas de decisão são feitas de maneira informal, mas não se considera necessário nem desejável delas guardar traços. Para ser consensual, a decisão tomada deveria, ao contrário, apagar rapidamente a lembrança das posições conflituais que tornaram sua solução trabalhosa.

Para prestar conta das práticas por escrito, como pediu o reitor, seria necessário romper com essa prática empírico-informal, econômica, embora nem sempre eficaz, mas, em todo caso, incomunicável a terceiros Por isso, a questão do método para coletar informações sobre as práticas tornou-se um objeto de discussão entre os participantes: será que os que atuavam na prática tinham formação para conduzir essa coleta de dados? Poderiam ser ao mesmo tempo juízes e partes interessadas, atores e informantes? Para alguns, essa situação era impensável: "As pessoas encarregadas das entrevistas deverão ser recrutadas fora do campo de investigação e não poderão, em nenhum caso, manter os professores implicados diretamente na ação".[26]

Informar-se por contato direto ou por meio do escrito

A presença de especialistas solicitados pelo reitor e propostos para dar apoio, como facilitadores, fez, de alguma forma, surgir uma dúvida. Por um lado, eram os modelos da pesquisa "científica" (com seu cortejo de precauções desencorajadoras) que pareciam os únicos aceitáveis; uma questão recorrente relacionava-se à "representatividade" dos estudos de caso: o que permitia pensar que as práticas julgadas pertinentes ou, ao contrário, frágeis, em um determinado contexto, poderiam constituir bons modelos de coisas a serem feitas em outros espaços? Por outro lado, foi preciso esclarecer a divisão de papéis e de tarefas entre os que atuavam

---

[26] Relatório, op. cit. p. 104.

diretamente na prática e os especialistas. Em alguns momentos, os especialistas apareciam como observadores exteriores, cujos critérios de apreciação e de julgamento sobre as práticas profissionais não poderiam ser aqueles dos colegas, vistos como "solidários" por sua própria condição: o que dizer (ou calar) diante deles numa reunião? Em outras situações, eles eram considerados especialistas da metodologia e/ou da escrita da pesquisa. Em todo caso, seu modo de participação parecia mal definido ou ambíguo (estariam lá para ajudar os profissionais, impor uma metodologia ou para se apropriar dos resultados?)

Como se pode ler no relatório de um dos lugares pesquisados,

> a reticência para utilizar as ferramentas propostas (em particular, o guia da entrevista) volta a privilegiar a dupla problemática seguinte:
>
> se se trata de conceber, de realizar e de analisar uma pesquisa cujos resultados poderão alimentar uma síntese e permitir que se avancem nas conclusões, certo número de garantias, senão científicas, ao menos metodológicas, é necessário [...].
>
> se se trata de obter novos esclarecimentos, múltiplas impressões, visões impressionistas [...], a dispersão de tarefas que devem ser passadas para outrem, os temas tratados, o papel das relações entre as pessoas tornarão ilusória a possibilidade de uma análise e inadequada a existência do Observatório. [...]

Em resumo, ou é rigoroso, mas impossível de realizar, ou é possível, mas sem valor informativo. Um dos pontos de litígio era (para uma das equipes) o guia da entrevista. Tratava-se de um mecanismo muito banal para ajudar a memória, mas que implicava a ida em direção às pessoas para interrogá-las (colegas, pais, parceiros), com papel e caneta na mão. Era necessário, então, passar dos encontros e conversas ocasionais aos encontros e entrevistas mais formais, dizendo-se explicitamente:

> No quadro de uma pesquisa da academia, deseja-se calcular em que ponto estariam tais ou tais práticas. Então, vocês

poderiam me falar sobre sua experiência e dar sua opinião (por exemplo, sobre as relações que têm com os professores de seus filhos, o diretor, a escola e o que pensam disso)?

Ora, esse procedimento pareceu incompatível com o modo de relação habitual.

> O guia da pesquisa foi apresentado como sendo útil para entrar em contato com certo número de famílias e para esclarecer comportamentos, reações, histórias pessoais. Entretanto, com ou sem razão, os professores, algumas vezes, pensaram que corriam o risco de obter resultados contrários, de suspeitarem deles e, também, de não terem absolutamente necessidade dessas ferramentas para entrar em contato com as famílias.[27]

Questionar com o apoio de um protocolo escrito, tomar notas, registrar no gravador: esses gestos pareciam fazer os que atuavam na prática sair tão totalmente de seus papéis habituais, que seus estatutos e suas funções poderiam ser postos em questão.

É difícil saber, realmente, se a crítica de uma ferramenta (o guia de entrevista) não escondia a rejeição de pessoas (os especialistas) e a recusa do próprio projeto do OPI. Sempre, depois de uma acolhida positiva, quando a pesquisa era realizada, tomava-se consciência de que era "impossível" entrar numa lógica de escrita: fazer um plano com antecedência, recolher informações de forma aberta, escrever com base nesses dados. Impossível, pois era incompatível com o exercício da profissão, por razões "deontológicas". Em um dos lugares, a pesquisa foi, então, abandonada.

Encontrar o tempo: tarefas prescritas e não prescritas

Questão de método, mas também questão de operacionalização: as reticências sobre a legitimidade do empreendimento

---

[27] Relatório, *op. cit.* p. 104-105.

nasceram também do fato de que ninguém sabia, ao certo, como e quando fazer esse "trabalho suplementar". A pesquisa propunha dispositivos leves, de maneira que esse trabalho fosse integrado à rotina dos profissionais, sem que fosse necessário proceder à liberação de carga horária institucional nem a um rígido controle. Ora, ao longo do tempo, as reuniões plenárias trouxeram o eco atenuado das reticências da "base". Nos encontros informais, foram tiradas diretamente as dúvidas sobre o tempo exigido para tal trabalho, cujo interesse não era contestado, mas sim sua "urgência": será que valia a pena gastar tempo para encontrar X ou Y, registrar formalmente suas declarações (relativas a atividades que já eram conhecidas) e transcrevê-las em um relatório que acabaria numa gaveta?

As reticências ou a desconfiança manifestaram-se simultaneamente ao interesse:

> São as mesmas pessoas que podem manter sucessivamente os dois discursos contraditórios. O que se exprime de início é uma curiosidade cheia de benevolência em relação a uma iniciativa que vem "de cima": "O reitor quer conhecer melhor as coisas, é bom, é uma boa ideia, se isso trouxer algum benefício à ZEP, se divulgar o que se faz, se mostrar que meios nos faltam etc... talvez valha a pena"... Entretanto, aqueles que os recebem já estão muito ocupados pelas urgências cotidianas. Como todos conhecem o destino reservado a esses relatórios solicitados "do alto" e que acabam no fundo das gavetas, compreende-se por que, quando o tema da pesquisa não coincide com suas preocupações imediatas, é difícil fazê-lo espontaneamente.[28]

Mesmo nas situações mais favoráveis, quando o inquiridor e seus interlocutores estavam convencidos do papel útil de seu trabalho, a queixa relativa à sobrecarga do trabalho retornava recorrentemente.

> Certos colegas tiveram que encontrar tempo, no fim do dia, para me encontrar fora do horário escolar; outros, que estariam

---

[28] Relatório, *op. cit.*, p. 65.

interessados, acabaram desistindo, porque nossas respectivas disponibilidades não coincidiam. Os encontros marcados com antecedência, em horários muito saturados, tudo isso pesa, pois a pesquisa não é uma prioridade (nem para eles, nem para mim), em relação às urgências do trabalho cotidiano. Para fazer duas dezenas de entrevistas, foi preciso mais de um trimestre[29]

Algo semelhante também ocorreu com uma pesquisa sobre ex-alunos de CLAD[30]:

> Os colegas do CIO,[31] a quem me dirigi, estavam muito interessados em uma pesquisa que visava a reencontrar ex-alunos não francófonos, escolarizados ou não, numa estrutura específica e orientados, em seguida, para escolas profissionais ou não. Essa tarefa, que exigia que se gastasse tempo no telefone para tomar informações diretas e também que se consultasse arquivos da escola, revelou-se, na prática, incompatível com as pesquisas cotidianas do trabalho que lhes estavam confiadas pela direção do CIO. Não se pode ignorar que, exceto para os membros do CEFISEM, o trabalho relativo a essa missão não podia ser uma prioridade.[32]

Consciência profissional e investimento pessoal

Na verdade, ao deixar para os professores a tarefa de se organizar, para integrar esse trabalho no tempo que julgavam disponível, as autoridades de tutela os trataram de forma "liberal" (considerando que eles eram livres para controlar suas agendas e que poderiam encontrar seus informantes em seu tempo de trabalho, o que se revelou frequentemente impossível). Os participantes, geralmente liberados de dar

---

[29] Relatório, *op. cit.*, p. 90.

[30] As turmas de adaptação (*Classes d'Adaptation* – CLAD) funcionam, nas escolas, para atender alunos com dificuldades. (N.R.)

[31] Os Centros de informação e orientação (*Centres d'Information et d'Orientation*– CIO) fornecem, de acordo com o Ministério da Educação, informações sobre estudos, carreiras, formação profissional, qualificação etc., aos jovens e suas famílias. Realizam também aconselhamento individual. (N.R.)

[32] Relatório, *op. cit.*, p. 55-56

aulas e ocupando postos nos CEFISEM ou nas ZEP, perceberam que estavam diante de uma injunção irrealista (adicionar essa tarefa a outras que já faziam), o que representava um sinal de confiança em sua mobilização militante ("eles sabem que não se pode pedir trabalho a mais a pessoas já sobrecarregadas"), ou de uma injunção autoritária ("eles nos consideram realmente como pessoas a quem se pode impor qualquer tipo de trabalho desagradável").

A pesquisa não se realizou plenamente não apenas porque os que a conduziram perceberam-na como um procedimento excepcional. Aqueles que gastaram seu tempo, ultrapassando largamente suas obrigações rotineiras, pensaram que "valia a pena" nela investir por vários motivos ao mesmo tempo: havia o interesse do trabalho, dos colegas e das famílias, e eles próprios seriam beneficiados. Apoiaram-se em suas redes de relação, para encontrar seus informantes e, mesmo percebendo o aspecto de bricolagem do processo, não questionaram a pertinência do trabalho.

Quase em toda parte, foram "militantes profissionais", isto é, profissionais superinvestidos ou "mobilizados",[33] que se encarregaram do trabalho, enquanto seus colegas foram perdendo o interesse pela tarefa. A pesquisa pôde contribuir para formar os primeiros, acrescentando muito ao conhecimento relativo aos lugares e às pessoas (encontro de autoridades locais e de famílias em seus domicílios):

> Mesmo que poucos professores da ZEP tenham-se implicado no Observatório (OPI), aqueles que investiram tomaram consciência da riqueza dos dados levantados, da importância da descoberta dos bairros e das famílias e das relações a se estabelecerem com essas últimas.[34]

---

[33] Para retomar a definição e seguir as análises de Martine Kherroubi (*Des enseignants mobilisés professionnellement. Une étude sociologique*. Thèse de doctorat sous la direction de V. Isambert-Jamati, Paris V, 1994).

[34] Relatório, *op. cit.*, p. 38-39.

Essas tomadas de consciência singulares foram proveitosas para o conjunto da equipe ou, ao contrário, tornaram ainda maior a distância entre a minoria que agia e os outros? Somente nos anos seguintes seria possível saber se, do ponto de vista dos interessados, o trabalho havia sido um bom investimento e havia ajudado ou não a produzir ferramentas e saberes úteis para todos.

Em todos os casos, o que resultou da experiência foi a consciência de que era ilusório acreditar que um processo de "análise das práticas" poderia ser facilmente integrado, formalmente e de maneira durável, aos procedimentos habituais de trabalho. Com efeito, para fazer disso uma prática de trabalho cotidiano[35] seria necessário regulamentar, de forma explícita, aquilo que processos excepcionais deixam sempre vago (Quem fez o quê? Por que X e não Y? Quando ele teve tempo de fazer tudo isso? Do que desistiu, em contrapartida? O que ele ganhou/o que nós ganhamos com isso?).

Na medida em que as coisas não chegam a ser ditas de uma maneira tão explícita, quem busca se engajar em um procedimento desse tipo tem logo uma impressão confusa de resistência ou de má vontade por parte daqueles que ele queria justamente valorizar: reação normal dos que atuam na prática cuja vida profissional é tensa e dificilmente cede a novas orientações vindas de fora.

Assim, a primeira lição que se pode tirar desse processo é que uma volta séria às práticas, com a finalidade de explicitá-las, é um verdadeiro trabalho que exige tempo e esforço. A experiência desmente, assim, uma forte crença: a de que seria fácil "dizer o que se fez", que o campo estaria sempre pronto para "tomar a palavra" – por pouco que ela lhe fosse dada – e que aquilo que dissesse seria ouvido com benevolência. O fato

---

[35] A famosa 27ª hora tirada, a cada semana, sobre o tempo de trabalho para as reuniões entre professores das séries iniciais do ensino fundamental permite trocar informações gerais, regular questões relativas a calendário, à organização do trabalho, à divisão de tarefas, mas não analisar práticas.

de que os que atuam na prática "sabem o que fazem" deixa sempre margem para que se acredite, equivocadamente, que os saberes a serem explicitados já estariam disponíveis: só restaria, então, "dizê-los" ou "fazê-los dizer". As autoridades de tutela querem acreditar nisso, pois tal fato conforta seu desejo de andar depressa: seu calendário de acompanhamento tem exigências de curto prazo. Entretanto, trata-se também de uma crença compartilhada pelos profissionais: é apenas no uso, quando se "passa ao ato", que eles começam a medir até que ponto os dados já constituídos na experiência devem ser (re)construídos para tornarem-se comunicáveis. Daí, o duplo movimento de adesão imediata a um projeto desse tipo (parece fácil de conduzir e legitima a perícia dos atores), seguida de um recuo, quando dificuldades não imaginadas se revelam, na prática.

Sobre que representações apoiam-se essas crenças? Parece-nos que três modelos servem a cada vez (ou ao mesmo tempo) como referência implícita: o modelo psicológico ou religioso das confissões sinceras (cada um pode e deve dizer o que fez, com toda confiança); o modelo político da consulta (das discussões de base sairá uma verdade democrática) e, por último, o modelo dos programas ao vivo da televisão (cada um fez "suas escolhas" e pode manifestá-las, o que interessa ao "público"). É possível imaginar a dificuldade das confissões (e o esforço que exigem sobre si) e as dificuldades das consultas políticas (e o trabalho de negociação para se chegar a um acordo).

O modelo comunicacional, por outro lado, coloca-se sob o signo da transparência e do imediatismo: do fazer ao dizer só haveria o tempo da entrevista, ao vivo e em grande plano. Assim, se reforça a ilusão de que as práticas seriam tão fáceis de serem relatadas (no microfone) quanto de serem mostradas (na tela) e, por que não, de serem escritas. A televisão, tão eficaz para mostrar os atores, seus gestos, suas palavras, suas ferramentas de trabalho no contexto, acabou por fazer acreditar, banalizando-se, que registrava "a realidade" diretamente, sem enquadramento nem montagem nem preparação.

A análise das práticas e seus riscos

Uma reticência de outra ordem exprimiu-se entre aqueles que manifestaram rapidamente seu ceticismo: a pesquisa não teria outros objetivos além dos que anunciava? Descobrindo, de fato, que não seria tão fácil responder à demanda do reitor, certos profissionais sentiram-se em posição delicada. Sentiram-se pressionados a obedecer a uma hierarquia que, por suas exigências, lembrava, aos subordinados, a sua existência e a sua autoridade. Tratava-se, assim, de uma ocasião privilegiada para insuflarem-se suspeitas e dúvidas: a administração que propunha uma pesquisa desse gênero confessava, ao mesmo tempo, que não se dava conta do que se passava... A maneira como solicitava essa "subida" da base ao topo não era uma prova de que ela estava bem "longe da realidade" do trabalho cotidiano?... Finalmente, o que ela iria aprender não era o que se passava no campo, mas a eficácia de certos discursos em responder ou não às suas expectativas (e a "aparecer bem" ou não). Seria, desse modo, uma maneira de testar subordinados, revelar indivíduos, controlar forças e fraquezas, não propriamente nas práticas do campo, mas na mobilização de seu pessoal.

Muitos daqueles que atuavam na prática se perguntaram, assim, se o Observatório não seria uma forma disfarçada de controlar seu trabalho ou de avaliar indiretamente sua competência. Essas suspeitas desenvolvem-se tanto mais facilmente quando as pessoas ocupam postos sem tradição, com trabalhos definidos de forma imprecisa e recente. Como estar seguras de que o que elas fazem "prioritariamente" corresponde ao que a instituição espera delas? Em áreas difíceis, os atores mais conscientes dos limites de sua ação são justamente aqueles que menos se resignam à sua impotência. Qualquer que seja seu zelo pessoal, são tomados por uma culpabilidade difusa sobre o tema "a escola não faz o que deveria fazer". Isso também poderia ser traduzido como: "há colegas que não fazem o que deveriam fazer", frase que se pode dizer a um colega, às vezes citando nomes, mas certamente não se pode escrever num relatório destinado às autoridades.

Toda incitação a explicitar as práticas, a pesquisar sobre as realidades pedagógicas e escolares pode assim ser ressentida como uma acusação em potencial. Essa fragilidade é ainda maior quando se sabe que a lista impressionante das "ações ZEP" não diminuiu as porcentagens de fracasso escolar de maneira significativa, não preencheu as desigualdades de fundo da escolarização. Então, por que continuar a pesquisar e confirmar que "fazendo-se ou não alguma coisa, nada muda, ou não se muda lá grande coisa"?

De maneira confusa, os perigos potenciais de uma pesquisa sobre as práticas são percebidos em dois níveis. Inicialmente, ao comunicar às autoridades, que pedem exemplos concretos, um estado de coisas realista, dá-se "a cara a tapas". Em segundo lugar, as consequências da pesquisa para o campo não parecem menos arriscadas. Para os espíritos racionais (ou recém-chegados), um pouco de recuo e de lucidez ajudaria forçosamente à maior eficácia; aqueles que têm experiência, por outro lado, medem melhor os efeitos desmobilizadores dos balanços. Para melhorar a autoestima de um grupo, é preciso às vezes investir em um novo projeto, sem olhar para trás. Parar para pesquisar, dar a volta por cima das falhas ou procurar elucidar os mal-entendidos: tudo isso corre o risco de ter efeitos inversos aos desejados – atiçar os conflitos, exacerbar as tensões, fazer com que se "cruzem os braços". Acreditando em certos interlocutores, "todo mundo" conhece mais ou menos as coisas que falharam ou que não funcionaram, e não adianta nada "colocar o preto no branco", ao contrário, sobretudo porque é impossível escrever por quem – e, ainda mais, por quê – os resultados foram o que foram. Um relatório escrito, que não terá nenhuma informação útil para as autoridades distantes, só vai agravar a situação daqueles que estão em seu local de trabalho e que nele continuarão no ano seguinte.

Finalmente, a grande vantagem das pesquisas macroscópicas, das estatísticas impessoais, das análises sociológicas em grande escala é que elas provocam um "curto-circuito" nos espaços de ação local[36] dos indivíduos. Contribuem, assim, para criar espaços de liberdade de ação, ao abrigo dos olhares sempre inquisidores das autoridades de tutela ou dos pesquisadores. Os profissionais podem se queixar de que os pesquisadores e os que decidem estejam "longe" do campo de trabalho; no entanto, sua presença, quando ocorre, não é percebida, durante muito tempo, como um fator positivo.

Quem necessita conhecer as práticas? Avaliação e concorrência de poderes

O OPI, dispositivo de observação das práticas de integração, teve um papel revelador porque emanava das autoridades administrativas, mas requeria adesão de voluntários e era conduzido por uma equipe sem poder institucional. Para atingir os seus objetivos, os pesquisadores tiveram de penetrar em territórios de outras autoridades e fazer com que seu trabalho encontrasse um lugar nas políticas locais decididas anteriormente. Ainda que decidida por pessoas do alto escalão, nenhuma pesquisa pode ser feita sem ser negociada passo a passo. O que permite que o trabalho seja realizável ou não é sempre a situação local, o interesse ou o temor do responsável mais próximo, a inércia prudente de um intermediário ou

---

[36] As pesquisas sobre a ação local, o suporte escolar, as políticas de estabelecimento, tais como foram conduzidas, entre outros, por Dominique Glasman (1991) ou Agnès Henriot-Van Zanten (1990), revelando as distâncias entre discursos e práticas, colocaram em evidência "verdades que incomodam" e são difíceis de integrar às condutas de trabalho sobre o campo.

o entusiasmo contagiante de um outro (nesse caso, o do estabelecimento, o inspetor, o responsável de Zona, o diretor do Centro de Informação ou de Orientação), de que dependem os que pesquisam.

As dificuldades de método nunca são, portanto, somente dificuldades técnicas ou científicas (mesmo que também o sejam), mas referem-se à organização de trabalho, à maneira como cada um o conduz e o concebe, à margem pessoal de iniciativa e às relações com os colegas e com a hierarquia. No caso desse dispositivo particular, as circunstâncias fizeram com que essas questões intrincadas tivessem, imediatamente, se manifestado coletivamente. Assim, como já se disse, os relatórios com os resultados da pesquisa não chegaram a ser concluídos em um dos lugares, na medida em que os participantes (ou melhor, certos participantes) recusaram a metodologia, não tiveram interesse pelos instrumentos e consideraram esse trabalho incompatível com seus próprios procedimentos de avaliação da Zona. O que chama a atenção, nesse caso, é o fato de que as objeções tenham sido formuladas (e escritas) explicitamente.

A maior parte do tempo, esses fenômenos, que supomos, por hipótese, sempre presentes, ficaram escondidos. As desistências, as "impossibilidades" ou as reticências polidas fizeram com que o projeto fracassasse ou chegasse a um relatório formal sem que fosse possível perceber claramente se as coisas falharam em razão de obstáculos exteriores, acasos imponderáveis, falta de tempo, incapacidade ou uma recusa inconfessada de chegar ao final. As dificuldades objetivas (que existiram) tornaram-se, então, álibis perfeitos para calar as verdadeiras razões de uma desistência que, geralmente, não enganava ninguém, mas mantinha a ficção útil de uma boa vontade que foi impedida de se realizar, e isso é o que foi mantido nas versões escritas. Restava, então, aos que tinham encomendado o projeto saber interpretar "politicamente" essas reticências, resistências ou recusas silenciosas de obedecer, tirando daí algumas consequências sobre as relações de poder que (de)limitavam suas margens de ação.

Falar sobre as práticas:
explicitação e distanciamento

Nos locais onde os profissionais foram convencidos de que o empreendimento era interessante, os dados foram coletados. Mas as dificuldades não foram, por isso, aplainadas. De início, para levar os projetos até o fim, suas ambições precisaram ser revistas e diminuídas. Esse ajuste entre o desejável e o possível revelou a inexperiência dos pesquisadores, que não souberam prever bem o calendário das operações e subestimaram o custo (em hora de trabalho) de tal investimento. Os conselhos de prudência dos especialistas para nada serviram, pois é tentador "pensar grande" e frustrante impor limitações para um projeto de pesquisa. Entretanto, os momentos em que se fantasia sobre coletas de informações impossíveis ("seria tão bom saber se...") são importantes, qualquer que seja seu resultado: formulam-se cenários de causa e efeito, interroga-se sobre correlações, formulam-se hipóteses, procuram-se índices... Por meio de um único gesto, o olhar sobre o campo de ação muda de ponto de vista. É por isso que, mesmo quando abreviados ou cortados, os procedimentos de coleta de dados produziram certos efeitos esperados: explicitação e distanciamento.

No que se refere à pesquisa sobre as práticas esportivas, por exemplo, o depoimento seguinte é ilustrativo:

> Os informantes contatados vinham todos de antigas relações de trabalho, o que constitui evidentemente um viés seletivo importante. Meu conhecimento anterior do campo e de tipos de atividades existentes fez com que muitas informações que deveriam ser verbalizadas diante de um terceiro elemento vindo de fora, nem que fosse a título de informação, ficassem implícitas, "pois sabia-se que eu sabia". Podia-se concluir daí que meus informantes, preocupados em me fazer um favor, não esperavam, para eles próprios, grande coisa dessa pesquisa. De fato não era nada disso. O interesse de uma pesquisa, mesmo tão artesanal como aquela levada pelo OPI, é que ela é uma estrutura formal. Ora, não se fala do mesmo modo quando se sabe que se está sendo gravado, que aquele

pergunta vai fazer as mesmas perguntas para um outro colega etc. Tive às vezes o sentimento de desempenhar, muito modestamente, é lógico, o papel de "auditor".[37]

Os especialistas tinham proposto instrumentos escritos leves (guia de entrevista, questionário, diário de campo). Entretanto, um dos instrumentos mais úteis parece ter sido o gravador. Com raras exceções, os registros não foram transcritos, por falta de tempo, mas o uso do aparelho marcava simbolicamente a passagem da conversa para a pesquisa. O fato de as declarações serem registradas tornava possível seu controle e induzia a modalidades de intervenções bem mais informativas e explícitas, apesar das inevitáveis elipses. Enquanto a fita rodava, as regras de uma conversação face a face funcionavam como de hábito, mas com muito maior implicação dos participantes.

Se um dispositivo "formal" de perguntas incita explicitações não habituais na ação, foi o tempo longo de coleta de informações que produziu o distanciamento. Em ofícios em que muitas coisas são reguladas com antecedência e outras decididas no momento da ação, o tempo permite decantações, constitui "aquilo que está em questão" em um objeto específico:

> Ninguém tentou definir de forma abstrata o que se entendia por integração, por exemplo. Mas seguindo o trabalho em diferentes setores, fizeram-se pouco a pouco aproximações mais precisas e representações mais complexas. O que se supunha conhecido torna-se objeto de interrogação e percebem-se melhor as contradições entre discursos e ações.[38]

Entretanto, explicitação e distanciamento não são suficientes para ir do dizer ao escrever, da palavra à sua colocação em texto. No momento em que a palavra viva, destinada a um interlocutor reconhecido como colega, deve passar para

---

[37] Relatório, *op. cit.*, p. 89.
[38] Relatório, *op. cit.*, p. 10.

um escrito cujo destinatário é incerto e anônimo, seu estatuto e o conteúdo do que se pode transcrever são subitamente modificados. Na verdade, mesmo que o reitor fosse o único destinatário oficial, não se tratava de um relatório confidencial, mas semipúblico. O fato de redigir um escrito destinado a ser difundido, mesmo de modo restrito, logo colocou questões temíveis sobre os usos posteriores que poderiam ser feitos por diferentes leitores, mas também por diferentes "autores".

Quando escrever é agir: para quem ou sobre quem?

Tratando-se de destinatários investidos de autoridade, nesse caso preciso como em outros, temores contraditórios se expressaram: alguns temiam que o relatório chamasse pouca ou muita atenção, que mostrasse demais o que causava problemas aqui ou lá, e, não suficientemente, as "necessidades urgentes". Outros tiveram pouco a pouco a intuição vaga de que se tantos relatórios pudessem "acabar na gaveta", seria porque a ordem dada pelas autoridades de tutela não era o prelúdio de uma ação, mas a ação mesma: seria uma maneira de mobilizar a instituição, de pôr para trabalhar juntas pessoas isoladas demais em seu território e, assim, de manifestar uma prioridade, o que já seria um engajamento político. O que os profissionais tomavam como uma ferramenta para decisões futuras teria talvez um fim em si mesmo – o que significava "não ter continuidade". Tal tomada de consciência, quando se dava, não dissipava as confusões, mas as acentuava: enquanto aqueles que haviam encomendado a pesquisa tinham um sentimento de terem se engajado mais do que o usual, os participantes da pesquisa tinham a impressão de terem sido enganados.

Tratando-se do retorno para os participantes da pesquisa, sempre prometido a diferentes informantes, uma questão se colocou de forma incisiva: relatar claramente suas declarações e suas identidades era uma forma de beneficiá-los ou havia o risco de prejudicá-los, colocando-os em uma situação difícil com seus colegas? Tratando-se, enfim, dos entrevistadores, as retomadas exteriores possíveis (informações na imprensa regional ou redação para revista) colocaram questões clássicas referentes à propriedade intelectual e a apropriações e/ou confiscação por alguns para seu próprio uso profissional (os especialistas). Por exemplo, uma das participantes da investigação estava a ponto de fazer uma monografia universitária: será que ela poderia utilizar os dados que ela mesma coletou para o Observatório? E os dos colegas? Em caso afirmativo, como deveria citá-los? Os especialistas teriam "o direito" de tomar o trabalho feito com/por outros para publicá-lo?[39]

Esse tipo de experiência provoca, então, toda uma série de inquietações, geralmente ausentes dos meios escolares, em que as escritas públicas, mesmo sindicais, vêm de cima para baixo. Na verdade, dominar uma escrita informativa que supere as armadilhas, ao mesmo tempo técnicas e deontológicas desse "gênero literário", resulta de um verdadeiro treinamento profissional. Não se trata absolutamente de um registro de escrito que esteja disponível espontaneamente, mesmo que todo mundo "faça como se" (em particular a administração), subestimando as dificuldades a serem resolvidas, que são ao mesmo tempo formais e conceituais, pragmáticas e teóricas.

Os registros do oral e os registros da escrita

Essas dificuldades poderiam decorrer do fato de que a oposição forte, instalada nas representações, é entre oral e escrito, com aquilo que traz de simplificações abusivas. O oral estaria do lado das práticas populares; o escrito, do lado das práticas eruditas; e os professores, por estatuto, seriam,

---

[39] O relatório ao reitor permaneceu datilografado.

então, "gente de escrita". Ora, existem evidentemente práticas muito eruditas do oral[40] e práticas populares da escrita.[41] O domínio de certas práticas da escrita (a correspondência privada, a dissertação) não causa espontaneamente o domínio de outras (a carta oficial, a relação profissional). Também se aprende igualmente a tomar a palavra e as situações de entrevistas formais apresentam um leque de dificuldades dominadas de forma muito diversa. A situação mais fácil, na opinião de todos os entrevistadores, foi a da relação dual: descrever oralmente uma ação ou situação, em presença do gravador, a medida em que um interlocutor, que elaborou seu questionário, coloca suas questões. Parece que isso só "toma tempo", o que não é problema para quem dele dispõe; os jovens, por exemplo:

> O que é preciso observar de início é que nenhum jovem contatado manifestou surpresa diante de tal solicitação. Parecia simples, considerando as relações existentes entre nós, que eu continuasse a me interessar por eles, lhes perguntasse por que vieram, pedisse suas opiniões.[42]

Em situação dual, podem-se igualmente manifestar opiniões, dar testemunhos de experiências, mencionar projetos incertos ou contraditórios, ao longo das trocas, sem grande risco.

> O que me espantou foi a grande facilidade desses jovens em falar deles mesmos e de suas situações. Será que a prática da entrevista entrou nos costumes, tornou-se um modelo bem conhecido deles, graças à TV? Tive em certos momentos o sentimento de que, se houvesse uma dificuldade nesse empreendimento, seria a de não cair na armadilha do divã [...]. Para todos, esse momento de conversa pareceu agradável, com grande demanda de diálogo, de conselhos, como se a

---

[40] WAQUET, F. *Parler comme un livre. L'oralité et le savoir (XVI*e*-XX*e *siècle)*. Paris: Albin Michel, 2002.

[41] LAHIRE, Bernard. *La raison des plus faibles. Rapport au travail, écritures domestiques e lectures em milieux populaires*. Lille: Pul, 1993.

[42] Relatório, *op. cit.* p. 57. (Entrevistas com os ex-alunos de CIAD)

necessidade de falar, de explicar, de se justificar ou de formular projetos nunca se esgotasse e encontrasse aí uma boa ocasião de se realizar.[43]

Tomar a palavra diante de um grupo é uma outra situação. Em diversas reuniões preparatórias, a presença dos especialistas, cujo papel estava ainda indefinido, incomodou claramente certos participantes: poder-se-ia diante deles dar certas informações que corriam o risco de serem mal-interpretadas se de repercutirem exteriormente? Expor numa reunião uma prática qualquer (processo de trabalho, balanço de resultados etc.) poderia provocar certa emoção, quando uma parte do auditório era desconhecida e "não se sabia o que ela sabia", enquanto uma banca examinadora, por definição, supõe-se sempre que sabe. É preciso preparar (é uma exposição oral que se apoia sobre um lembrete escrito preparado antes), ter mentalmente um plano, antecipar um tempo variável para falar, saber que esse tempo será sempre considerado longo demais. Essa prática não tem nada a ver com a exposição escolar que faz parte de uma cultura supostamente comum. Descobre-se, assim, que é mais fácil relatar o que alguém disse do que o que ele fez, mais fácil falar das práticas do outro do que da sua própria, contrariamente ao que se acredita.[44]

O que se diz e o que se escreve: o estilo "relatório"

Fixar as coisas no papel não exige mais do que fazê-lo oralmente, mas se deve proceder de outra maneira. Uma dificuldade recorrente, tratando-se das práticas, é encontrar a

---

[43] Relatório, op. cit. p. 69. (Entrevistas com os ex-alunos de LEP)

[44] Os professores dos anos 1960 acreditaram igualmente que seria mais fácil para os alunos expressarem-se a partir de suas experiências pessoais (expressão escrita, texto livre) do que a partir de leituras que já tivessem colocado a vida em palavras. Não estavam errados em pensar que seria necessária essa "expressão da experiência", mas estavam errados em acreditar que as crianças teriam nisso mais sucesso do que nos estereótipos da redação.

exata fronteira entre o que se diz e o que se pode escrever. Na experiência do Observatório, durante as discussões preparatórias para o trabalho de escrita, retornaram sem cessar comentários sobre as informações relatadas, indicando os limites sentidos como intransponíveis por alguns, se não por todos ("isso é o que eu disse e direi de novo, mas não se pode escrever"), sem que os motivos tenham podido ser sempre claramente explicitados. As reservas foram permanentes quando se citaram pessoas com as quais se trabalhava e ainda se trabalharia, como pais de alunos, autoridades locais, colegas ou superiores hierárquicos, o que, entretanto, não constitui uma regra. As normas do que pode ser escrito para esse tipo de texto não são ensinadas na escola. Elas estão relacionadas a escolas profissionais, como as de Jornalismo e Ciências Políticas, onde se trata da responsabilidade jurídica e da difamação. É, então, o desejo de evitar hostilidades ou de provocar mágoas, o temor de denunciar (indivíduos) ou, ao contrário, de não denunciar (situações), que faz com que cada um se autocensure a todo momento: saber que será lido por seu inspetor, mas não pelos pais de alunos, produz uma consciência da regra de "geometria variável".

Essa prudência não é, entretanto, da mesma natureza que a preservação do segredo profissional, ao qual se ativeram certos parceiros da educação nacional, como profissionais da saúde, da justiça ou dos serviços sociais. Segundo eles, pelo contrário, os professores ignoram constantemente o que é a confidencialidade, e determinadas demandas de informação sobre as famílias e as crianças pareceram dificilmente aceitáveis. Como se pode ler nos relatórios,

> a ausência de tradição de colaboração, certas experiências infelizes ou a desconfiança [dos parceiros presos ao segredo profissional] que endividam as relações da educação nacional explicam também reações de reserva. Apenas as colaborações concretas e duráveis entre as pessoas podem fazer com que as coisas possam evoluir, com o respeito das

deontologias profissionais de cada um e dos territórios específicos de intervenção.[45]

Os professores encontrar-se-iam, assim, colocados em dificuldade por sua concepção escolar de escrita, que os leva a abordar um relatório como se tratasse de uma dissertação. As dificuldades concernentes à forma e ao conteúdo ("o que se concebe bem, enuncia-se com clareza"...) impedem que se calculem em sua justa medida as pressões sociais da comunicação sobre os usos e abusos da informação. Aqueles que foram brutalmente escaldados preferem "não dizer mais nada por escrito". Como encontrar as palavras para escrever as realidades percebidas e as representações daqueles que foram interrogados sobre suas práticas, de maneira respeitosa em relação às pessoas envolvidas, sem calar a realidade das tensões, das críticas, dos conflitos, dos fracassos?

Como se fabrica a "langue de bois"[46]

Oralmente, aquele que fala diante dos interlocutores presentes, identificados, sabe que sua expressão e sua entonação funcionam para modalizar sua fala, manifestar seu engajamento nas afirmações, a prudência de suas hipóteses, suas certezas de boa fé, suas escolhas ou suas hesitações. Por escrito, desaparecem todos esses apoios que dão sentido aos enunciados. Reconstituí-los na escrita é difícil. A tendência mais "natural" é adotar uma *langue de bois*: uma escrita que, evitando citar os lugares e os indivíduos, coloca-se o mais distante possível de uma escrita jornalística que deve sempre explicitar quem fez o quê, onde e quando.

A abstração generalizante torna-se um procedimento de escrita que apaga todo aspecto anedótico e reconstrói de outra

---

[45] Relatório, *op. cit.*, p. 24-25.

[46] A expressão *langue de bois*, em francês, designa a linguagem estereotipada da política e, por extensão, toda forma de expressão em que são utilizadas fórmulas cristalizadas e estereotipadas, no intuito de não comprometer quem as disse (N.R.).

maneira a realidade, esvaziada de seus atores que se tornam entidades impessoais. "O reitor quer" vira "a vontade da tutela administrativa"; "as professoras da turma de alfabetização utilizam o método X ou Y" torna-se "a escolha do método fônico pela escola".

Uma marca formal dessa escrita é a nominalização; os encaixes de complementos nominais ("a dificuldade de restituição das propostas das pessoas interrogadas...") e a forma passiva, sem o agente ("esse projeto infelizmente foi concebido de forma muito rápida e precisou ser abandonado", não se saberá por quem). Os novatos podem acreditar que esse "jargão" é uma norma a ser imitada, que razões tão obscuras quanto imperiosas proíbem escrever "de duas coisas, uma", mas aconselham "colocar na frente uma dupla problemática". No final das contas, talvez esse seja o estilo "especialista"...

Esse estilo, que usa apenas verbos auxiliares, não é apenas difícil de ler, mas constrói uma representação muito estranha do mundo de que fala. Sabe-se como um incidente banal ("O diretor da escola Jean Macé foi insultado e tratado como racista por um pai de aluno turco, que entrou de repente no recreio. Interrogado pouco depois do incidente, ele dizia que a situação não cessava de se degradar e que alguns colegas presentes concordavam com ele") pode se transformar num caso sensacional em um artigo jornalístico. Fala-se pouco sobre a maneira como ele pode ser transformado pela escrita de um relatório. "No setor sul, um verdadeiro pessimismo sobre a evolução dos fatos se faz presente entre os professores, recentemente acusados de racismo por pais de alunos, na presença das crianças, de forma muito agressiva". Para não ter como alvo um lugar, citar o nome de um colega, nem caracterizar o pai do aluno e se demorar sobre um incidente particular (o que se pode imaginar), a assertiva geral ("o pessimismo dos professores") enfatiza as consequências, fazendo com que elas sejam endossadas por todos e por ninguém. Os elementos só podem ser decifrados pelos conhecedores dos lugares e dos indivíduos, os únicos capazes de captar o subtexto e de reconhecer aquilo a que ele faz alusão.

A escrita como habilidade profissional

Da mesma forma que as situações de tomada de palavra são variadas, os registros de escrita são múltiplos. Não são as mesmas estratégias enunciativas que funcionam quando a questão é escrever uma carta pessoal ou uma carta transmitida por via hierárquica, um relatório destinado a permanecer confidencial (como um relatório individual de inspeção) ou um relatório suscetível de ser difundido, um texto de "literatura cinza" ou um artigo destinado a ser publicado num jornal, revista ou livro. No caso presente,

> a via escolhida foi a de fazer os especialistas assumirem um papel de mediadores de escrita. Como a ajuda que lhes tinha sido pedida era prioritariamente metodológica, seu trabalho essencial seria levar o relatório à forma de texto. [...]

No tempo combinado, esse trabalho de mediação pareceu, com razão ou não, a única via possível para terminar o relatório nos prazos fixados e para permitir que o trabalho efetuado pelos profissionais encontrasse, assim, uma tradução pública.

> Catherine Wihtl de Wendel redigiu, baseando-se nos trabalhos efetuados com a equipe de campo, um texto de síntese precedido de uma apresentação do lugar e de um resumo de informações coletadas na ocasião da pesquisa do entorno. Anne-Marie Chartier escolheu entrevistar cada responsável pela pesquisa e redigir, com base nessas interações, os textos necessários para descrever o processo e fazer o balanço das informações recolhidas.[47]

---

[47] Relatório, op. cit., p. 12. Na escrita dessas interações, relida por cada interlocutor, não procurei conservar a literalidade do oral, mas a "fidelidade semântica" das falas, procurando ser breve e clara para ser compreendida por um leitor externo. O texto foi corrigido até que o interlocutor dissesse: "era bem isso o que eu queria dizer" (e não "foi isso que eu disse"). Percebi a posteriori que essa forma escrita tornou-se um gênero literário corrente (os livros-entrevista, onde "quem tem coisas a dizer" é interrogado por "quem pergunta e redige as respostas", a partir de registros reelaborados). Guarda-se, assim, a forma oral de partida (as marcas da troca conversacional) num registro que é, entretanto, o de uma escrita trabalhada e relida pelo informante.

Essas mediações, mesmo que tenha havido a tentativa de fidelidade, não são neutras: quem redige assume a responsabilidade da escrita, com o que isso possa significar de distância persistente em relação às declarações obtidas ou às interpretações propostas. Com efeito, nessa formatação, aquele que escreve faz uma triagem entre o que é importante e o que é secundário, estabelece uma hierarquia ou uma relação entre diferentes ações, pontua os traços que julga "característicos" ou os casos "significantes". Torna-os, assim, mais fáceis para o leitor captar, mas privilegia uma interpretação. Essa formalização, como ocorre com todas as formalizações (escritas ou orais), distancia-se da "experiência vivida", porque simplifica a complexidade do que procura dar conta, mas, sobretudo, porque organiza os dados segundo lógicas "discursivas": é preciso escrever um texto cujo objeto seja circunscrito, que se sustente, que se desenvolva coerentemente entre a introdução e a conclusão. Quer se trate de uma exposição narrativa, de um estudo de caso, de uma apresentação de pontos de vista divergentes, o mundo de referência da escrita é aquele de outras escritas (o relatório precedente, a carta de missão ou, no caso das escritas científicas, a bibliografia sobre o assunto).

Quando um profissional aprende a escrever sobre as práticas, deve adotar pouco a pouco o cânone (não escrito) do mundo "dos que escrevem" (não é o mesmo na pesquisa, na administração, na política, na militância), ao ponto de ele acabar às vezes por esquecer que suas lógicas de ação permanecem organizadas e determinadas de outra maneira. Quando não esquece disso, ele não para de se sentir frustrado ou traído por escritos que não falam "verdadeiramente" o que fez.

Com efeito, quaisquer que sejam as formas retóricas utilizadas, as lógicas discursivas devem construir seu objeto de maneira homogênea e não devem transcrever as modalidades da ação, que se movem sempre no heterogêneo. Para "fazer", é preciso combinar urgências temporais, prioridades relacionais, rotinas institucionais e pressões materiais.[48] Nas margens do jogo assim definidas, cada profissional (seja o que desenvolve trabalhos na ZEP, professor, pesquisador ou reitor) faz escolhas, marca seus investimentos pessoais, constrói interpretações e manifesta às vezes certo estilo.

Quem quiser escrever as práticas deve se resignar a fazer cortes claros nessa complexidade: quando não se pode resignar a isso, o mais simples é ser globalmente alusivo. Quando é pressionado a passar à escrita, o mais seguro é se instalar nas lógicas escriturais de "gêneros literários" reconhecidos, como o relatório de atividade, o relato de experiência ou o memorial profissional, que constroem seus objetos em função dos destinatários em potencial. Mas é uma aprendizagem pouco balizada e que muitos abandonam no meio do caminho. Daí a experiência recorrente de uma decepção. Frustrados pela enfermidade de uma escrita que se torna opaca quando ela quer "dizer demais" e que só fica transparente à custa de renúncias, os que atuam na prática podem ver aí uma negação da realidade: nada é falso, entretanto não é "exatamente" isso.

Conclusões

As resistências que se manifestaram ao longo da pesquisa sobre as práticas de integração nada têm de específico nem de original. A situação teve simplesmente a virtude de reunir um leque de dificuldades que ficam geralmente dissociadas. Pôde-se, então, incitar a refletir sobre suas razões de ser (as "boas razões", considerando as pressões de situação, e não as disfunções lamentáveis, mas aleatórias). Três pontos nos parecem merecer a atenção: o quadro institucional; a

---

[48] As escritas construídas ao redor dessa heterogeneidade são as ficções literárias, mesmo que a maneira como elas produzem esse "efeito de real/efeito de verdade", que seduz os leitores, não cesse de evoluir ao longo do tempo.

diferença entre explicitação e escrita de práticas e, enfim, a distância entre explicitar práticas com fins de conhecimento (pesquisa universitária) e com fins de formação.

Certos motivos de resistência devem ser relacionados de maneira clara ao quadro institucional de referência: um professor não explicita suas práticas da mesma maneira quando se trata de "testemunhar voluntariamente como profissional" e quando a ordem vem das autoridades de tutela (ministério, reitor, inspetor), sobretudo quando a ordem é a de testemunhar "bem livremente". O que faz com que as instâncias de autoridade "esqueçam" tão regularmente os efeitos difusos dessa imposição avaliativa sobre a explicitação das práticas, em particular na formação dos professores?[49]

Parece igualmente necessário distinguir as reticências ou resistências dos profissionais para explicitar as práticas, as reticências ou resistências para escrever sobre as práticas. Nos dois casos, não se trata de simples "processo de comunicação", segundo o esquema transparente popularizado por Jakobson, que ativaria espontaneamente as "funções" ligando emissor e receptor, mas, em vez disso, um trabalho que demanda tempo e traz dificuldades. O que queremos sublinhar é que o reconhecimento social ligado à publicação faz da passagem à escrita um estágio superior da explicitação. Ora, parece-nos, ao contrário, que certos modos de explicitação só são possíveis, pertinentes e eficazes porque são, justamente, destinados a continuar na oralidade. Não deixar traço escrito não significa não deixar traço na memória. Certas trocas entre colegas, discussões com os formadores e conversas face a face têm sua riqueza ou sua pertinência pelo

---

[49] Uma visita-aconselhamento que resulta em um relatório chama-se uma inspeção. Por que não admitir isso? O novato que analisa suas dificuldades seria estúpido se esquecesse que o "conselheiro" que o questiona faz parte da sua banca de exames e que ele não é nem um colega, nem um amigo, nem um terapeuta. Por outro lado, o quadro institucional pode supor que a interação novato/tutor seria mais eficaz se quem assumisse a tarefa de orientação não avaliasse os que acompanham.

fato de não chegarem a nenhum relatório, nem a uma lista de conclusões.

Numa época de "escrituração" generalizada do mundo social, o que não é registrado não existiria. Existem boas razões para se resistir a esse lugar comum. No entanto, as práticas que desejamos que sejam explicitadas devem ter tudo a ganhar com as pressões da escrita: objeto circunscrito, seleção de situações programáveis com antecedência, coleta de dados objetiváveis etc. Nem todas as práticas se adequam facilmente a tais exigências.[50] Se se deseja que os profissionais escrevam sobre suas práticas, seria preferível não lhes impor de início as situações mais difíceis. Nesse caso, como em outras situações, existem "progressões".

Enfim, práticas explicitadas com finalidade de conhecimento raramente podem tornar-se referências diretas para a formação sem ser reelaboradas. As práticas urgentes no exercício da profissão exigem "atenção compartilhada" e o cogerenciamento de uma multiplicidade de parâmetros, enquanto a pesquisa só produz conhecimentos e inteligibilidade construindo objetos abstratos e questões delimitadas. Os resultados de pesquisa transmitidos aos novatos são frequentemente rejeitados como "teóricos", isto é, "inutilizáveis". Por outro lado, a cultura profissional dos que atuam na prática, que se apoia em suas lembranças de complexas situações vividas, pode ter mais pertinência cognitiva (e não só mais legitimidade corporativa). Só que essa pertinência cognitiva, que permite encontrar o bom exemplo e as palavras necessárias para o bom momento, não decorre somente da excelência prática. Por essa razão, o

---

[50] Por exemplo, é bem menos trabalhoso analisar por escrito as práticas de escrita e de desenho, que deixam traços em duas dimensões e podem ser fotocopiadas, do que as que não deixam traços escritos diretos, como as discussões entre crianças, o canto ou a leitura, ou em três dimensões, como a modelagem.

memorial profissional pode ser uma boa via da escrita para formar os formadores.

Assim, no momento em que as práticas são (enfim) retiradas da esfera prático-oral em que elas estiveram, durante muito tempo, confinadas, o desejo de torná-las legítimas pela escrita não deve chegar ao ponto de se acreditar na superioridade intrínseca do poder de escrever sobre o poder de dizer, nem do saber sobre o "saber fazer". Os que atuam na prática têm, às vezes, razão de resistir à imposição de escrever as práticas.

Qualquer livro do nosso catálogo não encontrado nas livrarias pode ser pedido por carta, telefone ou pela internet.

✉ Rua Aimorés, 981, 8º andar – Funcionários
Belo Horizonte-MG – CEP 30140-071

📱 Tel: (31) 3222 6819
Fax: (31) 3224 6087
Televendas (gratuito): 0800 2831322

@ vendas@autenticaeditora.com.br
www.autenticaeditora.com.br

Este livro foi composto com tipografia Gatineau e impresso
em papel Off set 75 g na Formato Artes Gráficas.
